KB158603

나를 보라, 있는 그대로

화상경험자는 무엇으로 사는가

나를 보라, 있는 그대로

송효정·박희정·유해정·홍세미·홍은전 지음

작은 친구야 소리 없는 벗들아

책장이 쉬이 넘어가지 않는 이 책을 먼저 받아 읽으며 "누구나 삶의 시작은 작구나. 작은 시작은 그 소리조차 없구나"라는 가사로 시작하는 노래가 생각났습니다.

치료실에서 소리까지 내어 울어버리면 내가 사라져버릴 것만 같이 내 자신이 작게 느껴지던 시간이 있었습니다. 제가 그랬고, 또 이 책 속에 담긴 또 다른 우리들이 그랬습니다. 너무나 작았고 초라했고 고통스러웠고 처절했지만 그것은 또 다른 삶의 시작이었습니다.

이전과는 다른 모습입니다. 이전과는 다른 삶입니다. 원하고 바라던 모습도 삶도 아닙니다. 전과는 다른 시선에 속상하기도 하고 화가 나기도 했었습니다. 그러나 남들보다 숱한 고통의 시간을 내어주고 얻은 새로운 삶의 시작입니다. '어쩌다 저렇게 된 걸까' 하며 호기심 어린 눈으로 바라보는 이들은 모르는 값을 치르고 얻은 시작입니다.

여기 그 시작의 이야기가 있습니다. 호기심 어린 시선 대신에 여기 잠시 앉아 이야기를 들어봐주시면 좋겠습니다. 우리의 이 작은 시작에 동정 대신 공감을, 걱정 대신 응원을 보내주셨으면 좋겠습니다. 그리고 이제는 있는 그대로의 우리를 보아주시길 바랍니다.

이 책을 읽으며 생각났다던 그 노래는 이렇게 끝이 납니다.

높이 떴을 때 더욱 작아지는 해처럼 / 깊이 잠길 때 더욱 소리 없는 바다처럼 / 작은 친구야 소리 없는 벗들아 / 높게 살자 깊게 사랑하자

이제 작은 시작의 발걸음을 뗀, 저와 닮은 데가 아주 많은 저의 친구들이 이전보다 더 높이, 더 깊게 사랑하고 살아갈 수 있기를 바랍니다. 그리고 우리 사회가 이 작은 이들의 시작을 충분히 받아들이고 응원하는 곳이 되기를 바랍니다.

2018년 10월
이지선

목차

일러두기

1. 중증화상을 경험한 이들을 부르는 호칭은 환자, 장애인, 생존자, 경험자 등으로 다양하다. 이 책에서
는 '화상경험자'라는 표현을 택했다. 이 같은 선택의 이유에 대해서는 책 본문의 일부가 가장 잘 설명
해주고 있기에 이를 그대로 옮긴다. 인터뷰이 최려나 씨의 말이다.

"일반적으로는 화상환자라고 불러요. 하지만 우리는 스스로를 화상경험자라고 말해요. 외국은 화상
생존자라고 부르더라고요. 생존자라는 말도 좋았어요. 고난을 뛰어넘은 사람이라는 의미니까. 그런
데 생존자라는 말은 모든 화상환자를 포괄하지는 못하더라고요. 저처럼 심하게 다쳐서 생사를 오갔
던 사람에게는 적합한데, 그리 심하지 않은 화상을 입은 사람들에게는 너무 과도한 호칭인 거예요.
그래서 한때 화상환자였지만 지금은 환자가 아니라는 걸 알려주고 싶어서 화상경험자라는 말을 쓰
게 됐어요. 누구나 이 같은 경험을 할 수 있다는 의미에서도 이 표현이 적절한 것 같고요. 화상이라는
것이 누구나 겪을 수 있는 사고인 거잖아요. 화상을 입은 사람들을 너와 나로 딱 구분 짓지 않았으면
좋겠다는 바람 또한 담은 거죠." (이 책, 315~16면)

2. 이 책의 인터뷰어 5인은 자신들의 작업을 '두 시간 프로젝트'라고 부른다. '두 시간'은 타인의 인생에
다가가는 최소한의 시간으로, '깊이' 듣겠다는 마음과 함께, 스쳐 지나는 타인의 존재를 우리의 삶에
초대·환대하는 시간으로서의 의미를 지닌다.

그때 보이는 것은
전과 같지 않으리라

구술 송순희_전나영 어머니

기록 박희정

해마다 10월이면 엄마는 지독한 몸살을 겪는다. 여섯 해 전, 고작 여덟 살 난 딸이 혼자 놀다 향촛불에 사고를 당한 날, 엄마의 마음에도 달군 쇠가 한 덩이 올려졌다. 미라처럼 붕대로 몸을 감고 중환자실에 누운 아이는 생과 사를 오갔다. 벽 하나 건너에서 죄책감과 무력감으로 범벅된 눈가를 닦던 엄마는 자리를 펴고 앉아 책을 읽기 시작했다. 살면서 처음 만난 화상이었다. 아이를 살리기 위해 뭐라도 하려 했으나 무엇부터 해야 할지 알 수 없었다. 늘 책에서 지혜를 찾아온 엄마는 이번에도 활자를 탈탈 털어 아이를 살릴 정보를 모았다. 송순희는 별조차 보이지 않는 어둠 속에서도 길을 찾는 사람이었다.

깊은 늪에 빠져 허우적대던 시간을 지나, 엄마와 딸은 다시 미래를 꿈꿀 수 있는 삶의 길로 들어섰다. 이 길은 엄마 송순희가 낸 길이면서, 딸 전나영이 낸 길이기도 하다. 두 사람의 이야기는 중화상을 입은 사람들이 어떻게 고통을 겪으며 사고 이후의 시간을 만들어왔는가에 대한 이야기면서, 동시에 부모와 아이가 어떤 관계를 만들어나가야 하는지에 대한 이야기이기도 하다. 송순희는 '나'를 포기하라고 채근당하는 상황 속에서 끝까지 '내가 되기'를 포기하지 않고 '엄마다움'의 의미를 재설정했다. 그녀가 그녀답게 엄마가 되었듯이, 딸 나영이는 자신만의 세상을 그려내는 법을 몸에 익혔다. 그래서 두 사람의 이야기는 아프지만, 신이 난다. **─박희정**

나영이는 얼굴과 발 빼고 온몸이 붕대로 감겨 있다. 상처를 아직 아무도 못 봤다. 입원 초기에 병원에서 상처 난 전신 사진을 보여준다고 했지만 나도 남편도 볼 자신이 없어 안 보겠다고 했다. 보고 나면 도저히 나영이를 웃는 얼굴로 못 볼 것 같아서… 이제 병실로 가면 붕대를 하나씩 풀 것이다. 그 시간을 감당할 수 있는 강한 믿음이 우리 모두에게 필요하다.

– 2012년 11월 30일, 입원 44일째 병상일기 중

라벤더 향초와 레이스 원피스

2012년 10월이었어요. 저는 어린이집 교사였고, 나영이는 초등학교 1학년 학생이었어요. 그날은 학교 마치고 할머니가 나영이를 집에 데려다줬어요. 다른 때는 제가 일하는 어린이집으로 오는데, 그날은 교회 선생님이 무료로 해주시는 피아노 레슨이 있어서 집으로 간 거예요. 나영이가 옆집 친구를 데려와 같이 놀다가, 집에 있던 향초를 갖고 놀고 싶어졌나봐요. 한창

그런 거 좋아할 나이잖아요. 그래서 그 친구 엄마한테 가서 향초에 불을 붙여달라고 했나봐요. 그러고는 그 엄마는 그냥 일을 나가고 그 친구도 얼마 있다 피아노학원에 갔고요. 나영인 레슨을 받았죠. 레슨 끝나고 나영이가 바로 저한테 왔으면 문제가 없었을 텐데 텔레비전 앞에서 좀 졸았던 거 같아요. 그런데 마침 입고 있던 원피스가 얇은 레이스로 된 거여서 촛불이 거기 옮겨붙은 거예요.

아이 말에 따르면 처음에는 그릇으로 물을 떠서 뿌렸대요. 그런데 불이 더 올라오는 거 같더래요. 〈위기 탈출 넘버원〉이라는 TV 프로그램에서 본 기억이 나서 침대로 가서 굴렀나봐요. 그런데도 안 꺼진 거죠. 더 활활 타오른 거예요. 옷 자체가 타기 좋은 소재여서. 그 상태에서 '엄마 아빠 목소리를 너무 듣고 싶은데 목소리도 못 들으면 어떡하지' 생각하면서 밖에 나갔대요.

그러고는 옆집에 가서 문을 두드린 거죠. 살려달라고. 건너편 아파트가 울릴 정도로 애가 막 살려달라고 소리를 지르는데 다들 그냥 어떤 애가 엄마한테 야단맞나보다 하셨나봐요. 머리까지 불이 붙은 상태였는데 마침 옆집 아주머니가 나오셔서는 깜짝 놀라서 담요로 불을 끄고 119에 신고해주셨대요. 그분이 저한테 전화해주신 것으로 기억해요. "지금 아이가 사고를 당했다. 빨리 집으로 와라."

처음 연락을 받았을 때는 사고가 그렇게 큰 줄 몰랐어요. 그

런데 집으로 오면서 점점 겁이 나더라고요. 아파트에 들어서는
데 소방차랑 구급차가 와 있고… 그때부터 막 '이게 뭐지' 그랬
는데…

아파트가 복도식이거든요. 아이가… 까매져서는 거기 서 있
더라고요. 옷을 하나도 안 입고 완전히 벗겨진 상태로. 너무 놀
라서 그냥 주저앉았던 거 같아요. 아이를 안아주고 다독여줬어
야 하는데 그럴 정신이 없었던 거예요. 아파트 복도가 온통 물
바다고 까만 재 같은 게 있고… 경찰이 오더니 안에 가서 확인
해주셔야 한다고 그래요. 저는 아이도 보러 가질 못하고 집 안
에 들어가봐야 했어요. 경찰이 그러더라고요. 과학수사대가 왔
는데 '이게 어떻게 된 상황인지 모르겠다, 무엇 때문에 불이 났
는지 못 찾겠다'라고 한다고요. 그때는 저도 나영이한테 이야기
를 듣기 전이라 몰랐죠. 모르겠다 그러고는 밖으로 나왔는데 아
이가 안 보여요. 어디 갔느냐고 하니까 혼자서 구급차 타러, 아
까 모습 그대로 내려갔대요. 들것 같은 데 눕히지 않고 그냥 데
려간 거 같아요. 그래서 저는 그나마 안심했던 것 같고요.

따라 내려가서 구급차에 탔더니 아이가 춥다고 그래요. 구
급대원분은 식염수를 주면서 계속 뿌려주라는데 애가 춥다고
하니까 저는 그냥 건성건성 뿌렸던 기억이에요. 심각할 거라고
는 전혀 생각 못 했어요. 화상이라는 것 자체를 처음 경험하는
거였고, 옷에 불이 붙어서 소방차가 왔었나보다 생각했죠. 나영

이도 아프다는 표현은 안 하고 그냥 춥다고만 했어요. 그래서 저는 그냥 다 벗겨놨으니까 추운가보다 생각했던 거예요. 화상이 그렇게 심각했다는 걸 알았더라면 아무리 춥다고 해도 식염수를 계속 부어줬을 거예요.

구급차를 타고 평택에 굿모닝병원이라는 조금 큰 곳으로 갔는데도, 거기서는 손을 못 쓴대요. 얘는 서울로 가야 한다고, 여기서는 해줄 게 아무것도 없다는 거예요. 담요만 갈아주고 아이를 다시 구급차에 태우더라고요. 빨리 서울로 가야 한다니까 구급대원분이 헬기를 불러주셨어요. 평택공설운동장에서 헬기를 타고 한강성심병원으로 갔죠. 아이가 응급실에 들어갔는데, 거기서 바로 중환자실로 갔다고 그러더라고요. 이상했죠. 왜 중환자실까지 들어가지?

담당 의사를 만났는데 얘는 중환자실에서만 두 달을 있어야 한대요. 상황이 이해가 안 가는 거예요. 중환자실이면 생명이 위태한 상태에서 들어가는 데잖아요. 그러면서 의사 말이, 가슴을 절개했다는 거예요. 가슴을 왜 절개하지? 그 모든 상황이 이해가 안 됐어요. 바로 수술실로 옮겼는데 아이 상태가 수술할 상황이 안 돼서 다시 나왔지만, 가슴 쪽은 다 절개해야 하는 상황이라는 거예요. 안 그러면 아이가 숨을 못 쉰다고요. 계속 피부가 오그라들면서 심장을 압박한대요. 가슴을 네 군데 더 절개해서 죽은 피부를 걷어냈다고 해요. 수술실에 못 들어가고 응급실에서 간단하게 다 처치했대요. 근데 아이가 고통을 견딜 수 없어서 수면제로 재운다고 하더라고요.

면회시간이 되어서 중환자실에 들어갔는데, 아이가 완전히 고무풍선처럼 탱탱 부어 있고 입에는 호흡기가 끼워져 있고… 한 열흘 정도 계속 그 상태였던 것 같아요. 그런 상태에서 연이어 수술을 받는 상황이었어요. 그 장면들이 지금도 생각나요.

매년 사고 난 날짜가 되면 제가 좀 심하게 아파요. 일어나지도 못할 정도로. 처음에는 인식을 못 했어요. 사고 나고 2년 정도 지나고 3년째인가, 아, 아프네, 하면서 달력을 보니까 그 날짜인 거예요. 아… 내가 해마다 이 날짜가 되면 아프네, 그걸 느낀 거죠. 제가 그때 신체적으로 다친 건 아닌데도, 그게 몸으로 느껴지더라고요. 작년이 5년째 되던 해니까 괜찮을 줄 알았어요. 그런데 작년에도 꼼짝을 못 했어요. 일어나 앉을 수가 없을 정도로 너무 아픈 거예요. 이틀 정도 앓고 나니까 괜찮더라고요. 나영이도 그걸 아니까 "엄마 잊어버려. 엄만 왜 그걸 계속 생각해"라고 말해요. "그걸 어떻게 잊어버려. 그거는 잊어버릴 수가 없는 거야, 나영아." 그랬더니 자기처럼 그냥 잊어버리라고 그러더라고요.

저는 그 얘기를 많이 하다보니까 어쩔 수 없이 더 기억하게 되기도 해요. 소아화상 멘토활동 하면서도 나영이 이야길 많이 했고, 주변에서도 나영이가 어떻게 하다 화상을 입었는지 굉장히 궁금해해요. '교통사고 당했다' 하면 어떻게 다쳤을지 대강 상상이 되잖아요. 그런데 화상은 경우의 수가 많아요. 그래서인지 다들 그렇게 궁금해하더라고요.

환자들도 당신 혹은 당신 아이는 어떻게 다쳤느냐는 이야기를 많이 하고요. 부모도 그렇고 당사자 입장에서도 처음에는 그 이야길 꺼내기가 정말 쉽지 않거든요. 근데 우리나라 문화는 지인이 병원에 입원하면 병문안을 꼭 가야 하는 것처럼 되어 있잖아요. 오는 사람마다 다 그 이야길 해요. 그래서 그런 생각도 했어요. 이 내용을 녹음해서 틀어줘야 하나. 제가 아무렇지 않게 얘기할 수 있는 상황이 아닌데 사람들은 계속 그걸 물어보니까요. 거기에 대고 화를 내기도 그렇잖아요. 제가 아픈 사람도 아니고 보호자 입장이니까 사람들이 '왜 저래?' 그럴까봐요. 또 나영이를 걱정해서 오신 분들이니까 그분들한테 뭐라 할 수는 없고, 결국은 계속 반복해서 이야기하게 되는 거죠.

우리나라는 누가 아프다고 하면 주변이 죄다 의사잖아요. 화상도 마찬가지예요. 주변에서 들려오는 얘기가 무지하게 많아요. 알로에가 최고라며 그걸 바르라 하고, 어디 물이 피부에 좋다면서 꼭 마셔야 한다고도 해요. 어떤 분은 전화해서는 소금으로 씻어내고 소금을 먹어야 한다고 말씀해주시기도 했어요. 화상상처에 소금을 뿌린다니 말도 안 되는 이야기죠. 저희가 모금방송에 나갔었는데, 그 뒤로 모르는 번호로 계속 전화가 왔어요. 받으면 그런 분들이에요. 되게 황당하죠. 이걸 어떻게 거절해야 하나 싶어요. 그래도 본인 딴에는 맞다고 생각해서 전화하는 거니까요.

조용히 지옥을 견딘 아이

나영이가 중환자실에 있는 동안 제가 그 앞에서 거의 살다시피 했어요. 중환자실은 면회시간이라는 게 있잖아요. 하루에 두 번 30분씩. 그때 외에는 아이를 볼 수가 없어요. 아이가 그 힘든 시간을 혼자 견딘다는 게 너무 속상한 거예요. 아이한테 조금이라도 힘을 줄 수 있었으면 좋겠다 해서 그 앞에 계속 있었죠. 초반에는 아이가 자고 있으니까 면회시간 30분 내내 그냥 울다가 나오는 거예요. 혹시나 들릴까봐 소리는 못 내고… 아이 보면서 해줄 수 있는 건 아무것도 없고 그냥… 아이가 가수면상태로 있는 거니까 그래도 들을 수는 있다고 생각해서 네 잘못 아니라고, 괜찮다고, 되풀이해서 얘기해줬어요. 넌 혼자가 아니라고.

한 열흘쯤 뒤에 눈을 떴는데, 호흡기 때문에 말을 못 했어요. 붕대로 온통 감아놔서 얼굴만 나와 있는 상태에서 눈만 뜨고 있는 거죠. 아이도 힘들었던 거 같아요. 30분 내내 눈 뜨고 있진 않았고 감았다가 떴다 하는 상황인데, 그 아이를 놓고 나오는 순간이 되게 힘들었어요. 정말 너무 힘들었어요. 이… 공간에서…
이 아이가… 이걸 어떻게 견딜까. 혼자서.

호흡기를 떼니까 면회시간이 끝날 즈음이면 아이가 그래요.
"엄마 쫌만 더 있다 가면 안 돼?" "엄마 언제 들어와?" 아이가
어려서 병원에서 조금 배려를 해줬어요. 어른들보다는 면회시
간을 길게 해주기도 했고 오전에도 들어가게 해주더라고요. 원
래 오전에는 면회를 못 하거든요. 나중엔 오전, 점심, 저녁으로
세 번 들어갈 수 있었어요. 시간이 좀 지난 다음에는 주말 같은
때 제가 아이 옆에서 잘 수도 있었고요. 사고 나고 거의 20일 가
까이 돼서야 나영이가 물을 한 모금 마실 수 있게 됐고, 한 달쯤
지나서야 음식물 섭취가 조금 가능했어요. 그러면 아이가 먹을
수 있는 걸 제가 준비해 가서 먹이는 거죠. 과일을 이유식처럼
잘게 쪼개서 가지고 들어가기도 하고요. 그런데 한 숟갈 먹으면
못 먹어요. 안 먹는다고 하더라고요.

점심쯤 면회 들어갈 때 아이가 치료할 타이밍이 될 때가 있
어요. 그러면 면회를 못 하거든요. 치료실에 부모는 못 들어가
게 되어 있어요. 그 당시 어려서 그런지 진통제는 안 된다고 했
던 것 같고, 수면제 같은 걸 주입하고 치료했던 거 같아요. 분명
히 아이를 재운 상태에서 한다고 했는데 그래도 나영이는 아파
했어요. 막 소리를 지르거나 그러지는 않고 눈물만 흘려요. 조
용히. "아프면 표현해도 돼. 참지 않아도 돼." 이렇게 얘기를 해

줬죠. "나영아, 그건 참을 필요 없는 거야. 어른들도 그건 힘들다고 이야기하는 거니까 네가 안 참아도 돼." 그런데 나영이는 그저 조용히 울고, 끝이었어요.

나영이 옆에 있을 때 보면, 지나가면서 "네가 나영이구나" 하는 분들이 있어요. 저는 모르는 사람인데 아는 척을 해요. 나영이한테 "너 치료할 때 그 옆 침대에서 치료했는데 너 많이 울었잖아. 그래서 너무 안쓰러웠어." 그런 얘기를 하더라고요. 그러니까 치료실에서는 나영이가 막 소리 지르면서 울었던 거죠. 그걸 나중에 알았어요. 수면상태에서 치료한다고 하니 아이가 고통은 못 느낄 거라고만 생각했거든요. 들어가기 전에 주사를 놓고 들어갔으니까요. 엄마가 봤을 땐 눈물만 흘렸지만, 실은 그게 소리를 지를 정도로 고통스러운 치료였다니…

나영이가 어릴 때부터 책을 많이 읽었어요. 워낙 책을 좋아해서 자기 전에 읽는 책만 기본이 다섯 권이었거든요. 제가 어린이집에서 일했잖아요. 일 끝날 때까지 그 옆에서 한 시간이고 두 시간이고 책을 읽고 있는 거예요. 그렇게 주구장창 책만 읽던 아이였어요. 그래서 생각이 깊었던 거 같아요. 아픈 걸 표현하지 않고 조용히 눈물만 흘리면서 "안 가면 안 돼?" 그러면 저는 "오늘 치료를 받으면 내일은 오늘보다 덜 아플 거야. 오늘 치료를 받아야 해"라고 하면서 계속 치료실로 보냈어요. 그 시간은 어른들도 지옥이라고 해요. 치료실 가는 게 무척 힘들다면서 거길 지옥이라고 부르더라고요. 그런데 얘는 아이인데도 그걸 다 견딘 거죠.

잠들 수 없는 날들

나영이는 처음에 6개월 이상 잠을 잘 이루지 못했어요. 거의 안 자다시피 했어요. 사고 이후에 수술하는 과정에서 가려움증이 되게 심했어요. 아이랑 저랑 밤마다 실랑이했죠. 얘는 긁었으면 하고 저는 그걸 말려야 하니까요. 처음에는 온통 붕대로 감고 있었기 때문에 본인이 긁을 수도 없었어요. 그러니까 저를 계속 불러요. 긁어달라고요. 그러면 제가 그 부위를 두들겨줘요. 가려움이 가라앉으라고 약간 자극을 주는 거예요. 긁으면 상처가 나니까요. 상처가 나면 거기에, 떡살이라고 부르는데, 피부가 단단하게 부풀어 올라와요. 그것 때문에 못 긁게 하는 거예요. 우리도 모기 물리면 정말 미칠 거 같이 긁고 싶잖아요. 나도 못 참는데, 얘는 아이인데 얼마나 괴로울까 생각하죠. 그런데 긁으면 그 상처가 어떻게 될지 뻔히 아니까…

졸리고 피곤한데 제가 자면 얘가 계속 긁으니까 저도 못 자는 거예요. 그럴 때 먹는 약이 있어요. 안정제 같은 약이었던 거 같아요. 그거 먹으면 딱 두 시간 자요. 저는 그런 약을 먹이고 재운다는 게 탐탁지 않았는데, 그거라도 먹여야 자니까 어쩔 수 없이 하루에 한 번씩만 먹였어요. 병실을 함께 쓰는 환자들이나 보호자들도 밤에는 쉬어야 하니까요. 저희 아이 때문에 그분들까지 잠을 못 주무시면 너무 죄송하거든요. 먹여놓고는 그 시간에 저도 자려고 하는데 잠이 들 만하면 애가 깨요. 그때는 제가 거의 초인적인 힘을 내며 지냈던 거 같아요.

어제 늦은 밤에 배가 고프다며 떡볶이가 먹고 싶다는 나영이를 몇 번 달래다 결국 사다 주었다. 떡볶이를 먹고 1시쯤 잔 나영이는 두 시간 후에 일어나서 엄마를 찾는다. 긁어달라고. 요즘은 잠을 자도 긴장한다. 모든 신경이 나영이에게 집중되어 있다. 바스락 이불 소리만 나도 나영이가 간지러워 발을 비비는 소리인가 싶어 살펴본다. 새벽까지 긁어주다보니 잠이 부족하여 어지럽다. 나영이는 끝도 없이 긁으란다. 자는 듯이 눈을 감고 있다가도 내가 손을 떼면 눈을 뜨고 가려운 곳을 이야기한다. 순간 감정억제가 안 되어 나영이에게 짜증을 낸다. 엄마도 힘들어. 쉬게 해야 네 간호를 할 거 아나. 참어! 그랬더니 얼굴이 빨개지며 눈물을 흘린다. 나영이에게 금방 미안해진다. 본인은 더 힘들 텐데. 그렇게 아침을 맞는다. 아침에 토스트가 나와서 나영이에게는 현미 누룽지를 주었다. 그랬더니 토한다. 떡볶이 때문인 것 같다. 후회해도 소용없다. 뒤처리를 하고 나니 나영이는 지쳐 자고 있다.

– 2012년 12월 27일, 입원 70일째 병상일기

남편은 평택에서 회사 끝나고 저녁마다 병원에 들렀어요.

애가 둘인데 첫째에게는 미안했죠. 첫째에게 그냥 얘기했어요. 네가 이해해줘야 하는 상황이라는 걸. 그 시기에는 나영이가 더 시급했고 나영이에게만 올인했어요.

나영이는 이제 밤을 새고 아침에 자는 것이 생활이 되었다. 이제는 한두 시간 자던 잠도 못자고 다들 일어날 시간에 잠이 든다. 그러면 나는 언제 자지? 틈틈이 쪽잠을 잔다. 오늘도 자다 깨서 치료를 간다. 나영이가 치료를 받는 동안 기다리다 담당교수님을 뵈었다. 나영이 어깨와 등의 상처가 커서 다음주에 이식수술을 한다고 하신다. 나영이의 아픔을 덜어주기 위해서는 수술하는 것이 나을 것 같다고 하신다. 마음이 답답하다. 이번 주쯤 재활을 위해 퇴원을 생각하고 준비하고 있었는데, 기대했던 것이 무너지니 실망감이 더 크게 와서 부딪힌다. 중환자실에 있을 때도 이제는 먹을 수 있다는 말에 음식을 준비해가면 금식이곤 했다.

남들에게는 당연한 것이 지금의 나영이에겐 하나하나 그냥 되는 것이 없다. 팔 하나를 올리는 것도, 앉고 일어서는 것도, 발을 딛고 일어서는 것도 아픔을 참고 땀을 흘리는 노력을 해야 한다. 밤에 잠을 자는 것도 가려움으로 밤을 지새워야 하는 지금의 나영이에겐 허락되지 않는다. 그런 나영이를 옆에서 긁어주며 새벽이 되면 나도 한계에 부딪힌다. 다리를 한 대 때리고 엄마도 힘들다고 소리를 지른다. 그러면 나영이는 울면서, 때리고는 미안하다고 하면서 왜 또 때리느냐고 한다. 할 말이 없다. 같이 운다. 가슴이 답답해서 터질 것 같다. 하나님께 울부짖는다. 하나님께서 이 마음을 다스려달라고. 이 답답함을 풀어달라고.

- 2013년 1월 14일, 입원 88일째 병상일기

두 번의 고비

나영이가 2인실에 있었던 적이 있어요. 그때 두피에서 이식용 살을 두 번 떼어냈는데 그 부위가 모낭염처럼 번진 거예요. 머리에 딱지가 노랗게 올라왔어요. 거기에 참기름 성분의 약제를 네 시간마다 닦아주고는 다시 발라야 돼요. 닦아낼 때 무지 아프거든요. 그걸 2인실에서 저랑 나영이 둘이서 되풀이하는 거예요. 손도 계속 상처가 안 아물어서 치료해야 하는데 어느 날엔 나영이가 치료실에서 도망 나왔어요. 치료사 선생님하고 애를 붙잡고 다시 들어갔는데 절대 안 하겠다며 발버둥치고 아파하니까 그다음부터는 치료사 선생님이 안 부르더라고요. 원래는 치료사 선생님이 해야 하는데 2인실에서 문을 잠궈놓고 제가 했어요. 어쩔 수 없이, 나으려면 이걸 해야 하니까… 머리하고 손을 한 번 처치하는 데에만 한 시간이 넘게 걸렸어요. 저도 최대한 안 아프게 하려고 하는데도 아이는 너무 아파하죠. 그때 병실이 8층이었어요. 하루는 저도 너무 지치고, 아이도 지치고… 얘랑 매일같이 싸움해야 하니까… 그래서 저도 너무 힘들어서… "너랑 나랑 죽자 그냥. 이렇게 힘든 시간들을 견디느니

그때 보이는 것은 전과 같지 않으리라   23

지금 여기서 너랑 나랑 죽자." 그러고는 창문을 열었어요, 제가.

뛰어내리자고 그랬더니… "잘못했어. 엄마 그러지 마"라고 하는데 그 아픈 애를 그때 막 때렸어요. "너만 힘든 게 아니고 엄마도 힘들어. 근데 지금 안 하면 어떡할 건데! 네가 치료실도 안 가겠다고 했는데, 이거, 너, 치료 누가 해주는데! 네가 그러면 엄마도 더 이상 안 하고 싶으니까 그냥 뛰어내리자" 이러면서 애를 잡아 끌며 창문에서 뛰어내리려고 그랬어요, 그때…

저도 제가 잘못한 걸 알아요. 엄마로서 그러면 안 되는 거였는데… 그렇게 해서는 정말 안 되는 건데. "너랑 나랑 그냥 여기서 죽으면 너도 편하고 엄마도 편하잖아." 그때는 순간 그런 마음이 울컥 올라왔어요. 끝나지 않을 거 같은 거예요, 이 고통이. 이렇게 평생을 살아야 하나. 애랑 나랑 계속 이러고 살아야 하나. 그러면 애도 힘들고 나도 힘들 텐데.

아이가 그때 일을 기억하는지는 모르겠어요. 아마… 그런 시간들이 있었기 때문에 아이가 제 앞에서 표현을 더 안 했던 건지도 몰라요.

병원에서 아이를 돌보면서 죽음을 생각했던 때가 두 번 있거든요. 좀 전에 말씀드린 그때하고, 처음 중환자실에 있을 때예요. 중환자실 들어가서 한 달가량 지나면 고비가 온대요. 아이가 그때 고비가 온 거예요. 다 나을 것 같은 시기거든요. 한 달쯤 되어 좀 괜찮아지나보다, 희망을 갖고 있었는데, 그때 아이

가 끼고 있던 콧줄에서 피가 나오는 거예요. 뭐지? 병원에 얘길 했더니 내일 다른 병원 가서 위내시경을 해봐야 한다고 해요. 그래서 나영일 데리고 다른 병원을 갔다 온 게 안 좋았던 거 같아요. 애 상태가 밖으로 나갈 상황이 아닌데 차 타고 다녀와야 했고, 그때가 또 겨울이었거든요. 그날 밤 제가 같이 있었는데 나영이가 되게 힘들어했어요.

"엄마, 나 옆구리에 바늘이 너무 많아. 하나만 뽑아줘."

바늘을 꽂아놓은 건 아니었는데, 아마… 이식한 피부를 호치키스로 전부 기워놓았던 걸 가리켰던 거 같아요. 근데 그 당시에는 얘가 환각이 있나 생각했어요. 밤새도록 너무 아파하는 거예요. 이 콧줄 좀 빼달라고. 자기 답답하다고. 근데 이걸 빼면 얘가 숨 쉴 수가 없으니까 간호사들은 안 된다고 하죠. 나영이는 계속 빼달라고 하고요. 점점 더 힘들어지니 이젠 산소호흡기를 입에다 덮어쓰는 걸로 바꿨어요. 근데 그것도 빼라는 거예요. 그래서 제가 그걸 안 빠지게 들고 있고 밤새도록 아이랑 실랑이를 했는데…

의사선생님이 그랬거든요. 얘가 중환자실에 있으면서 다른 수치가 다 떨어졌는데 혈압만 안 떨어진다. 살려는 의지가 강해서 살아 있는 건데 패혈증이 오고 혈압 쇼크가 왔다고… 폐렴기도 있는 거 같다. 힘들다, 혈압이 안 잡힌다 그러더라고요. "약을 넣어보기도 하는데 힘듭니다. 준비를 하셔야겠어요."

근데 제가 전날 같이 있었으니까… 애가 너무나 힘들어하는 걸 봤잖아요. 호흡기도 못 끼겠다고 답답하다고 할 정도고, 옆구리에도 바늘이 있으니 그걸 빼달라 하고… 우리가 욕심으로 붙잡고 있나보다. 애를 보내줘야겠다 하고는…

그날 준비했던 거 같아요. 그날… 막 소리를 지르면서 울었어요. 그때는 저도 주체가 안 되는 거예요. 막 소리 지르면서 울어댔어요. 악을 쓰면서 운다는 게 이런 거구나, 그럴 정도로.

오후쯤 되니까 괜찮다고, 혈압이 잡혔다면서 연락이 왔죠. 그때 고비 한 번 넘기고, 3월쯤에 아이랑 저랑 그런 사건이 일어나고… 그다음부터는 아이도 참고 저도 참으면서 그 시간들을 건너왔던 거 같아요.

소아화상경험자 가족들의 멘토로

한강성심병원에서 처음 소아화상 멘토를 맡아서 했어요. 올해로 4년차 되는 거 같아요. 아이가 사고를 당하고 그다음 해까지는 저도 정신이 없었고 2014년부터 시작했던 듯하네요. 그때쯤 되어서야 주위를 조금씩 돌아볼 수 있었던 거죠. 치료과정에서 저에게 많이 힘이 되어준 사회복지사분이 계세요. 소아화상 환자 부모 담당이셨는데, 그 선생님이 저하고 나영이를 보면서 긍정의 에너지가 굉장히 많이 묻어난다고, 이걸 다른 엄마들한테도 얘기해주실 수 있겠느냐 제안하셨어요. 아이가 화상을 입은 뒤 어떻게 하면 좋을지 몰라서 힘들어하는 분들이 있으니, 어머니가 어떻게 했는지 얘기해주실 수 있겠느냐고요. 그래서 한두 분씩 다른 엄마들을 만나기 시작했어요. 그러다가 소아화상 멘토활동이 공식화됐어요. 그리고 나서 성인 경험자분들도 멘토를 모집하셨고요.

중환자실 앞에 있을 때, 제 아이가 앞으로 어떻게 될지 궁금하고 이 아이랑 미래를 어떻게 헤쳐나가야 할지 몰라 너무 답답했어요. 그런 얘기를 해주시는 분도 없었고, 이맘때는 뭘 해야하고 어떻게 애를 보살펴야 하는지에 대한 안내서도 없고요. 너무 막연하니까 책을 찾아봤어요. 그때 제가 시간은 많았잖아요. 그런데 화상환자에 대한 책이 너무 없는 거예요. 어느 병원에서 낸 화상 관련 책이 한 권 있긴 한데 거기에는 일반적인 상식 같은 것만 나와 있고, 정작 궁금했던 사항에 관한 내용은 없어요.

하다못해 아이에게 뭘 먹여야 하는지도 나와 있지 않고요. 아무거나 먹이면 안 될 것 같은데 말이죠. 식이요법 관련한 건 다 암환자 책이에요. 그나마 적용할 수 있는 게 피부건조증에 관한 책 정도고요. 이런 걸 안내해줄 사람이 있으면 좋겠다 싶었는데 그때쯤 제안이 왔고, 그래서 멘토활동을 결심하게 됐어요. 시기가 딱 맞았던 거죠. 병원 밖을 나서지 못했던 간병생활을 끝내고 약간 마음이 느슨해진 상태에서 그런 제안이 와서 다시 한 번 힘을 냈던 거 같아요.

이 활동이 좋아요. 힘들지는 않아요. 제가 했던 경험을 같이 나누는 거잖아요. 사람들이 힘을 얻는 모습들을 보면 뿌듯한 느낌이 들고요. 가치있는 일 같아요.

소아화상환자 부모들이 힘든 것 중 하나는 아이하고 소통이 잘 안 된다는 거예요. 나영이는 그래도 여덟 살이었으니까 말이 통했잖아요. 그런데 말도 잘 못하는 나이의 아이들은 지금 자기가 뭐 때문에 아픈지, 심정이 어떤지를 그냥 짜증으로만 표현하니까 더 속상하죠. 아이가 아파하는데 부모 입장에서 그걸 그저 바라만 봐야 한다는 것도, 해줄 수 있는 게 없다는 것도 힘들죠.

그중 제일 큰 건 죄책감이에요. 누가 뭐라 말하기 전에 이미 엄마 스스로 충분히 느끼고 있거든요. 그런데 시댁이라든가 주변 사람들이 그 죄책감을 계속 부추겨요. "저건 엄마 잘못이야, 엄마가 애를 잘 못 봐서 그런 거잖아." 대놓고 이야기하는 분들도 있어요. 엄마들은 그 말을 듣고 너무 속상해하죠.

멘토 하면서 만나는 엄마들한테는 죄책감부터 버리라고 해요. "그거 갖고 있으면 아이를 제대로 돌볼 수가 없다. 지금 상황에서는 아이를 옆에서 잘 보살피는 게 제일 중요하다. 그냥, 사고라고 생각하고 죄책감부터 빨리 버려라."

그렇게 말은 하지만 저도 죄책감을 완전히 버리진 못했어요. 사고의 원인이 된 향초를 그 한 달 전에 제가 사왔거든요. 내가 그 향초를 안 샀으면 어땠을까 생각하곤 했죠. 그리고 애 아빠가 어린이집 교사 일을 계속 그만두라고 했었어요. 애가 초등학교에 갔으니 이제는 애를 봐야 하지 않겠느냐면서요. 근데 그게 교회에서 하는 어린이집이었고, 사모님이랑 같이 일하는 상황이라 제가 교사를 계속 맡아야 하는 것 아닌가 하는 사명감을 갖고 있었어요. 그러니 제 잘못인 것만 같은 생각이 들 때가 있죠. 그런데 그런 자책감이 아이의 회복에 도움이 안 된다는 걸 아니까, 그보다는 아이 치료를 어떻게 할지를 먼저 생각하자고 매번 다짐했던 거 같아요. 정말… 그때는 저 자신을 온전히 내려놓고 아이한테만 집중했어요.

다행히 제 주위 분들이 위로를 많이 보내주시긴 했지만 솔직히 말씀드리면 그분들의 위로가 별 도움은 안 됐어요. 그분들은 저희와 같은 상황이 아니잖아요. 힘들어서 어떡하느냐 하는데 그 말이 전혀 공감이 안 됐어요. '그저 지나치듯 하는 말이구나. 차라리 말을 말지.' 그런 생각도 들죠. 그랬기에 더더욱 멘토가 필요하다고 생각했던 것 같아요. 같은 아픔을 가진 사람들이 얘기해주는 거랑은 다르겠죠. 사람들이 습관처럼, 어떤 말이라도 해야 할 거 같아 의무감으로 "힘들었지?"라고 말해주는 게 오히려 상처가 될 수 있어요.

힘든 게 또 있어요. 아이가 자라면서 수술을 반복하는 걸 내내 지켜봐야 한다는 거죠. 기약 없는 날들이 이어지는 거예요.

근데 제가 병원 안에서 만나온 엄마들은 거기까지는 생각도 못해요. 그건 그분들에게 너무 먼 미래인 거예요. 그분들의 걱정은 '타인의 시선'에만 머물러 있어요. 아이가 사람들의 시선을 어떻게 견디면서 살아야 하나. 유치원에 갔는데 다른 아이들이 놀리면 어떻게 하나. 학교 다닐 때 아이가 이 상처 때문에 왕따를 당하는 건 아닐까. 그런데 앞으로도 계속 수술과 재활을 해야 한다고 말씀드리면 다들 놀라죠. "이게 끝이 아니에요?"

나영이도 해마다 수술을 했어요. 올여름에는 오른손을 다시 수술하거든요. 나영이 같은 경우는 화상 부위가 너무 넓다보니 몸통 쪽은 떼어낸 피부를 늘려서 붙여요. 허벅지에서 주로 많이 떼내는데, 거긴 세 번에서 다섯 번까지도 떼낸 자리가 있어요. 근데 그 자리에서 또 떼서 붙이는 거예요. 그런 피부를 떼서 이식하니까 그 효과가 예전같지 않아요. 피부 자체가 약해져 있는 거니까요.

지난겨울에 목하고 오른 손목 부위를 수술했는데 그 뒤로 오히려 목이랑 오른손 상처가 더 심해졌어요. 수술한다고 다 좋아지는 게 아니에요. 수술하면 그만큼 재활도 해야 하고 관리도 해야 하죠. 그런데 아이가 사고 난 뒤 5년 정도 지나기도 했고, 또 이제 학교를 가야 하니까 아무래도 예전만큼 관리하기가 힘들어요.

점점 자라면서 우선 순위에 친구들을 놓게 되잖아요. 그러다보니 학교를 한 달 더 빠지고 재활치료를 해야 한다는 얘길 못 하겠더라고요. 아이는 자꾸 학교를 가고 싶어하고, 그러다보니 재활을 그만큼 못 하고… 그래서 수술결과가 더 그렇게 됐던 거 같아요. 이번에 또 수술을 잡긴 하는데, 그렇다고 오른손을 쓸 수 있으리라는 희망은 없어요.

수술비가 되게 비싸요. 한 번 하면 천만 원. 나영이도 초기 1, 2년 사이에 2억 가까이 들어갔을 거예요. 화상외과에 있다가 성형외과로 가면 비용이 배로 뛰어요. 화상외과는 응급실 같은 역할이에요. 거기서 치료하고 그다음 수술로 넘어갈 때는 성형외과로 바뀌게 돼요. 화상외과에서 할 수 있는 수술을 하고, 그 부위의 기능을 더 좋게 하려면 성형외과로 넘어가는 식이에요. 성형외과는 목적이 성형이라는 이유로 치료비 대부분이 비급여로 분류돼요. 아니, 우리가 수술을 하고 싶어서 하겠어요? 우리 같은 사람들은 다시는 수술을 안 하고 싶은 사람들인데, 기능이 떨어져서 어쩔 수 없이 하는 거잖아요. 보습제도 그렇고 일주일에 한 번씩 피부재활 가는 것도 '미용'으로 들어가요. 그건 명백히 화상치료 목적인데도요. 거기다 부가세까지 붙지요.

재활치료비도 부담이 엄청나요. 나영이는 워낙 어려서 재활로 입원하면 월 2백, 3백만 원 정도 나오는데 어른들 같은 경우는 천만 원씩 나온대요. 나영이는 지금 물리치료, 재활치료, 피부재활, 그 세 가지만 하거든요. 어른들은 스테로이드 주사, 그

'떡살주사'라고 부르는 거하고 레이저 시술까지 받으니까 회복 속도가 훨씬 빨라요. 아이들은 그런 치료가 제한적이에요. 성장 중이어서 그렇대요. 스테로이드 성분 같은 경우는 호르몬에 영향을 주니까요. 레이저 치료는 그 강도가 세서 어린아이한테는 부적합하다고 하고요. 그런 치료를 잘 안 받다보니 자연적으로 수술에 더 의존하게 되는 거죠.

사실 어른들에 비하면 아이들에게 후원의 기회가 많아요. 나영이도 그런 후원 제도의 혜택을 많이 받았고요. 어리면 어릴수록 후원이 많아요. 커갈수록 줄어들죠. 지원을 안 받으면 사실 보통의 가정으로서는 거의 감당할 수 없다고 봐야 해요. 아이 수술비 대고 나면 생활을 유지할 수가 없거든요.

작년부터는 제가 직장생활을 해요. 그전엔 나영이를 돌봐야 하니까 퇴원하고서도 직장에 다닐 수가 없었어요. 수술하게 되면 한 달은 병원에 있어야 하는데 그렇게 휴가를 주는 직장은 없잖아요. 지금 일하는 곳은 예전에 제가 보육교사 하기 전에 다녔던 직장의 사장님이 운영하는 곳인데, 아이가 조금 괜찮아졌을 때부터 계속 불러주셨어요. 갈 수 없는 상황이니까 '힘듭니다' 얘기했는데, 이제는 1년에 한 번씩 수술하면 되는 상황이니 와서 일하라고 하더라고요. 일주일에 한 번은 아이 때문에 좀 일찍 나가야 하고, 한 달에 한 번은 멘토활동 때문에 오후에 나가야 하고, 아이 수술하면 휴가도 내야 한다고 말씀은 드렸죠. 드렸는데…

휴가를 일주일 정도 줄 수 있다고 말씀하시더라고요. 나머지 3주는 큰딸이 낮에 나영이랑 있고 제가 회사 끝나고 저녁에 가는 방법으로, 이번 여름에 수술할 계획을 세웠거든요. 직장을 막상 들어가고 나니 정말 눈치가 많이 보여요. 요즘 나영이가 일주일에 한 번씩 재활치료 받으러 혼자 서울로 올라가요. 평택역 가서 기차 타고 영등포역으로 가서는 거기서 또 버스 타고 병원 가서 접수하고 치료받고… 그러면 제가 끝날 시간에 맞춰서 회사에 얘기하고 나오는데, 그게 눈치가 보여요. 그런데 수술까지 하면 과연 괜찮을까… 걱정돼요. 사장님은 괜찮다고 말씀은 하시지만, 실제 그 상황이 되면 마음이 달라질 수도 있는 거니까요.

흉터가 많은 사람

병원 근처 영등포역에 타임스퀘어가 있어요. 사람 많잖아요. 나영이를 휠체어에 태워서는 지하도를 통해 힘들게 갔어요. 계절마다 다르게 꾸며놓으니 사진 찍기에도 좋은 곳이거든요. 사람들은 다 쳐다보죠. 그때는 머리 모양도 좀 심했어요. 이식용 피부 떼어내느라 머리카락도 다 밀었고, 빨갰고요. 병원 밖으로 나가기 전에 나영이에게 말해줬어요.

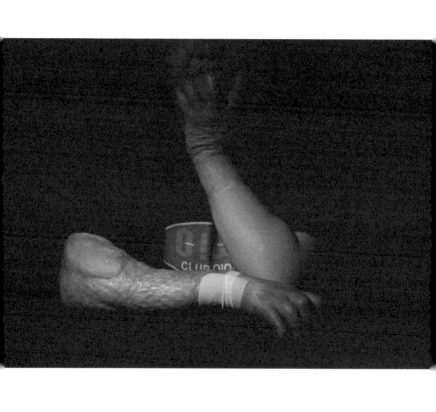

"사람들이 쳐다보더라도 그 시선을 한번 견뎌봐야 하지 않겠니? 그 사람들 신경 쓰지 말자. 우리는 그냥 나가서 우리 볼 것만 보고 오면 돼. 알았지?" 그러고는 데리고 갔는데 처음에는 등에 식은땀이 났어요. 제게도 그게 너무 힘들었던 거죠.

어린애들은 나영이 주변을 빙빙 돌아요. 그러면 나영이에게 물어보죠. "기분이 어때? 저 사람이 저렇게 쳐다볼 때 기분 나쁘지? 엄마도 기분 나빠. 나영아, 그럼 그렇다고 얘기해도 돼. 쳐다보지 말라고." 그러고 나서 제가 그 아이에게 가서 얘기를 하죠. "그러지 말았으면 좋겠어. 그냥 다쳐서 좀 아픈 거야." 그렇게 하면서 계속 밖을 다녔던 거 같아요.

조금 지나서는 나영이한테 이렇게도 이야기했어요.

"우리도 지나다니면서 예쁜 사람 있으면 쳐다보고, 옷을 좀 이상하게 입은 사람 있으면 쳐다보잖아. 그런 거야. 사람들은 그냥 자기하고 다르면 시선이 가고 쳐다보게 돼 있어. 근데 그걸로 끝이야. 그 사람들은 그렇게 쳐다보고는 '아, 이상하네' 그러고 말아. 너에 대해서 뒤돌아서까지 막 흉을 본다거나 그런 생각으로 쳐다보는 거 아니야. 그렇게 생각하면 돼. 그 사람은 잊어버려." 나영이는 잠자코 끄덕였던 거 같아요. 그래도 기분은 나빴겠죠.

나영이가 2년 만에 정식으로 퇴원했는데, 그때 제가 병원생활을 오래해서인지 공황장애 같은 게 생겨서 차를 오래 못 탔어요. 그 이유 때문이기도 하고 앞으로 살아가려면 시선들과 자꾸 부딪혀봐야 하지 않을까 싶어서 병원에 오갈 때는 기차를 타고 다녔어요.

기차를 타면 제 눈에 나영이 손만 보이는 거예요. 다른 데는 옷을 입어서 드러나지 않는데 손은 보이잖아요. 처음에는 막, 모두들 아이 손만 쳐다보는 것 같고, 저도 애 손만 쳐다보고 있었죠. 그래도 계속 훈련해야 한다고 생각했어요.

전철 같은 데 타면 시선들이 막 꽂히죠. 어떤 사람들은 불쌍히 여기는지 쯧쯧거리기도 하고요. 그 불쌍하게 보는 시선이 정말 기분 나쁘거든요. 불쌍한 게 아닌데… 그런 순간에 대해 아이하고 계속 얘기했어요. 초등학교에 다시 다닐 때도, 아이들이 지나가면서 제가 나영이 옆에 있는데도 괴물 같다고 말하더라고요. 그러면 그 아일 붙잡아놓고 얘기하죠.

"네가 그렇게 말하면 애 기분이 어떨 거 같애? 사람을 앞에다 놓고 그렇게 얘기하면 기분이 상하는 거야. 애는 그냥 다쳐서 흉이 생긴 거야. 근데 네가 그렇게 얘기하면 화가 나지 않겠니? 그러지 않으면 좋겠어." 일부러 나영이가 있는 데서 얘기하죠. 나영이를 데리고 다니면서 사람들 대하는 법을 직접 보여줬어요.

한번은 제가 쇼핑몰에서 옷을 보고 있었어요. 나영인 의자에 앉아 있었는데 어떤 남자애가 나영이한테 와서 물어봤대요.

"너 화상이야?" 그래서 뭐라고 그랬는지, 기분은 괜찮았는지 물어보니까 기분 안 나빴다고 해요. 걔가 화상을 아는 게 더 신기했다고 그래요. "엄마, 그 애는 화상을 알더라" 그러더라고요. 아이도 그러면서 점점 익숙해졌던 거 같아요.

미국의 화상경험자 커뮤니티인 피닉스 소사이어티의 컨퍼런스에 나영이랑 같이 다녀온 적이 있어요. 거기서는 사람들이 시선을 보내면 그냥 웃어주라고 그래요. 대화하고 싶지 않으면 '아, 오늘 날씨 좋죠' 하면서 대화 주제를 바꾸라고 하고요. '지금은 그 얘기를 하고 싶지 않네요'라면서 피하라고도 해요. 한국에서는 그러기 쉽지 않거든요.

나영이한테 "너는 그럴 때 어떻게 해?" 물으니까 "째려봐줘" 그러더라고요. 아이가 기분이 나빠서 그렇게 표현하는 거니 그걸 갖고 웃어주라고 할 순 없는 거잖아요. "잘했어. 그렇게 하면 돼. 그리고 쳐다보지 말라고 말해줘. 네 기분을 말해주는 거니까. 네 잘못이 아니라 그냥 상처잖아" 그렇게 말해주죠.

누구나 넘어지면 조금 흉이 생기잖아요. 나영이가 이렇게 말했어요. "나는 그냥 다른 아이들보다 그런 상처가 좀 많을 뿐이잖아." 얘길 듣다보니 과연 그렇더라고요. 아이는 자기 상처를 그런 식으로 받아들이고 있는 거죠. 부끄러운 게 아닌 거예요. 그래서 여름에도 민소매 입고 숏팬츠 입고 다녀요. 이 상처를 가려야겠다는 생각을 안 했어요. 초등학교 기간을 그렇게 지냈어요.

중학교 올라오니까 나영이가 화상흉터를 가리려고 하더라고요. 얼마 전에 학원에서 어떤 일이 있었어요. 만화 캐릭터 중에 팔이 빨간 게 있나봐요. 좋은 캐릭터는 아니겠죠. 여름이니까 나영이가 반팔을 입었는데 학원 친구 하나가 그 캐릭터를 빗대서 이야기한 거예요. 그 자리에서 울었다고 하더라고요. 선생님이 그 남자애를 혼내고 때리기까지 했대요. 나영이한테 사과시키고, 그 학생 부모한테도 전화해서 알리고요. 그렇게 상황을 마무리하고 나서 선생님이 저한테 전화해주셨어요. "아무래도 나영이가 새 학기도 되고 예민해서 울었던 거 같네요"라고 말씀하시더라고요. 물론 예민한 때이기도 하죠. 하지만 지금까지 나영이가 그런 식으로 운 건 처음이라고 말씀드렸어요. 나중에 나영이한테 물어보니까 그 당시에는 기분 나빴는데 사과받고 해서 지금은 괜찮다고 하더라고요.

처음에 그 소식을 듣고는 울컥했어요. 이삼일은 그것 때문에 힘들었던 거 같아요. 그전에는 그냥 화를 냈는데 왜 울기까지 했을까? 그게 너무 마음이 아프더라고요. 그 일이 있고 난 그다음 날 나영이가 토시를 찼어요. 화상 입었던 부위는 햇빛을 보면 안 좋으니까 평소에 하라고 해도 답답하다고 안 했었거든요.

가리고 싶으면 가려야죠. 근데 그게 오래가지는 않을 거라고 봐요. 나영이 성격상 조금 지나면 괜찮아질 거라고 생각해요. 근데 그 순간에 왜 울기까지 했을까. 저는 그 캐릭터가 뭔지 모르는데 선생님이 구체적으로 말씀해주시지 않았고 나영이도 자세하게 말해주진 않았어요. 저도 더 물어보지 않았고요. 제가 캥거루맘처럼 늘 쫓아다닐 수는 없잖아요. 나영이도 상처를 견디는 시간이 필요하고, 그러면서 더 단단해질 거예요. 제가 나서서 학원으로 쫓아가서 막… 그럴 수도 있겠지만 그게 나영이한테 도움이 될까요.

앞으로도 이런 상황이 없을 거라고는 말 못 하는 거잖아요. 더 심한 상황들도 생길 거고요. 그때마다 내가 쫓아가서 해결해줄 수는 없죠. 그 부분은 이제 나영이한테 맡겨야 하는 게 아닐까 해요. 그 대신 나영이 생각이 뭔지를 물어보는 거예요. 그렇다고 또 너무 꼬치꼬치 캐물으면 좋지 않겠죠. 애도 이제 중학생이고 사춘기에 접어들 테니까요. 그러니 이제는 그저 안아줘요. 이렇게 말하면서요. "엄마는 나영이가 있어서 너무 다행이야. 엄마는 나영이를 그냥 바라보고만 있어도 너무 행복해. 엄마는 나영이가 너무 좋아."

쉼 없이 배우는 사람

이렇게 생각하는 건 제 성격 때문인 거 같기도 해요. 큰애도 작은애도 저한테 그래요. "엄마는 정말! 객관적이야." 엄마는 엄마 같지 않고 되게 냉정하게 얘기한다고요. 아이 인생은 아이 거지만, 그렇다고 모든 걸 오로지 자신이 감당해야 하는 건 아니죠. 자기가 못하는 부분을 붙들고 고민해봤자 아무 도움이 안 되잖아요. '이건 내 영역이 아니다' '내가 할 수 없는 부분이다' 라고 정리해야 할 때가 있는 거죠.

고등학교 때 한 친구가 그랬어요. "너는 나중에 비평가가 되는 게 좋을 거 같아." "뭐? 내가 그렇게 부정적이야?" 이렇게 대꾸하긴 했는데, 세상을 바라보는 시선이 조금은 다르다는 의미였겠죠. 저는 부모님한테도 그렇게 크게 바라는 게 없었어요. 내 삶에는 내가 감당해야 할 몫이 있다고 생각해왔으니까요. "내게 필요한 돈? 그건 내가 벌어서 쓰겠다." 결혼할 때도 그랬어요. 당연히 부모가 결혼비용을 대줘야 한다는 생각이 없었던 거 같아요. "왜 부모님께 손을 벌려야 해? 우리가 사는 건데." 그래서 결혼할 때도 돈이 진짜 없었지만 그냥 둘이 알아서 했어요.

고등학교 다닐 때는 3년 내내 아르바이트를 했어요. 집에서는 용돈을 안 주셨고 저는 용돈 쓸 일이 많았거든요. 부모님이 농사를 지으셨는데 용돈이라는 개념 자체가 없었죠. '책 사야 해요' 하면 주는데 '뭐 사 먹어야 해요' 같은 건 용납이 안 되는 거죠. "뭘 사 먹어? 집에서 밥 먹으면 되지." 이런 식이었어요.

집에다는 학원 간다고 하고는 아르바이트를 했어요. 레스토랑 주방에서 설거지도 하고, 분식집에서 서빙도 했고요. 고등학교 1학년 때는 중학교 선생님이 자기 딸아이 수학 좀 가르쳐달라 해서 갔는데 막상 가보니 아이 돌보미 역할 같은 거였어요. 아이 데리고 목욕탕 갔다 오라고 해서 그때 목욕탕이란 데를 처음 갔어요. 저희 집은 되게 시골이었거든요. 슈퍼마켓 없는 동네, 아시죠? 마트 가려면 한 시간은 걸렸고, 목욕탕 가려면 버스를 타고 시내로 나가야 했어요.

빵을 좋아했어요. 지금은 없어졌는데 '웬디스'라고, 거기 가서 맨날 햄버거 하나씩 먹고 만화방에 가서 놀고 그랬어요. 만화책 다음이 로맨스 소설! 만화방에 있는 건 다 읽었어요. 집 앞에 있는 만화방을 끝내고는 더 이상 읽을 게 없어서 다른 만화방을 찾기도 했죠. 그 정도로 빠져서 읽었어요. 제 방이 다락방이었거든요. 안방 거쳐서 다락방 가면 아무도 없는 제 공간이잖아요. 부모님이 빨리 안 자고 뭐하느냐 하시면 공부한다 그러고는 교과서 밑에다가 만화방 책 깔아놨다가 나가시면 다시 읽곤했어요.

힘들었어요. 아르바이트 하느라 친구들하고 놀 시간도 없고. 그러면서 책은 또 그렇게 읽고… 학교에서는 딱히 즐거울 일도 없었던 거 같아요. 그냥 그때는… 그랬어요. 친구들하고 막 웃고 떠들고 그러다가도 '왜 살지?' 하는 생각이 들고. 그때 전혜린 작가나 밀란 쿤데라의『참을 수 없는 존재의 가벼움』같은 책에도 푹 빠졌었어요.『데미안』같은 책들… 그런 게 저를 위로해주었죠. 사는 게 다 고통인데, 왜 살아야 하지? 사람들이 왜 이 고통의 시간을 견디면서 살려고 할까. 이런 생각들을 하며 살았던 것 같아요.

선생님이 되고 싶었어요. 그때는 누군가를 가르쳐주는 자리에 있는 선생님이라는 직업이 참 멋져 보였거든요. 나도 저런 자리에 서고 싶다⋯ 남을 가르치면서 모범적인 삶을 살아가는 사람. 그런데 대학을 못 갔어요. 연년생인 동생이 있거든요, 남동생. 시골에서 여자인 저를 보내줄 리가 없죠.

부모님이 저더러 실업계 고등학교를 가라고 하셨어요. 저는 교사가 꿈인데. 그래서 반항심이 되게 커졌어요. 고등학교 원서 쓸 때 일주일간 집에서 밥을 안 먹었어요. 학교 갔다 오면 방에 들어가 문 닫아놓고 시위한 거죠. 마지막 날 아빠가 네 맘대로 하라고 했는데 저도 오기가 생기는 거예요. 가겠다고, 실업계 가겠다고, 어떻게 되는지 두고 보자고 하면서요. 그런 마음으로 실업계를 갔어요.

고등학교 졸업하고는 집에서 벗어나야겠다는 생각으로 서울에서 직장을 구했어요. 보통 상고를 나오면 경리 쪽으로 빠지잖아요. 그렇게 회사를 다니다가 나영이 낳으면서 그만둔 거죠. 둘째를 내가 봐야겠다고 생각해서 아이가 뱃속에 있는 동안 보육교사 자격증을 땄어요. 제가 다니는 어린이집에 나영일 데리고 와서 같이 있었던 거고요. 담임교사는 아니더라도 어쨌든 같은 공간에 있을 수 있으니까요.

직장 다니면서는 저녁에 쉰 적이 없어요. 계속 뭘 배웠어요. 어린이집 다니면서도 끝나고 아동미술 치료를 배웠고요. 배우지 못한 것에, 하고 싶은 걸 포기했다는 것에 미련이 있었나봐요. 배움에 대한 욕구가 굉장히 컸어요. 집에 가만히 있는 건 참을 수 없었어요. 제 앞에 문제가 있으면 꼭 해결해야 하는 사람이었으니까요. 이걸 해결하기 위해서는 어떻게 해야 할까, 내가 뭘 해야 하지, 이런 걸 먼저 생각했던 거 같아요. '그러려면 내가 알아야 되니 공부해야겠다.' 결국 순서가 이렇게 됐던 것 같아요.

대부분 사고 후에 아이를 중환자실에 넣어놓고 책을 읽진 않잖아요. 그런 여유가 없을 거예요. 근데 전 필요하다고 생각했으니까, '내가 책 읽고 배워야지'라고 생각했던 거 같아요. 그냥 포기하고 주저앉지는 않았어요. 뭔가 하나를 생각하면 그걸 이루기 위해 무엇을 해야 하나 고민했죠.

결혼 전에도 되게 바쁘게 살았거든요. 직장 끝나면 또 학원을 다녔어요. 일본어랑 영어 배우고 싶어서요. 집엔 12시 전에는 안 들어갔던 거 같아요. 맨날 막차 타고 다니고 주말에는 계속 놀러 다녔고요. 그러니까 부모님은 못마땅해하죠. 엄마가 저 때문에 못 주무셨대요. 아빠는 엄마가 그러는 걸 보니까 저보고 계속 뭐라고 하시는 거죠. 아빠와 계속 부딪혔어요. 내가 알아

서 하겠다는데 왜 자꾸 터치하는 거냐고 대들었죠. 내 삶에 아빠가 뭐 보태준 거 있느냐면서요. 그렇다고 내가 밖에 나가서 못된 짓 하고 다니는 것도 아닌데.

부모로서 내 아이에게 막 간섭해야 한다고 생각하지 않는 이유가 그래서인 듯해요. 전 공부하라고 잔소리 안 하거든요. 그러니까 나영이가 "엄마가 한번 그런 말을 해줬으면 좋겠다"라고 하더라고요. (웃음) 자기를 관리해주면 좋겠다고요. "그걸 원해?" 그랬더니 "아니, 근데 엄마는 너무 안 하잖아" 그래요. 그래서 이렇게 말해줬어요.

"엄마가 하라 한다고 네가 할 것도 아니잖아. 공부는 네 미래를 위해서 하는 거야. 엄마를 위해서가 아니야. 근데 그걸 왜 엄마가 하라 마라 해. 너에게 미래의 목표가 있고 그 목표를 위해 필요하다고 생각하면 하는 거야. 공부해서 엄마 줄 거 아니잖아. 네가 공부를 잘하든 말든 엄마는 상관없어. 잘하면 좋겠지. 근데 그건 네 일이야. 네 일은 네가 알아서 하는 거야."

풀어야 할 숙제

소아화상환자들 같은 경우는 다른 이들의 시선 때문에 학교를 그만두거나 해외로 나가기도 해요. 그러니 인식 개선이 제일 중요하죠. 그걸 한강성심병원에서 시작한 거고요. 이제 한 걸음 나아간 건데, 병원 자체의 힘으로만 끌고 가기는 어렵고 한계가 있을 거예요. 앞으로는 정부 차원이나 사회적 차원에서 같이 만들어가야 할 과제 같아요.

인터뷰 전에 나영이한테 얘기했어요. "엄마가 우리 이야기를 할 거야. 나영이 너는 어때? 안 했으면 좋겠어?" 그랬더니 아니래요. "사람들이 내 이야기를 알고, 나를 알고 나면 나를 쳐다보는 시선이 달라질 거 아냐. 그런 건 좋은 거지." 화상에 대해 전혀 알지 못한 채로 쳐다보는 시선하고, 그걸 알고 공감해주면서 보는 시선은 다르다는 거죠. 그런 시선이라면 그렇게 불편하게 와닿지는 않을 거라는 거예요.

대부분 사람들이 화상을 몰라요. 왜 모를까 생각해보면, 화상환자들이 다 집에만 있거든요. 밖으로 나오지 않는 거예요. 아니면 모두 가리고 다녀요. 저희도 병원 가서야 화상환자가 그렇게 많다는 걸 처음 알았어요. 정말 많은데 병원 밖에 나오면 보이지 않아요.

소아화상환자의 부모들은 아이들의 심리적인 부분에 조금 더 집중해야 되지 않을까 싶어요. 사회도 지금 그런 변화에 차츰 익숙해지는 것 같고요. 제일 안타까운 게 엄마들이 화상상처를 '지워버려야 한다'고 생각한다는 점이에요. 이 상처가 '정상인'하고 똑같아지도록 말이죠. 그러다보니 흉터를 없애는 거에 엄마들이 목숨을 걸어요. 하지만 흉터는 어떻게든 흔적으로 남을 수밖에 없어요. 거기에 그렇게 매달리지 말고 아이하고 몸과 마음 모두가 건강한 삶을 살기 위해 에너지를 더 많이 썼으면 좋겠어요. 진짜 중요한 건 몸의 상처가 아니잖아요. 아이들 정신에 남는 흉, 그 상처가 더 심각한 거예요.

미국 피닉스 소사이어티에 가서 제일 부러웠던 게, 각 지역마다 지부가 있다는 거예요. 지역에서 캠프 같은 활동을 자주 치르면서 가족끼리 만나요. 그러니까 온 가족이 서로 만나는 게 자연스럽죠. 그런데 한국은 정말 딱 아이하고 엄마가 모든 걸 감당해요. 물론 가족이니까 누군가는 일을 누군가는 간병을 담당할 수 있지만… 그러다보면 이 아픔이 온전히 그 가족들만의 문제가 되어버려요. 이런 문제를 시에 가서 동사무소 가서 얘기할 수도 없는 상황이고요. 이거야말로 앞으로 풀어야 할 숙제 같아요.

저에게 멘토활동을 제안해주셨던 사회복지사분이 지금은 퇴사하셨는데, 그분이 계실 때는 그런 고민들을 모두 그분께 상담하고 풀었던 것 같아요. 사회복지사 선생님들의 역할이 참 중요하다는 걸 그분을 통해 배웠어요. 의료비를 해결해주는 건 정말 일차원적인 거고, 그보다 심리적인 부분이 어렵고 복잡한데 그런 부분을 잘 다뤄주셨죠. 심리적으로 흔들리고 좌절할 수밖에 없을 때 저희 이야기를 잘 들어주셨어요.

피닉스 소사이어티 다녀와서 제일 먼저 연 게 가족캠프였어요. 재정도 모자라고 인력도 부족하니까 1박 2일까지는 무리였고요. 딱 하루 동안 난지캠핑장에서 바비큐파티를 열어 가족들 다같이 모이자고 한 거죠. 걷기대회도 개최해서 하나가 되어 걸었어요.

다들 정말 좋아하더라고요. 그동안 아이들을 데리고 밖으로 못 나왔던 거예요. 이렇게 나오니까 너무 좋다고, 고맙다고 하더라고요. 사실 별 거 아니거든요. 그냥 밖에 나가 바비큐 해 먹는 거잖아요. 그런데 이 가족들에게는 그런 시간들이 없었던 거예요. 경제적으로 힘들다는 이유도 있겠지만 심적으로 그럴 용기가 없었던 거죠. 아이를 데리고 밖으로 나가 남들의 시선을 견뎌낼 힘 자체가 없는 거예요. 그런데 단체로 하면 그게 어렵지 않거든요.

한림대학교에서 여름마다 소아화상환자들을 모아서 캠프를 열어요. 아이들이 혼자서는 수영장에 못 다니거든요. 근데 함께 가면 선뜻 나설 수 있는 거예요. 아이들은 그 캠프 자체보다 워터파크 가는 데 너무 신나해요. 사람들이 쳐다보기는 하겠지만 그래도 거기서는 나 혼자가 아니니까 아이들이 그 시간을 견디고 즐길 수 있어요.

"엄마처럼, 려나 언니처럼, 당당하게 삶을 즐기고 살 거예요."

엄마와 함께 2015년 10월 미국 인디애나폴리스에서 열린 '피닉스 세계 화상 회의'(Phoenix World Burn Congress)에 다녀왔어요. 거기는 '시선'이 없는 곳이었던 거 같아요. 한국은 막 쳐다보고 그러는데 거기서는 그저 다들 자기 할 것만 하고 다른 사람한테 신경을 안 써요. 자유롭고 개방적인 곳이라는 생각이 들었어요. 그 경험 덕택에 한국에 돌아온 후에 다른 사람의 시선을 약간은 덜 신경 쓰게 됐던 거 같아요. 그전에 신경 썼던 게 90퍼센트라면 갔다 온 뒤로는 한 60퍼센트 정도? 나를 쳐다보는 사람도 있지만 그렇지 않은 사람도 있다는 사실을 알게 됐죠.

병원에서 처음 외출할 때는 그렇게까지 시선을 의식하진 않았던 거 같아요. 엄마도 같이 있었고 또 우선은 '바깥에 나간다'는 생각에 재밌어서요. 시간이 지나면서 밖에 더 많이 나가고 이전부터 만나왔던 사람이 아닌 새로운 사람을 만나고 그러니까 신경을 더 쓰게 됐어요. 머리카락을 완전 밀었을 때 나간 적도 있고 머리가 짧았을 때 나간 적도 있거든요. 남자라고 오해받은 적도 있어요. 애기를 안고 계신 부모님들이 저를 가리키며 "오빠다" 그러셨거든요. 그것 때문에 불편했던 적도 있어요.

그래도 밖에 나가면서 꾸밀 줄도 알게 되고 시선을 어느 정도 무시할 수 있게 됐어요. 아직 완전히 무시할 수 있는 건 아니고 지금도 약간은 신경 쓰이지만요. 중학교를 들어가고 나서 새로운 친구들을 만나면서도 그랬어요. 최려나 언니는 얼굴에 화상을 입어서 바깥으로 드러나 보이는 곳이 저보다 넓은데도 당당하게 다니잖아요. 나도 언니처럼 그냥 당당히 다녀야겠다 생각하면서 친구들을 덜 신경 쓰게 된 거 같아요.

잠들기 전에는, 내가 그냥 남들보다 상처가 크고 치유되는 게 더딜 뿐이라는 생각을 많이 했어요. 스마트폰 같은 거에 집중하다보면 그런 생각 안 하게 되는데 아무것도 안 하고 있으면 갖가지 잡념에 빠지게 돼요.

화상을 입고 얼마 안 됐을 때는 동정이랑 양보, 배려를 받아도 화상 때문인 것만 같았어요. 화상을 입었다고 해서 더 챙겨주지 말고, 그냥 똑같이 대해주면 좋겠어요. 지금도 이런 식으로 인터뷰할 수는 있는데 딱히 방송은 나가고 싶지 않아요. 치료비 모금 방송에 나간 적이 있는데 연출해서 만드는 장면도 있고, 카메라가 저를 따라다니면서 찍는 게 별로 내키지 않았어요. 저는 자유롭게 행동하고 자유롭게 말하고 있는데 결국 방송에서는 불쌍하게만 나오니까요.

이런 말이 어떻게 들릴지 모르겠는데, 나 하나만 힘든 게 아니라 힘든 사람이 여러 곳에 있으니까 그 힘듦을 이겨낸 사람을 보면서 문제들을 이겨냈으면 좋겠어요. 나만 힘드니까 나를 더 신경 쓴다기보다 당당한 사람을 보면서 자기도 같이 당당해지는 거예요. 사람들 시선에 신경 쓰지 말고 당당하게. 사람들 시선이 있다고 해서 자기 행동을 제약하는 게 아니라 남들이 보면 보는 대로 자기 즐길 것을 즐기고 살았으면 해요.

약간 예의 없는 아이들 있잖아요. 제가 눈에 띄었다 하면 끝까지 뚫어져라 쳐다봐요. 그러면 저도 똑같이 그 눈길을 피하지 않고 쳐다봐요. 그러면 걔네가 '깨갱' 하고는 더 이상 안 쳐다보는 거죠. 그러면서 더 당당해졌어요. 처음엔 쩔려보기 힘들었죠. 그런데 지금은 '내가 잘못한 것도 없는데 쟤는 왜 날 쳐다보지'라고 생각하면서 그 아이를 쳐다봐요.

치료받는 동안 수술하는 건 딱히 무섭지 않았는데 주사 맞는 게 겁났어요. 수술이라고 하면 주사가 가장 먼저 생각나요. 중환자실에서 주사를 되게 많이 맞았어요. 혈관도 부족하고 다른 곳은 찔러도 피가 안 나오니 발에만 주사를 놓거든요. 이식 수술을 위해 뗀 피부가 있잖아요. 그 '뗀 피부'를 치료하는 게 아팠어요. 수술 부위 치료는 4, 5일차에나 아프지 2, 3일차에는 그렇게 막 아프지 않았어요. 염증도 없고, 그저 떼어낸 피부를 덮어놓은 거니까요. 그래서 거기 치료할 때도 피부를 뗀 부위 생각밖에 안 드는 거예요. 그래서 선생님이 같이 치료를 못 하게 했어요. 무조건 이식한 곳부터 테이프를 감은 다음에 피부 뗀 쪽 붕대를 풀었어요. 피부를 뗀 데에 뭘 주욱 붙여놓는데 그

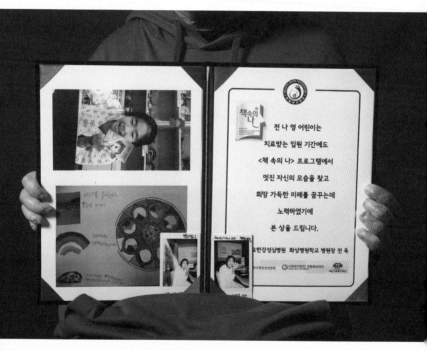

나영이는 자신이 아끼는 것으로 이 표창장을 들었다. 상 받을 자격을
이보다 충족시킨 이가 또 있을까.

걸 떼는 게 아프니까요.

어릴 때 화상을 입고도 잘 지내는 언니들을 보면서 나도 저 언니들처럼 나아질 수 있겠지 생각하면서 버텼던 거 같아요. 치료할수록 완전히 정상은 아니더라도, 뭐, 괜찮아질 거라고 생각하면서요. 어렸을 때는 그저 무지막지하게 수술이 무섭다, 주사가 무섭다, 치료가 무섭다는 생각만 했는데 지금은 좀 크고 나니까 그때만큼 두렵지는 않아요. 한 살 한 살 나이를 먹어가면서 생각할 거리가 많아지잖아요. 그 생각들이 겹치고 겹쳐서 아픔에 대한 생각이나 고통도 줄어드는 거 같아요.

이번에는 수술하러 들어가면 첫날에 피검사 하고 둘째날에는 놀아야지 생각하고 있어요. 옛날에는 피검사가 무서워서 그 이튿날 노는 건 상상도 못 했어요. 피검사 하기 싫어서 도망친 적도 있거든요. 이제는 당장 닥친 일만 생각하는 게 아니라 그 이후의 일도 생각하게 되더라고요.

저희 엄마가 어떤 사람이냐고요? 어떤 사람이라고 생각해 보질 않아서 잘 모르겠는데… 어떻게 설명을 해야 하지? 어… 그냥 약간, 당당한? 당당한 사람이요.

제가 머리를 모조리 밀고 엄마랑 같이 막 놀러 다녔어요. 저는 신경 쓸 것도 많았는데 엄마는 그런 거 신경 안 쓰고 즐겼어요. 나도 엄마처럼 당당하게 살면 재밌겠다는 생각이 들었어요. 병원에 엄마랑 늘 같이 붙어 있으면서 혼나기도 했는데… 엄마랑 같이 있는 시간이 더 많다보니까 아빠가 아무리 잘해줘도 엄마 생각을 더 많이 하게 되는 거 같아요.

병원에 오래 있느라 초등학교로 돌아갔을 때 친구가 없었어요. 친구들이 잘 챙겨주긴 했어도 제가 딱히 '친구'라고 생각하는 애들은 많지 않았죠. 중학교 올라와서도 처음에는 마음에 딱 맞는 친구가 없었는데 지금은 저를 되게 잘 챙겨주는 친구들이 있어요. 초등학교 때 친해져서 같은 중학교에 온 친구들도 있는데 같은 반이 되진 않았어요. 그 애들만 믿고 살 순 없는 거고, 같은 반에서도 친구들을 사귀었어요.

처음에 인기있는 애들 무리와 먼저 친해졌어요. 근데 제가 수업시간엔 조용히 지내고 쉬는 시간에야 약간 떠드는데 얘네랑 다니면 제가 떠들 시간이 없을 것 같은 거예요. 그 애들 말고 '재미있는 애들'이랑 놀면 그 속에서 제 의견도 말할 수 있고 같이 놀 수 있겠다 싶더라고요. 그때부터는 골고루 놀게 된 거 같아요. 화상에 대한 편견 없이 친하게 지내요. 지금 좋은 친구들을 사귀어서 잘 지내고 있으니까, 중2가 되어서도 이런 친구들을 또 만날 수 있을 거라고 생각해요. 새로운 반에도 이런 친구들이 '아예' 없지는 않을 거니까요. 나와 맞는 친구가 누군가는 꼭 있을 거예요.

나는 그때
다시 태어났어요

구술 정인숙
기록 홍은전

방안에 어지럽게 흩어진 퍼즐조각과 그것을 물끄러미 바라보는 한 여자를 상상한다.

"막막했어요. 막막."

마치 어둠 속에서 손을 더듬어 벽을 짚듯이 그녀가 조심스럽게 그 단어 '막막'을 소리내어 말할 때, 나는 사방 아무것도 보이지 않는 사막을 떠올렸다. 그러나 그녀는 작고 어두운 방을 떠올렸을지도 모르겠다. 그녀가 은둔의 시간을 보냈다는 사방이 가로막힌 그 방 말이다.

정인숙은 서른일곱 살에 태어났다. 86퍼센트가량 죽을 뻔한 그녀를 인큐베이터가 살려놓은 후, 몸 아픈 그녀를 키운 건 마음 아픈 언니와 열두 살 난 어린 딸이었다. 배가 고프면 밥을 먹고 잠이 오면 잠을 자는 누에 같은 시간을 보내던 어느 날 그녀는 허리를 세워 앉았다. 한순간 무릎과 발목에 힘을 주어 끄응, 하고 일어섰고 한 걸음 한 걸음 걸었다. 그리고 방문을 열었다. 방 바깥은, 사막이었다.

평범했던 일상이 별안간 부서져 수천 개의 조각으로 어지럽게 흩어져버린 그 막막했던 시간을 그녀는 퍼즐을 맞추듯 하나씩 하나씩, 천천히 통과하고 있다. 그리고 기어이 하나의 그림을 완성해내듯이 고통스런 기억을 더듬어 하나의 이야기를 만들어냈다. 기쁨과 슬픔, 성장과 성장통, 믿음과 배신이 수천 결의 무늬를 만들어낸 이야기. 그런 것은 고흐의 작품에 비할 바가 아니다.

인숙의 눈에 고흐의 그림은 사라지고 화상을 그대로 드러낸 젊은 여성의 얼굴만 보였던 순간은, 한 사람의 흉터가 아니라 그 사람의 성장이나 용기, 빛나는 청춘 같은 것이 보이기 시작한 순간일 것이다. 그녀의 두 번째 인생이 새롭게 열어준 어떤 시선. 나에게도 그런 순간이 있었다. 그녀를 두 번째 만났던 날, 그녀의 딱딱하고 거뭇거뭇한 피부는 어느샌가 사라지고 그녀의 섬세한 감정과 눈부신 생명력이 느껴져 감탄했던 순간. 그 순간의 강렬함으로 나도 인숙처럼 고흐를 좋아하게 되었다. **━홍은전**

스무 살에 제주도에서 올라왔어요. 모슬포, 방어축제 하는 곳이요. 서울 살던 큰이모가 화장품 가게를 하고 있었는데 일을 도와달라고 해서 왔어요. 나중에 시집 보내준다는 말만 믿고 월급도 안 받고 일했는데 2, 3년 지나니까 도저히 안 되겠더라고요. 그래서 그만뒀어요. 작은이모가 근처에서 금은방을 했는데 종로에 있는 금은방 총판을 소개시켜줘서 거기에도 잠깐 다녔어요. '나카마(なかま)'라고 불리는 중간상인들이 드나드는 곳이었어요. 그 나카마들은 총판에서 물건을 떼가지고 와서 대학교 행정실 같은 데 가서 영업을 했어요. 그분들 일하는 거 보니까 자유롭고 괜찮아 보이더라고요. 그걸 하려고 총판을 그만뒀어요. 장사 쪽으론 어렸을 때부터 본 게 있으니까 나도 해봐야겠다 싶어서. 제주도에서도 부모님이 채소 장사를 했었거든요. 중학생 때부터 부모님 일을 도와드렸어요. 성격이 밝았어요.

나카마 일은 돈을 제법 벌 수 있어서 처음엔 괜찮았는데, 나중엔 양심에 찔려서 못 하겠더라고요. 정가라는 게 없어서 제가 돈을 붙이기 나름이었거든요. 개인을 상대하는 거니까 이문을 많이 붙여도 알 도리가 없어요. 동네 금은방보다는 싸지만 총판에서 떼어 온 것보다는 많이 비싸니까 양심상 못 하겠더라고요. 오래 못 하고 그만뒀어요.

마침 집 근처에 대형마트가 생겨서 거기로 일을 다닐 수 있게 됐어요. 신랑도 거기서 만나 결혼했어요. 둘째 낳으면서는 일을 쉬었다가 아이를 좀 키워놓은 후부터는 다시 등산복 매장에 나갔어요. 남편은 지방을 돌면서 전자제품 같은 걸 팔았고요. 처음엔 장사가 잘되다가 나중에 경쟁이 심해지니까 잘 안 됐대요. 남편이 힘들었는지 장사를 한번 해보겠다고 하더라고요. 서울 신정동에서 시어머니랑 남편이 돼지고기 구이집을 시작했어요.

단골이 제법 생겼어요

처음엔 남편이랑 시어머니 둘이서 하다가 시어머니가 그래도 젊은 사람이 하는 게 좋겠다고 저보고 같이하자셨어요. 저는 시어머니랑 같이 일하기가 불편하니까 계속 매장을 다녔는데 나중엔 남편도 자꾸 같이해보자는 거예요. 그래서 일 그만두고 식당일을 하기 시작했어요. 시어머니는 그때부터 안 하시고 남편이랑 저만 했어요. 그런데 장사가 잘 안 되더라고요. 위치도 나빴던 데다 알려지지 않은 상태에서 하려니까 힘들더라고요. 고깃집 정리하고 이제 부침개집을 해보겠대요. 남편이 그런 거에 빨랐어요. 안 되면 빨리 접고 다른 일 알아보고…

민속주점처럼 대나무 발 같은 걸로 인테리어를 싹 바꿨어요. 처음에는 장사가 좀 되는가 싶었는데 또 안 되더라고요. 그렇게 보증금만 계속 까먹던 중에 어느 식당이 눈에 들어왔어요. 그 집 오토바이가 엄청 바빠 보이는 거예요. 점심시간에 수도 없이 왔다 갔다 해요. 저기가 대체 뭐하는 집인가 싶었는데 배달전문 음식점이더라고요. 홀에서 손님을 받는 게 아니라 배달만 하는 식당 있잖아요. 그래서 그걸로 업종을 바꾸게 된 거예요. 저희가 직접 전단지를 만들어서 새벽마다 뿌렸어요. 뿌릴 수 있는 곳이라면 어디든지 뿌렸어요. 그 동네 로데오거리에 옷가게나 작은 상점이 많아서 거기 근무하는 사람들이 꽤 있었거든요. 첫 달부터 단골이 제법 생겼어요.

2007년 7월 20일

남편이 6시쯤 식당으로 출근해서 밥이랑 반찬을 준비해놓으면, 저는 딸내미 학교 보내고 9시나 10시쯤 아들 데리고 가게로 나갔어요. 주문 들어오면 국이나 탕 같은 건 제가 끓이고 남편이 배달을 했죠. 사고 났을 때는 장사가 막 궤도에 올랐을 즈음이었어요. 양천 티브로드, 병원 같은 큰 업체도 단골로 잡았어요. '아, 이거다!' 싶더라고요. 본격적으로 해볼 참이었어요. 가게가 좁아서 이사도 준비하고 있었고요. 이사 갈 식당은 주방도 넓고 잠시 쉴 수 있는 방도 하나 만들었어요. 그날은 우리가 이사를 가기 바로 전날이었어요. 2007년 7월 20일.

초등학교 4학년 큰딸이 방학하는 날이었어요. 남편이 내일 이사니까 오늘은 쉬자고 했는데, 나는 욕심에, 그럼 저녁 장사는 말고 점심 장사만 하자고 했어요. 오늘 번 돈으로 내일 필요한 재료를 사는데, 내일 장사를 안 하니까 오늘 번 돈이 오롯이 남는 거잖아요. 그 돈이 아까워서, 남편이 하지 말자는 걸 내가 하자고 했어요.

딸은 방학을 했으니 일찍 식당에 와 있었어요. 점심시간이 가까워지니까 제가 딸한테 동생 데리고 가서 햄버거 사 오라고 했거든요. '애가 도착할 시간이 됐는데 왜 안 오지?' 생각했던 기억이 나요. 그러다가 애들이 왔는데 둘이 가게 문 앞에 서성대고 있더라고요. 거기 있으면 엄마 오가기 불편하니까 들어가든지 나가든지 하라고 했어요. 그랬더니 딸은 옆집 미장원으로 가고 아들은 식당 안에 있는 방으로 들어갔어요.

식당이 아주 작았어요. 네다섯 평 정도 되려나. 절반은 주방이고 절반은 홀로 쓰던 공간이랑 방이었어요. 11시 40분부터 주문전화가 오기 시작하거든요. 전화를 받고 얼마 지나지 않았을 때니까… 아마 12시도 안 됐을 거예요.

가스 불을 당겼는데 갑자기 천정에 불이 붙었어요. 그러고 나선 정말 순식간이었어요. 방 안에 아들이 있다는 걸 알고 있었으니까 아들한테 가야겠다고 생각했는데 뒤돌았을 때 이미 불이 제 앞을 가로막고 있었어요. 천장을 타고 식당 기둥도 이미 불이었어요. 그전에 전집 했을 때 해놓은 인테리어가 전부 불에 잘 타는 것들이었거든요. 나무, 볏짚 같은 것들이요.

바깥으로도 나갈 수가 없었어요. 나가려면 카운터를 돌아서 나갔어야 하는데 거기도 불이었어요. 주방에서 나가는 통로가 완전히 시뻘겠죠. 그 순간 생각이 들긴 하더라고요. '여기 있으면 안 되겠다!' 그래서 뛰쳐나갔을 거예요. 몸에 불이 언제 붙었는지도 모르겠어요. 정신이 없었어요. 그런 순간엔 머릿속으로 영상 같은 게 지나간다는데 저는 그럴 새도 없었어요. 나중에 사람들이 주방에서 물이라도 끼얹지 그랬느냐 하던데, 그럴 정신이 없었어요. 불이 활활 타고 있고, 사방이 온통 빨갛고, 아들이 방 안에 있는데, 언제 물을 틀어서 뿌리고 있겠어요. 그럴 시간이 있었으면 아들한테 갔겠죠. 5초만 여유가 있었어도 방으로 들어갔을 거 같아요. 그런데 정말 순식간이었어요.

저는 기억이 안 나는데, 제가 뛰어서 밖으로 나왔을 때 맞은편 분식집 딸이 물을 떠서 저한테 뿌려줬다고 하더라고요. 그 친구가 고등학생이었는데 제가 온몸에 불이 붙어서 뛰어오는 걸 보고 큰 충격을 받았대요. 그 뒤로 그 집도 분식집을 그만뒀다고 하더라고요.

사고 당시의 기억이 거의 없어요. 남편은 배달 가고 없어서 저 혼자 구급차를 탔는데, 가던 길에 구급대원끼리 했던 말만 잠깐 생각나요. 이 사람 얼굴 못 건드리게 하라고. 병원에 도착했는데 사람들이 바쁘게 움직이고 의사선생님이 오신 것까지만 기억나요. 그러고 나서 3일 뒤에 깼어요.

정육점 앞치마와 장화

온몸에 붕대를 감고 있어서 고개도 못 돌리고 천장만 보고 있었어요. 얼굴에 화상을 입으면 눈도 약해져서 거즈로 두 눈을 덮어놓거든요. 약을 먹여 재우기도 하고요. 매일같이 자다 깨다 했던 것 같아요. 하루는 시어머니가 친구분이랑 같이 면회를 오셨어요. 두 분이 하는 이야기가 들렸어요. 친구분이 아들은 어떻게 됐느냐고 물었던 것 같아요. 시어머니가 먼저 보냈다고 하시더라고요. 딱 그 얘기만 들렸어요. 어머니 가시는 것도 오시는 것도 모르겠고, 앞뒤 이야기도 모르겠고 딱 그 얘기만…

울었던 것 같아요…

수술하고 좀 나아진 듯하면 수술 들어가고, 다시 나아진 듯하면 또 수술 들어가고, 그렇게 생활했어요. 수술은 최근까지도 했는데 그때 중환자실에 있었을 때랑 비교해보면 지금 수술은 아무것도 아니에요. 그 당시엔 왜 그렇게 아팠는지… 86퍼센트 화상이었거든요. 그렇게 심한 환자가 죽지 않은 경우가 다섯 손가락 안에 든다고 하더라고요. 화상외과 교수님이 이렇게 정신력 강한 사람은 처음이라고도 했대요.

물로 씻어내는 치료가 있어요. 샤워기로 물을 뿌리는데 처음엔 매일 했어요. 그 치료 선생님들이 그렇게 미울 수가 없었어요. 저승사자라고 불렀어요. 정육점 앞치마 같은 복장을 차려입고 장화를 신고 와요. 그분들이 오면 '아, 이제부터 시작이구나' 싶죠. 침대째로 치료실 앞에 누워서 대기하는데, 앞 사람이 길어져서 오래 기다리게 되면 그게 그렇게 힘들고 무서웠어요. 치료하기 전에도 진통제를 놓고, 치료하고 나온 후에도 진통제를 놔요. 그렇게 아팠어요.

전신에 화상을 입었으니 혈관을 찾을 수가 없어서 주사도 사타구니에만 놨어요. 주사 놓기 위험한 부위라 간호사는 못하고 의사만 놓을 수 있대요. 수술하려면 마취도 해야 하고 수혈도 많이 하고 수술 끝나면 항생제도 맞아야 하니까 항상 주사를 꽂고 있어야 했어요. 주사바늘 꽂을 때마다 너무 힘들었죠. 다리가 마비되는 것 같은데, 그렇다고 힘을 줘서도 안 되거든요. 그게 그렇게 싫은 거예요. 2011년인가, 손끝이 엄청 예민한 간호사분이 계셨어요. 그분은 눈으로 보면서 혈관을 찾는 게 아니라 그 부위를 만져보면 안대요. 그래서 제가 팔을 내밀면서 제 혈관도 한번 찾아보라고 했더니 정말로 찾으시는 거예요. 그때부터 팔에 맞기 시작했죠. 그때 정말 행복했어요.

중환자실 있을 때는 감염 위험이 있다고 무균실로 들어갔어요. 공기침대라고, 전기를 꽂으면 시트가 부풀어오르는 침대인데, 등을 다친 사람한테 좋은 거예요. 전기를 빼면 푹 꺼져서 꼭 늪에 빠진 것처럼 못 움직여요. 무균실에서 한 5, 6개월 있었던 것 같아요. 거긴 두 사람만 들어갈 수 있는 곳인데 저는 오래 있었고, 제 옆에 있는 사람들은 계속 바뀌었어요. 저보다 한두 살 많은 여자분이 있었는데, 양쪽 다리에 화상을 입으셨어요. 당뇨 있는 사람한텐 화상이 더 안 좋다는데, 그분이 그랬어요. 많이 의기소침해 계셨죠. 하루는 그분 아들이 면회를 왔어요. 아들이 고등학생이었는데, 아들이 돌아간 후에 제가 언니한테 아들 보고 이겨내보자고 했어요. 그런데 언니가 힘이 없더라고요. 이겨내야 한다는 생각을 못 하셨어요. 결국 패혈증이 와서 돌아가셨어요. 제가 그분의 마지막을 본 사람이 됐잖아요. 그 언니 가는 길 지켜줘서 고맙다고, 돌아가시고 나서도 몇 개월은 그 어머니가 따님 생각나면 저한테 오시더라고요. (떨림)

나는 한번도 나를 바라본 적이 없다

붕대를 거의 다 풀었을 때였던 것 같아요. 내 얼굴 어떠냐고 남편한테 물어봤거든요. 아무렇지도 않대요. 그대로래요. 저는 진짜로 믿었어요. (웃음) 제주도에서 친구가 병문안을 왔는데 그 친구도 그래요, 그대로라고. 저는 또 믿었어요. 어느 날 의사 선생님이 눈꺼풀을 올리는 수술을 해야 한대요. 눈 아래쪽 피부에 구축이 일어나면서 눈꺼풀이 아래로 잡아당겨진 거예요. 그래서 화상환자들이 눈이 안 감겨요. 그대로 두면 실명할 수도 있다면서 급하게 수술해야 한다더라고요. 그때 뭔가 이상하다고 생각했어요. 내 얼굴은 그대로라고 했는데 왜 수술을 하지?

수술하고 난 후에 얼굴에 붙였던 치료제를 떼는 날이었어요. 치료제를 잡아당기는데 살이 다 뜯기는 느낌이었어요. 머리 쪽으로도 화상을 입었거든요. 앞머리 내리는 데에서 조금 위쪽에 오백 원짜리 동전 두 개만큼 머리가 안 나고 비어 있더라고요. 아, 내 얼굴이 정상이 아닌가보다라는 생각을 그때 했죠. 그러고는 거울을 안 봤어요. 일반실로 옮긴 후에는 휠체어 타고 조금씩 움직일 수 있게 됐어요. 엘리베이터 앞을 지나면 제 모습이 언뜻언뜻 비치잖아요. 저는 온몸이 화상이었으니까 환자복도 못 입고 민소매 옷을 입고 있었거든요. 얼핏 보는데도 온몸이 다 빨갰어요. 자세히 보려고는 안 했어요. 무서워서… 의식적으로 피했던 것 같아요.

처음 얼굴을 제대로 본 건 2008년인가 2009년이었어요. 다치고 나서 1년쯤 지났을 때. 7개월 후에 퇴원하고 친정집으로 갔는데 거기서도 한동안 거울은 안 봤어요. 거울이 있긴 했지만 거의 누워서만 지냈으니까요. 화장실 갈 때만 겨우 움직였는데 그때도 거울 쪽은 안 보고 슥 지나쳤던 것 같아요. 그러다가 후원을 받아서 수술할 기회가 생겼는데 그 조건이 TV 프로그램을 찍는 거였어요. 촬영을 마친 후에 일부러 찾아본 건 아니었는데 어쩌다 우연히 그 프로그램을 보게 됐어요. 얼굴이 아주 도드라지게 보였어요. 정말 심하더라고요. 그냥… 울었던 것 같아요.

병원에 있는 동안 남편이 사고 뒤처리를 했어요. 식당 건물 주한테 보상을 해줘야 해서 전세로 살던 집을 정리했대요. 보상해주고 나니까 남는 게 없었대요. 식당은 시댁에서 해준 거였는데 중간에 장사 안 될 때 보증금을 다 까먹어서 남은 게 거의 없었고요. 돈이 없으니까 후원받으면서 수술했어요. 〈사랑의 리퀘스트〉〈명의〉 같은 프로그램을 찍었는데, 그때마다 수술을 한 번씩 받을 수 있었어요. 〈조영남 최유라의 지금은 라디오 시대〉에도 나왔어요. 7개월 됐을 때 더 이상 치료할 게 없다고 병원에서 퇴원하라고 했어요. 그땐 팔꿈치도 굽어 있고 겨드랑이도 붙어 있었거든요. 치료하자면 할 건 많았겠지만 이미 후원받을 수 있는 데에선 다 받기도 했고, 병원에서도 나가라고 하니까 병원비 2천만 원을 갚지도 못하고 나왔어요.

살던 집을 정리했으니까 갈 데가 없어서 안양에 있는 친정으로 갔어요. 친정에 결혼 안 한 언니가 있었거든요. 언니가 우울증이 심해서 사회생활을 하지 못하고 집에 있었어요. 저 입원해 있는 동안 딸도 언니가 돌봐주고 있었어요. 딸을 만났는데⋯ 엄마로서 그 모습을 보이기가 참 미안했어요⋯ 딸한테조차 보이고 싶지 않았어요⋯ (울음)

은둔의 시간

방 하나에 언니, 나, 딸 셋이 함께 지냈어요. 쬐끄만 빌라였는데, 아버지 방 하나, 남동생 방 하나 쓰고요. 남동생이 이혼을 해서 아들을 데리고 친정집에 들어와 살고 있었거든. 방문 닫아놓고 매일같이 이불 깔고 누워 있었죠. 부엌에도 한번 안 나가봤어요. 팬티도 못 입고 살았으니까요. 몸의 열기 때문에 이불도 못 덮었어요. 열이 몸속에 잠재되어 있어서 그 열이 빠지는 데에만 7년 정도 걸린 것 같아요. 아빠가 국가유공자라 매일 식사하러 보훈회관에 가셨어요. 아빠 나가시고 남동생도 일 나가면 집에 남자들이 없잖아요. 그제서야 방 바깥으로 나와서 화장실에 가는 식이었어요.

발가락 열 개가 하늘로 솟아 있어서 걷기가 무척 힘들었어요. 목의 구축 때문에 고개를 위로 들 수도 없었고요. 눈꺼풀 아래가 당겨져서 잘 때도 눈을 못 감았어요. 손이 특히 많이 구축됐거든요. 딸한테 밥 한 번 못 해줬어요. 언니가 밥 차려주면 손가락 사이에 포크 끼워서 겨우 먹는 정도. 처음엔 누워만 있다가 좀 지나서는 벽에 기대서 텔레비전 보고, 화장실 갈 때 조금씩 걸었고요. 겨드랑이가 붙어 있었으니까 볼일을 봐도 뒤처리를 못 해서 언니나 딸이 도와줬어요. 그런 내 모습을 보고 있으니 우울증이 안 올 수가 없더라고요. (눈물)

2008년에 후원이 된다고 해서 수술을 받을 기회가 생겼어요. 오른손 새끼손가락이 바깥으로 기역자로 굽은 상태였거든요. 네 번째 손가락은 안쪽으로 말려 있었고요. 그러다보니 테이블 위에 손을 편하게 올려놓을 수가 없었어요, 아파서. 그래서 손부터 수술했죠. 그땐 후원을 한 번 받으면 그다음 해엔 못받았거든요. 그래서 더 이상 수술받을 생각도 못 하고 집에만 계속 있었어요. 돈이 없어서 수술 못 한 기간이 5, 6년쯤 됐어요.

수술 한 번 하면 천만 원이 넘게 들어요. 그때가 제일 힘들었어요. 수술해야 하는데 돈이 없어서 못 했을 때. 아빠가 많이 힘들어하시더라고요. 돈이 없어 딸 수술을 못 시켜주니까. (떨림) 수술 자체의 고통보다 돈이 없어 수술을 못 하는 게 더 괴로웠어요. 언니가 정신과 약을 먹고 있었는데, 거기 수면제도 있거든요. 한번은 제가 우울증이 심해져서 그 약을 모아서 먹었어

요. 그런데 안 죽더라고요. 약을 다 토해내게 되더라고요.

은둔자처럼 살았어요. 누가 찾아와도 문을 안 열어줬어요. 잘했다고 할 순 없지만 그렇게 할 수밖에 없었어요. 그렇게 살았어요. 아침에 일어나면 TV 보다가 졸리면 자고, 다시 일어나 TV 보다가 졸리면 자고⋯ 그런 일의 반복이었어요. 낮엔 아빠가 집에 없으니까 언니는 아빠 방에 가서 TV 보고, 나는 작은 방에서 TV 보고요. 같이 살았다고는 하지만 아버지하고 남동생은 거의 못 만났어요. 제가 도저히 옷을 입을 수가 없어서 방문을 닫고 살았으니까요. 퇴원한 첫해엔 1년에 한 번도 안 마주쳤던 것 같아요. 남동생은 아침에 나가 저녁에 들어오고 아빠도 항상 나가 계셨으니까. 아빠가 낮에 잠깐 집에 들어와서 낮잠 잘 때가 있거든요. 그때 제가 화장실 가고 싶으면 언니가 아버지 방문을 닫아줬어요. 그렇게 생활했어요. 언니가 마음이 여유롭지 못하니까 심적으로 위로가 되었던 건 아니지만 제가 육체적으로 할 수 없는 걸 많이 도와줬죠.

너보다 못한 사람

저는 친정에 있고 남편은 시댁에서 지냈어요. 친정은 안양이고 시댁은 서울이니까 남편이 저한테 자주 못 왔죠. 온다 해도 제가 뭘 챙겨줄 수 있는 상황도 아니었고요. 그러다보니 점점 멀어지게 됐어요. 친정도 시댁도 우리 식구 집 한 칸 얻어줄 형편이 안 됐어요. 그렇다고 팬티도 못 입고 지내는데 시댁으로 갈 수는 없잖아요. 남편은 둘째 아들이었는데 엄마 고생한다면서 시어머니를 안쓰럽게 여기고 그랬어요. 다치기 전에도 시부모님 부양을 우리가 했고요. 그러니 시어머니가 작은아들을 남편 삼아 끼고 살고 싶었던 거죠. 시어머니와 제 사이는 원래도 편치 않았어요. 게다가 삼시세끼 며느리 밥상 차려주게 생겼는데 어떤 시어머니가 좋아하겠어요? 그러니 시댁으론 더더욱 갈 수가 없었고 그렇게 부부가 떨어져 지내게 된 거죠. 남편이 친정으로 들어온다 해도 지낼 수 있는 방도 없는 상황이었고요.

처음엔 그래도 자주 왔다 갔다 했는데 점점 띄엄띄엄 오게 되고, 몸이 멀어지니까 마음도 멀어지고, 남편은 밖에서 생활하니까 다른 여자도 만나게 되고, 그러다보니 제가 너무 힘들어서 이혼하자고 했어요. 싸우기도 많이 싸웠어요. 중환자실 있을 때 남편은 병원에서 살다시피 했는데 매일 술로 살았대요. 술 먹고 아침에 못 일어나면 점심이나 저녁엔 꼭 면회를 왔어요. 살던 집도 정리했으니까 보호자 대기실에서 살았대요. 남편하고 싸울 때 그때 얘길 많이 했어요. 내가 병원에 있는 동안 당신이 그렇게 고생하면서 돌봐줬는데, 우리가 헤어지면 그게 아무런 의미도 없어지는 거 아니냐고요. 남편 고생한 걸 아니까 그게 고마워서라도 쉽게 이혼하질 못하겠더라고요. 한편으로는 누구

좋으라고 이혼을 하나, 그런 생각도 들었고요. 먹고살아보겠다고 같이 장사하던 부인이 이렇게 되고 아들은 먼저 보냈는데 아픈 부인은 돌보지도 않고 다른 여자를 만난다는 데 실망도 많이 하고… 그런데 아무리 말해도 안 됐어요.

그런 기간이 한참 길었는데 나중엔 도저히 안 되겠더라고요. 좋게 이야기하면 내려놓은 거고, 나쁘게 말하면 포기한 거죠. 내가 어떻게 할 수 있는 게 없으니까, 내가 매달린다고 바꿀 수 있는 상황이 아니었으니까. 육체적으로도 충분히 힘든데 정신적으로까지 이렇게 힘들어야 하나 싶어서. (눈물) 나중엔 그대로 인정하게 됐어요. 말해서 설득되는 사람 같으면 그런 행동도 안 했겠지, 하면서요.

시어머니가 그런 말을 했었어요. 너보다 못한 사람도 많다고요. 그렇죠, 저보다 힘든 분들 많겠죠. 그래도 당시만 해도 자기 주변에서 제일 힘든 사람은 난데, 가족이라는 사람이 그렇게 말한다는 게 너무나 야속했어요. 당신 아들 만나 살다가 이렇게 됐는데 수술 한번 시켜주려고도 안 하고, 말이라도 수술 못 시켜줘 미안하다는 소리 한번 못 들어봤어요. 아들이랑 살아줘서 고맙다, 미안하다, 그런 말도 없었어요. 그러면서 너보다 못한 사람 보면서 살라니… 전혀 위로가 안 됐어요.

우리나라는 여자가 다쳤을 때랑 남자가 다쳤을 때 대우가 너무 달라요. 만약 남편과 내가 상황이 바뀌었다면 어땠을까 상상해봤어요. 다친 사람이라면 누구나 상상해봤을 거예요. 만약 남편이 다쳤다면, 당신 아들이 다쳤다면 어땠을까, 그럼 나는 어떻게 했을까. 그 입장이 되어보지 않아서 이렇게 생각할 수도 있지만 저는… 옆에 있었을 것 같아요.

어떻게든 이혼 안 하려고 했어요. 저한테는 생존의 문제 같은 거였어요. 딸은 커가고 돈 나올 데라곤 남편밖에 없는데, 많이 벌든 적게 벌든 누구 하나 벌어야 살아갈 수 있지 않을까 싶었거든요. 복지혜택에 대해서도 전혀 몰랐으니까 남편 없이 살아간다는 걸 상상할 수가 없었어요.

힘든 시간이 길어지면서 '그래, 한번 해보자' 싶어 그때부터 정보를 찾아봤던 것 같아요. 한창 한부모 지원 이야기가 나오던 때였거든요. 다치기 전에 직장생활 하면서 부어놓은 연금이 있었는데 그걸로 매달 52만 원씩 받을 수 있다는 것도 확인했고요. 또 병원에 있을 때는 사회복지과 선생님이 남편한테 그런 말을 했대요. 이혼을 하시라고, 남편이 일을 하면 의료급여 대상이 안 돼서 후원받기가 어렵다고요. 남편 문제, 시어머니와의 관계 등 이런저런 일이 겹치니까 그냥 이혼해서 수술이라도 해볼까 싶어 결국 이혼하게 됐어요.

이혼하기까지는 너무 힘들었는데 막상 하고 나니까 수술도 받을 수 있고 상황이 점점 나아졌어요. 기초생활수급자가 되니 대단하게 지금은 못 해도 딸이랑 둘이 사는 데 어려운 정도는 아니더라고요. 그러니 심적으로 더 편해졌고요. 진즉에 이혼할 걸, 왜 그 사람 붙들고 그 긴 시간을 허비했나 하는 생각이 들더라고요.

가족, 그리고 돈

저희가 4남매예요. 친정집이 언니 명의로 되어 있었어요. 아버지가 몇 해 전에 그 빌라를 막내 남동생한테 주려고 했는데, 막내가 큰누나가 아프니까 누나 이름으로 해주자고 했던 거예요. 친정집에 들어와 살던 동생은 셋째 동생이고요. 아버지가 국가유공자여서 과천 경마장의 매점을 운영했는데 연세가 많으니까 셋째가 아버지 대신 그걸 돌보고 있었어요. 그런데 셋째가 거기서 어떤 여자를 만나면서 그 사람이랑 재혼하고 싶어졌나봐요. 그때 아파트가 재개발된다는 소리가 있었어요. 집이 점점 낡아가니까 돈 들어갈 데는 많고, 집을 팔자는 얘기가 나왔어요. 그런데 글쎄… 남동생이 그 집을 팔아서 자기가 다 챙기려고 하는 거예요.

동생이 언니한테, 누나는 자기가 평생 책임질 테니까 그 집 팔고 자기랑 살자고 한 거예요. 동생은 수원에 집이 따로 있었거든요. 이혼하고 자기는 일해야 하는데 자기 아들이 어리니까 언니가 있는 본가로 와 있었던 거예요. 자기 아들 돌봐달라고요. 언니는 앞날이 불안한데 남동생이 자기를 책임져주겠다고 하니까 그러자고 했겠죠. 그래도 그렇지, 이렇게 아픈 저한테 그러면 안 되는 거 아닌가… 그렇게 둘이서 짜고서는 집을 팔 거니까 나한테 나가라는 거예요. 남편 있지 않느냐면서요. 그땐 이혼하기 전이었거든요. 졸지에 길바닥에 나앉을 상황이 된 거예요.

억울하죠. 시집가기 전엔 제가 친정에 생활비를 많이 보탰어요. 다치기 전에 아버지가 자식들한테 이래저래 경제적 지원을 조금씩 했는데 그때도 저는 도움 안 받겠다고 했었고요. 그러니 저도 이 집에 대한 권리가 어느 정도는 있다고 생각했거든요. 제가 직접 나서서 말하지 않아도 언니나 동생이 챙겨주길 바랐는데… 아니더라고요. 저는 완전히 막다른 골목에 몰려 있었어요. 가만있다간 길바닥에 나앉겠다 싶어서 언니한테 전세 계약서를 한 장 써달라고 했어요. 최소한의 안전장치라고 할까. 혹시 집이 팔려서 새 주인이 오더라도 그거 보여주면서 "나 못 나가요" 하려고요.

남동생 없을 때 언니를 계속 설득했어요. 생각 잘하라고, 이 아픈 누나도 쫓아내려고 하는데 자기 아들 다 크고 나면 언제까지 언니를 돌봐줄 것 같냐고요. 그 후에 언니가 생각이 바뀌었는지 남동생한테 안 가기로 마음을 먹었나봐요. 그 집 팔고 뿔뿔이 흩어졌어요. 집 판 돈으로 언니도 방 따로 얻고, 저도 대출

보태서 방 얻고, 나머지는 다 아빠 드렸어요. 남동생은 안 줬어요. 제가 주지 말자고 했어요. 원래는 남동생하고 사이가 좋았는데 그 후로는 연락 안 하고 지내고 있어요.

이런 이야긴 아무도 몰라요. 아무한테도 말 안 했어요. 다치고 보니까 돈 앞에는 가족도 없더라고요. 많이 힘들고 속상했어요. (눈물) 다친 아픔을 당사자만 알지, 아무리 가족이라도 자기 아픔이 아니었던 것 같아요. 우애있는 집도 있지만 그렇지 못한 집도 있잖아요. 저희가 그랬던 것 같아요. 이번 설에 동생을 오랜만에 다시 만났는데 동생이 그땐 미안했다고 말하더라고요. 그 소리 듣고도 괜찮다고는 말 안 했어요. 미운 감정이 아직도 있으니까. '다시는 너 안 볼 거야' 같은 마음은 아니지만 다 풀렸다고 볼 순 없어요.

결과적으로는 잘된 것 같아요. 그렇게 갈라져서 각자 살길도 찾지 않았나 싶어요. 언니도 그 뒤로 결혼했고요. 그 과정을 거치면서 저도 더 강해졌던 것 같아요. 그래, 너희 도움 안 받고도 내 힘으로 딸 잘 키우고 잘 살고 말겠어, 그런 마음. 너희 나중에 어떻게 되는지 두고 보자, 그런 마음. (눈물) 나쁜 마음을 먹은 거긴 하지만, 혼자 일어서는 데는 힘이 된 것 같아요. 이 세상에 우리 딸하고 나밖에 없다, 내가 저 아이를 키워야 한다, 약을 먹어도 죽지 않으니 딸 하나 있는 거 자기 길 스스로 갈 수 있을 때까지만이라도 옆에 있어주자 하고 다짐했어요.

문을 두드리는 사람들

집 팔려고 내놓으면 집 보러 사람들이 오잖아요. 그때도 제가 있는 방은 문을 안 열어줬어요. 바깥으로 나와야겠다는 마음이 전혀 없었을 때예요. 평생 이렇게 살아야 하나보다, 생각했던 것 같아요. 그런데 어느 날 간호사님이 찾아오셨어요. 중증장애인이나 노인, 밖으로 못 나가는 분들을 위해 직접 집을 방문하시는 분이에요. 다른 분 같았으면 안 만났을 텐데, 저 같은 사람의 상태를 보는 게 그분 직업이니까… 보여주고 싶었다기보다는 보여드려야겠다는 의무감 같은 게 들더라고요. 그래서 처음 문을 열어주게 됐어요. 제가 돈이 없어 수술을 못 하고 있다고 하니 후원할 곳을 알아봐주겠대요. 그러고는 얼마 지나지 않아 교회 분들이 찾아오셨어요. 그때에도 방문을 안 열어드렸어요. 제가 만나는 걸 싫어하니까 거실까지만 와서 쌀만 놓고 가셨어요. 그 뒤로 정기적으로 오셨거든요. 저를 보러 왔는데 방 바깥에만 계시다 가게 한다는 게 너무 죄송하잖아요. 한 번은 문을 열어드려야 할 것 같아서 고민고민하다가 열었어요. 사고 뒤로 의사나 간호사, 가족 아닌 사람을 본 건 그때가 처음이었어요. 그게 2011년. 친정 가서 3년쯤 지났을 때였죠.

여자 두 분이었어요. 저는 팬티만 입고 있었고. 한 달에 한 번 정도 오셨어요. 미안하고 고마운 마음이어서 언젠가는 교회에 나가봐야겠다 생각했어요. 실제로 교회는 한 2, 3년 뒤에 친정에서 나와서 살 때 찾아갔어요. 여름엔 못 가고 겨울에만 몇 번. 어딜 가려면 옷을 걸쳐야 한다는 게 저한테는 아주 힘든 일이었거든요. 겨울이라도 우리는 열이 많아서 두꺼운 옷을 입을 수가 없어요. 그렇다고 반팔 입고 나갈 수도 없고. 한번 나가는 게 아주 큰일이었죠. 당시엔 겨울옷도 없었으니까 딸아이 옷을 입고 가야 했고요.

친정 나와서 안양에서 1년 동안 딸하고 둘이 살았어요. 그러다가 과천으로 이사 왔고요. 장애인이면 경마장 매점 운영권을 신청해볼 수도 있겠다는 생각에, 돈 벌어서 수술하고 싶은 마음에 과천으로 이사 왔어요. 그러고는 다시 처음부터 시작했어요. 누가 문을 두드려도 열어주지 않았어요. 여전히 팬티만 입고 살았죠. 등이 많이 가려워 옷을 입을 수가 없었어요. 그때까지 옷이란 건 전혀 못 입어보고 산 거예요.

이사 오고 1년 넘었을 때였나. 옆집에 할머니가 한 분 사셨는데 쓰레기를 내놓으러 나가다가 마주쳤어요. 쓰레기 내놓는 시간이 정해져 있는데 딸은 학교 가고 없으니까 내가 나가야 했거든요. 카디건 걸치고 나가서 얼른 버리고 들어오는데 옆집 할머니가 저를 본 거죠. 할머니가 저를 보면서 괜찮다면서 우리집에 놀러오셨어요. 제가 팬티만 입고 있었는데 할머니는 뭐 어떠냐면서 괜찮다고 하지만 저는 아무래도 싫죠. 그렇게 한 번 오시고 두 번째 맞이하기까지 오래 걸렸어요. 한 번 열어줬다고 금방 괜찮아지진 않더라고요. 다음에 또 문 두드리면 집에 사람 없는 것처럼 안 열어드리고…

　　과천은 인구 대비 장애인 수가 많지 않았던 것 같아요. 복지관에서 참 열심히 찾아오시더라고요. 쌀도 갖다주시고 생일이면 케이크도 갖다주셨어요. 문을 안 열어주니까 문고리에 걸어놓고 가시더라고요. 대상자니까 전달은 해야 하는데 문은 안 열어주고, 그런 기간이 너무 길어지니까 제가 미안해져서 안 되겠더라고요. 이렇게 찾아오는 사람들이 있는데 내가 마음의 문을 열어야지, 여기서 살아야 하는데 언제까지 피할 수도 없는 노릇이지, 생각하면서 서서히 받아들였던 것 같아요. 고민하다가 어느 날 문을 열어드렸어요. 그 기간이 1년 훨씬 넘었네요. 딸의 정보도 복지관에 들어간 것 같더라고요. 저소득층이고 학생이니까 대학생 언니 오빠 들이 와서 영어랑 수학을 가르쳐줬어요. 자주 오셨어요. 복지관에서는 제 후원기관도 알아봐줬어요. 그 덕분에 '함께하는 사랑밭'이라는 단체와 맺어져 수술도 하게 됐고요.

　　수술 날짜를 잡으려고 병원을 갔어요. 그사이 병원 시스템이 많이 좋아졌더라고요. 나는 돈이 없으니까 수술을 못 할 거라고 생각해서 병원을 찾지 않았는데 그전에 왔어도 수술해줄 수 있었다는 거예요. 집에서만 지냈던 그 시간이 너무 아깝다는 생각이 들었어요. 그 뒤로 수술을 몇 차례 연이어 했어요. 1

년에 세 번씩 했던 것 같아요. 많이 할 땐 1년에 네 번도 했어요. 한 번 하고 어느 정도 회복되면 또 하고 3, 4개월 지나면 또 하는 식으로요. 어느 부위든 수술하고 1년 정도 지나면 좀 달라져 있어요. 붓기도 빠지고 골격에 맞게 자리를 잡는 거죠. 피부를 이식한 경계 부분이 처음엔 튀어나와 있는데 그것도 좀 가라앉고요. 제가 오랫동안 수술을 못 했잖아요. 그 기간에 얘네들이 자리를 잡았던 거예요. 안정기에 들었다고 할까, 그런 상태에서 수술을 다시 시작했더니 경과가 무척 좋았어요.

그때는 겨드랑이가 붙어 있었고 목도 붙어 있었고 발가락도 들려 있었어요. 불편한 것부터 일단 먼저 수술했어요. 발가락이 들려 있으니 신발을 신을 수가 없었거든요. 여름에도 어그부츠를 신었어요. 어그부츠는 안이 털로 되어 있으니까 부드럽잖아요. 발가락이 들려 있으니까 딱딱한 신발을 신을 수가 없었죠. 남들 보기엔 얼마나 더워 보여요. 그러니까 밤에만 나가는 거예요. 여름이 그렇게 싫었어요. 안 그래도 몸에 열이 많은 사람인데 스카프에, 모자에, 긴팔 옷에… 사람들은 '이 더운 날씨에 왜 저러고 다녀?' 하는 눈빛으로 쳐다보고요.

수술하면서 발가락을 펴느라고 발가락 열 개에 전부 젓가락만한 핀을 박았어요. 양쪽 발을 다 수술해서 3주 동안 화장실도 못 가고 누워서 대소변을 받아내야 했죠. 그래도 너무 좋았어요. 3주 누워 있는 건 아무것도 아니었어요. 어그부츠 말고 다른 신발을 신을 수 있는데요!

조건 없는 도움은 없다

저희 같은 이들은 후원을 받아서 수술해야 하잖아요. 후원 금액 안에서 해야 하는 거고요. 그런데 후원금마다 조건이 달라요. 한 번 입원해서 퇴원할 때까지 그 금액을 다 써야 하는 경우가 있고, 1년 안에 써야 하는 경우도 있어요. 그런데 수술하면 회복기간이 필요하니까 그 돈을 다 못 쓸 때가 있잖아요. 그럼 그게 너무 아까운 거예요. 이월해서 쓸 수 있으면 좋은데 기간이 지나면 쓸 수 없게 되어버려요. 그럼 빨리 써야 하는 거예요. 레이저 치료 같은 경우는 같은 부위에 한 달에 한 번밖에 못 한대요. 그러니까 얼굴 한 번, 다리 한 번, 그런 식으로 부지런히 돌리는 거예요. 몸이 쉴 수가 없는 거죠.

'함께하는 사랑밭'에서 준 후원금이 9백만 원가량 돼요. 그건 생활비로 써도 되고 병원비로 써도 된대요. 저는 생활비보다는 수술이 더 하고 싶은 사람이니까 그 돈을 병원에 전부 예치했어요. 병원에서도 천만 원을 후원받았는데, 그건 기간이 정해져 있어서 그 병원 돈부터 쓰느라고 수술을 3개월에 한 번씩, 몸을 무리하면서까지 하게 된 거죠. 그 돈 다 쓰고 예치한 것도 거의 다 쓰면서 어느 정도 불편했던 것들을 다 수술했어요.

목, 겨드랑이, 팔, 얼굴, 머리… 한 2, 3년 그렇게 연이어 수술했더니 너무 힘들었어요. 제가 회복력이 되게 좋은 편이었거든요. 그럼에도 어느 순간 제 몸이 지친 걸 알겠더라고요. 피부염이 생기고 그게 회복도 빨리 안 되고 살을 떼어낸 곳도 덧나고요. 마침 돈도 거의 다 썼으니 이참에 쉬어야겠다 싶어서 작년 4월에 마지막으로 수술하고 쉬고 있어요.

화상치료는 비급여가 너무 많아 돈이 아주 많이 들어요. 정부에서 제도적으로 수술비를 지원하는 게 아니라 사회복지사 분들이 알아봐주고 후원받아주는 거예요. 한 사람만 받을 수도 없고요. 조건이 안 돼서 못 받는 사람도 많아요. 저는 의료급여 1종이라서 지원받을 수 있는 거래요. 어린애들이 다치면 그 부모가 있어 지원을 받기 어렵다고 하니 얼마나 안타까워요.

살아줘서 고마워

2013년 겨울부터 수술을 시작했거든요. 만약에 제가 문을 열지 않았다면 그렇게 수술을 받을 수 없었을 거예요. 문을 안 열어주고 숨었다는 건 만나기 싫다는 표현인데, 몇 번쯤 오다가 관둘 만도 한데 정말 문을 열 때까지 오더라고요. 그 시간이 참 길었어요. 아, 혼자 살 수 있는 세상이 아니구나, 이렇게 은둔하는 건 안 되겠다, 받아들여야 할 건 받아들여야겠다고 생각하던 즈음에 제주도 친구 아버지가 돌아가셨어요.

고등학교 졸업하고 안양 올라오면서 다른 친구들하고는 자연스럽게 연락이 끊어졌는데 딱 한 명하고는 계속 연락하며 지냈거든요. 마음의 문을 닫고 있을 때도 유일하게 그 친구하고는 연락을 주고받으면서 힘을 받았죠. 얘기하다보면 응어리 진 게 좀 풀리기도 하고요. 그런데 그 친구 아버지가 돌아가신 거예요. 걔 결혼식에도 못 갔었는데, 좋은 일엔 안 가도 궂은 일엔 가야 한다는 말이 있잖아요. 그 친구한테는 다른 친구가 있었을지언정 나한테는 마음 터놓는 친구가 걔 하나였으니까 가야겠더라고요. 2015년인가 16년이었어요. 수술을 한창 하고 있을 때여서 좋아지던 중이었으니까, 이제는 가보자 싶었던 것 같아요.

친구들이 아무것도 묻지 않더라고요. 장사하다 다쳤다고 말하니 더 이상 묻고 파고들지 않았어요. 제가 속상할까봐 배려해준 거겠죠. 참 고마웠어요. 제주도 가기 전엔 가야 하나 말아야 하나 생각이 많았는데 갔다 오니까 마음이 한결 편해졌어요. 그런데 장례식장 다녀온 후에 제 소식이 퍼졌나봐요. 인숙이가 다쳤다더라 하고. 그래서 여러 친구들한테 연락이 왔어요. 이 얘기하면 눈물 날 것 같은데… 동창들이 소식을 듣고 반 애들을 모아서 저를 만나러 온 거예요. 한 친구는 남편이 산재를 당해서 다리를 많이 다쳤더라고요. 아파본 사람이 아픈 사람 마음 안다고, 그 친구가 나서서 저를 많이 도와줬어요.

제주시에서 장사하는 친구도 있었는데, 걔가 친구 몇 명을 모아서 수술비에 보태라며 돈을 보내줬어요. 제가 고맙다고 했더니 그 친구 하는 이야기가, 살아줘서 고맙대요. (눈물) 그 이야기를 전화로 들었거든요, 전화 끊고 많이 울었어요. 나는 친구들한테 해준 게 아무것도 없는데, 친구들은 나한테 이렇게 마음을 주는구나, 내가 왜 그렇게 연락을 안 하고 지냈을까, 내가 참 못난 생각을 하고 있었구나… 외모가 전부가 아닌데, 친구들 마음은 그게 아니었는데… 친구들 만나면서 더 좋아졌어요. 많이 배려해주고, 많이 챙겨주려는 게 느껴지니까. 너 왜 그렇게 됐어, 하고 아무도 나를 탓하지 않았어요.

별이 빛나는 밤에

사고 뒤에는 외출을 거의 하지 않았어요. 지하철 탈 일이 열 번 있다면 겨우 한두 번 탈까 말까 하는 식이었죠. 그러다 2016년 일인데요. 병원생활을 하다보면 마음 맞는 사람들끼리 수술 날짜를 맞추거든요. 스물다섯 된 정은이라는 친구하고 나영이 엄마하고 제가 친해졌어요. 정은이는 얼굴이랑 손을 다쳤는데 수술해서 나아졌지만 그래도 화상 입은 표시는 나는 친구예요. 나영이는 초등학생인데 화상을 입었어요. 항상 엄마가 같이 있으니까 그 엄마랑 친해진 거죠.

하루는 나영 엄마가 명동에서 고흐전을 한다고 같이 가자는
거예요. 고흐의 〈아몬드 나무〉를 엄청 좋아한다면서요. 그때만
해도 그렇게 바깥을 돌아다닐 때가 아니어서 가야 하나 말아야
하나 고민스럽더라고요. 그래도 싸매고 가면 되니까, 이젠 지하
철도 좀 타니까, 가보자고 했어요. 그날 정은이가 려나라는 친
구를 불렀어요. 그때 려나를 처음 봤는데, 려나는 저보다 상처
가 심하더라고요. 저는 그나마 수술을 많이 해서 훨씬 나아졌는
데, 려나는 저보다 많이 다쳐서 살을 뗄 데가 없어 수술을 많이
하지 못했대요. 려나, 정은이, 나영이, 나영 엄마, 저, 이렇게 다
섯 명이 명동에 갔어요.

병원에서부터 지하철을 타고 가는데, 정은이랑 려나가, 둘
다 스물다섯 살 아가씬데 모자도 안 쓰고 스카프도 안 하는 거
예요. 저는 칭칭 감고 있었거든요. 그런데 두 사람은 아무렇지
도 않게 거기 서서 이야길 해요. 진짜 대단하다고 생각했어요.
나는 나이가 들어서도 이러는데 젊은 아가씨들이 어디서 저런
용기가 생겼을까. 제 눈엔 고흐는 안 보이고 려나와 정은이, 그
리고 두 사람을 쳐다보는 사람들의 시선만 보였어요. 사람들은
두 사람을 그냥 한번 슥 보고 말더라고요. 나이 드신 분들이 좀
오래 바라보기는 했는데, 두 사람은 그것도 의식하지 않았어요.
나도 언젠가는 저렇게 해봐야겠다는 생각을 강하게 가진 날이
었죠. 그날 본 고흐전은 보통 전시회처럼 그림이 한 점씩 걸려

있는 게 아니라 영상으로 쏘는 전시였어요. 생소한 방식이어서 감동이 마구 느껴지진 않았죠. 하지만 거길 갔던 일 자체가 좋았나봐요. 그 일 있고 나서 새빛둥둥섬에서 고흐전을 또 한다길래 그땐 딸이랑 같이 가서 봤어요. 고흐를 좋아하게 된 거예요. (웃음)

고흐의 〈별이 빛나는 밤에〉 직소퍼즐을 샀어요. 다 맞추면 액자가 돼요. 피스 천 개짜리요. 한 달 넘도록 그냥 갖고만 있었어요. 너무 복잡하고 다 비슷비슷해 보여서. 그림을 볼 줄도 몰랐고요. 막막했어요, 막막 그 자체. 그러다가 안 되겠다 싶어서 마음먹고 맞추기 시작했어요. 아침에 일어나 저녁 먹을 때까지 했어요. 그런데 하다보니까 또 되더라고요. (웃음) 한 3, 4일 맞췄나. 시간 보내기도 좋아서 〈아몬드 나무〉를 또 샀어요. 그 작품은 처음처럼 오래 묵혀두지는 않았어요. 열흘 안에 도전했고, 맞추는 것도 하루하고도 조금 더 걸렸나, 아무튼 이틀은 안 걸렸어요. 그거 하면서 많은 걸 느꼈어요. 그것 또한 우리 화상경험자들의 삶이랑 같은 것 같아요. '아, 한다고 하면 못할 것도 없구나, 이렇게 어려운 것도 해냈는데'라는 자신감도 생기고요.

모자를 벗고 선글라스를 끼고

작년 4월엔 화상경험자들과 비경험자들이 함께 걷는 행사

를 했거든요. 예쁘게 보이고 싶은 마음에, 가기 전에 파마를 했어요. 그전엔 파마를 하고도 모자를 얼른 써버렸거든요. 그러면 금방 풀리죠. 머리 해주신 분이 파마 풀린다고 모자 쓰지 말라고 신신당부를 했어요. 그러지 않아도 모자를 벗어야겠다 마음만 먹고 실행을 못 하고 있었는데, 그날 감행을 한 거죠. 비싼 돈 주고 파마도 했는데 이참에 한번 벗어봐?

미용실 나올 때가 오후 5, 6시 즈음이었는데, 모자를 쓰지는 않고 손에 들고 있었어요. 모자를 완전히 벗진 못하겠고 살짝 걸쳤어요. 집까지 걸어오면서 계속 갈등했어요. 벗을까, 말까. 그러다가 이렇게 살짝 걸칠 거면 뭐 하러 쓰나 싶어서 확 벗어버렸어요. 그러고는 그다음 날 집에서 서울까지 모자를 쓰지 않은 채로 지하철을 탔어요. 마이크 잡고 이야기할 기회가 있어서 그 이야기를 했죠. 오늘 모자 처음 벗었다고. 사람들이 박수 치면서 용기를 북돋아줬어요. 아, 내가 잘했구나, 싶더라고요. 이렇게 하나씩 하나씩 해보자. 려나와 정은이한테도 너희 덕분에 모자를 벗게 됐다고, 용기를 줘서 고맙다고 말했어요.

모자를 벗고 나서부터는 선글라스를 끼거든요. 남의 시선을 느끼기 싫기도 하고, 눈꺼풀 아래가 뒤집어져서 빨간 속살이 보이니까 남들이 불편해할 거라는 생각에서도 그래요. 선글라스 끼고 지하철을 타면요, 제가 훨씬 자연스러워져요. 안경 끼기 전에는 사람들 눈을 쳐다보지 못하고 피했는데 안경을 끼니까 제가 남들을 관찰할 수 있더라고요. 아, 남들은 나를 저런 시선으로 쳐다보는구나, 하면서요. 그중에서도 저를 아주 빤히 쳐다보는 분이 계세요. 그럼 저도 그분을 빤히 쳐다봐요. 그분은 내가 자기를 쳐다보는지 모르죠. 그게 계속 이어지면 내가 눈을 감아버려요. 내가 눈을 감았는지 떴는지도 상대방은 모르죠. 그러면 편안하더라고요. 눈을 감아버리면.

선글라스 끼고 사람들 쳐다보면 재밌어요. 제가 그걸 끼고 있으면 다른 사람들도 나를 편하게 보는 것 같아요. 저녁엔 선글라스를 낄 수 없으니까 벗고 다니는데 그러면 사람들이 오래 안 쳐다보거든요. 그런데 선글라스만 끼면 저를 아주 오래 쳐다봐요. 눈이 마주치지 않으면 그런가봐요. 나도 그 사람을 보고 있다는 걸 그 사람이 인식하지 못해서인지.

지하철을 타면 정신적으로 운동을 하는 것 같아요. 어느 상황을 가정하고 나한테 대입해봐요. 나라면 어떨까. 아마 나라도 저런 눈으로 쳐다봤을 거야. 저 사람이 왜 다쳤을까 궁금해하고 안됐다고 생각할 거야. 나도 눈에 띄는 사람 보면 한 번 더 쳐다보잖아. 그냥 그런 걸 거야. 집에 가서까지 "나 오늘 화상 입은 사람 봤어!" 하면서 호들갑 떨진 않을 거야. 그러니까 너무 마음에 담아둘 필요 없어. 이렇게 대입해보면서 마음이 자유로워졌던 것 같아요. 올해부터는 소매가 짧은 옷도 입어봤어요. 작년까지만 해도 손잡이를 잡으면 제 손이나 팔목을 보는 사람들의 시선이 느껴졌는데 올해는 안 느껴져요. 한 해 한 해 이렇게 다른 것 같아요. 다들 핸드폰에 빠져 있어서 그런지 몰라도…

민준이…

화재로 인해 생긴 트라우마는 없어요. 신기할 만큼요. 그런데 아이가 먼저 갔다는 소식을 듣거나 어린아이가 아픈 걸 보면 마음이 너무 아파요. 그런 이야기가 있대요. 신이 모든 사람을 다 지켜주지 못해서 엄마라는 존재를 보내준 거라고요. 그런데 저는 못 지켜준 거잖아요. 그거에 대한 미안함…

좀 크게 낳았어요. 2003년생 최민준. 순했어요. 큰애는 어릴 때부터 어린이집, 속셈학원에 보냈는데, 민준이는 제가 더 데리고 있다가 학교 가기 1, 2년 전에나 유치원에 보내려고 다섯 살까지 어딜 안 보냈어요. 속 썩인 게 없어요. 불빛 나오는 캐릭터 신발 같은 거, 유행하는 장난감 같은 거 사달라고 조르지도 않았고요. 아이들이 타는 장난감 자동차 있죠, 큰 거. 남편이 지방 영업하러 갔다가 하나 사왔는데 그 차 운전을 아주 잘했어요. 후진도 잘하고.

아빠가 음식 배달하는 걸 많이 봤잖아요. 비 오는 날이면 행주 가져다가 아빠 오토바이 의자를 닦아주던 모습도 기억나요. 자전거 타는 거 가르쳐주려고 보조바퀴 달린 자전거를 사줬는데, 동네 생선가게 집에 민준이보다 한 살 많은 쌍둥이 남매가 보조바퀴를 뗀 걸 보고는 자기도 떼달라고 해서 떼준 기억도 나고요. 파마를 시켜줬더니, 뽀글머리가 중년 아주머니 파마 같기도 하고, 어찌나 귀엽던지요. (웃음) 아, 그것도 잘했어요. 비의 〈태양을 피하는 방법〉. 비가 춤추는 거 흉내낸다고 가슴 치는 동작도 따라하고…

못해준 것에 대한 미안함도 있지만… 그래도 어차피 일어날 일이었다면 이렇게 간 게… 다행이라고 생각해요… 이 고통을 겪지 않아도 되니까…

이렇게 이야기하면 안 겪어본 사람들은 합리화하는 거라고 생각할 수도 있지만 저는 그 고통을 아니까요. 그 고통은 겪지 않는 게 낫다는 생각이 더 강해요. 지금은 기술도 더 좋아졌고 앞으로도 점점 좋아지겠죠. 그래도 남들의 시선이나 편견 같은 것은 남잖아요. 사춘기를 겪을 텐데, 저처럼 나이 들어 다친 거랑 이제 막 성격이 형성될 때 다치는 건 다를 것 같아요. 병원에서 화상 입은 아이들 보면 잘 이겨내는 것처럼 보이지만, 드러내지 못하는 자기만의 아픔 같은 게 있을 거예요. 저도 그러니까요. 그 고통을 안고 살아가느니 먼저 간 게 다행이라는 생각에는 변함없어요, 진짜로. 이 고통이 워낙에 크니까. 그렇지만 미안하죠. 태어났는데 한번 제대로 살아보지도 못했으니까…

하연이…

딸이 혼자 힘들었을 거예요. 이름은 하연이. 자기 환경이 그렇다보니 점점 표현도 안 하고 내성적으로 변했어요. 사춘기가 오려고 할 때, 저한테 반항을 조금 했거든요. 내가 뭐라고 하면 고분고분하게 안 듣고 대들기에 제가 혼냈어요. 지금 우리 상황에서 네가 사춘기가 오면 안 된다고, 내 상황이 너를 받아줄 수 없다고, 대놓고 얘기했어요. 그랬더니 정말로 사춘기가 안 왔어요. (웃음) 당시엔 다행이라고 생각했는데 지나고 보니까 미안하죠. 그걸 혼자 삭혀야 했고 아빠 사랑도 못 받았고, 엄마도 제대로 사랑을 줄 수 있는 상황이 아니었으니까. 외로움이 많을 거예요.

제가 다치고 나서 중환자실에 있을 때 〈사랑의 리퀘스트〉를 찍었어요. 딸이랑 저랑 만나는 장면을 찍어야 했나봐요. 그때 사고 뒤로 처음 딸을 봤어요. 12월이었을 거예요. 다친 건 7월이고. 너무 미안했어요, 이런 모습을 보여줘야 해서. 그때는 묻지 못하고 시간이 많이 지나서 물어봤거든요. 그때 엄마 봐서 어땠느냐고, 혹시 무서웠느냐고요. 하연이는 괜찮았다고 하더라고요. 말만 그렇게 하는 건지 모르겠지만. 중고등학교 다닐 때도 속을 잘 안 드러냈어요.

한번은 제가 병원 갔을 때 하연이가 친구를 집에 데려왔나봐요. 집에 민준이 사진이 있거든요. 친구가 누구냐고 물었는데 하연이가 대답 안 하고 그냥 얼버무리고 넘어갔대요. 딸이 스무 살 넘을 때까지 친구들한테 엄마 이야기도 안 했어요. 친정에서 나와서는 아무도 없이 진짜 단둘이서만 지냈는데, 엄마라는 사람은 친구들한테 내세울 수도 없는 존재고, 가족에 대해서는 아무 이야기도 할 수가 없는 거잖아요. 마음의 큰 짐이었겠죠. 그래서 물어봤어요. 너한테 해줄 수 있는 게 아무것도 없는데 이런 엄마라도 있어야 되겠느냐고. 그랬더니 딸은 그렇대요. 엄마가 옆에 있는 것만으로도 좋다고.

죽으려고도 해봤다가 실패했다고 했잖아요. 내가 엄마로서 아무것도 해줄 수 없는 존재라는 생각에 죽을 생각까지 한 건데, 그 일 있고 나서 '아, 이게 아니라면, 내가 살아야 할 이유가 있는 거라면 살아보자' 마음먹었어요. 그래도 미안한 감정이 있으니까 처음 과천으로 전학 왔을 때는 같이 나가지도 못했고, 같이 나가게 되더라도 멀찌감치 떨어져서 다녔어요.

하연이가 중3때 과천으로 이사 온 거였거든요. 누가 찾아와도 문도 안 열어줄 때라 밖에 나가는 일이 많지는 않았는데 그래도 장은 봐야 하니까 한 번씩 마트에 가곤 했어요. 그럴 때 같이 나가면 따로 떨어져서 걸었어요. 우리 딸이 '좋다, 싫다' 이야기를 한 건 아닌데, 엄마 마음에 딸 친구들이 보면 딸이 불편할 것 같아서 제가 멀리했어요. 따로 떨어져 있다가 계산할 때만 딸이 와서 계산하고 집으로 올 때도 따로 걸어왔죠. 제가 항상 뒤에 갔어요. 제 눈에 보여야 안심이 되니까, 혹시 무슨 일이 벌어질지도 모르니까.

딸이랑 저는 시시콜콜한 것까지 다 이야기하거든요. 그래도 하연이는 자기 속을 다 보여주진 않았던 것 같아요. 가끔 한 번씩 생각했어요. 격의 없이 말하는 거 보면 잘 견뎌낸 것 같은데, 과연 그럴까. 어릴 때 상처는 저 깊은 곳에 있을 텐데, 정말 잘 이겨냈을까. 작년에 병원에서 유가족 심리치료 프로그램이 운영됐어요. 딸은 그런 데 참여해본 적이 없고, 제가 가자고 해도 피했었어요. 그런데 그때는 웬일인지 따라나서더라고요.

진행자 선생님이 돌아가면서 질문을 던졌어요. 저희 차례가 되어서, 제가 딸한테 어릴 때 못해준 것에 대해 미안하다고, 지금 보면 괜찮아 보이기는 하지만 딸이 어떤 생각을 하는지 잘 모르겠다고 말했어요. 그랬더니 선생님이 딸한테 어떠냐고 묻더라고요. 사람들이 모두 있는 자리여서 그랬는지 딸이 대답하기를 꺼려했어요. 그래도 선생님이 끝까지 질문하시는 거예요. 그러니까 우리 딸이 그 자리에서 울어버리더라고요. 끝나고 나와서는 나를 때리면서, 왜 이런 데 자길 데려왔느냐고 따지더라고요.

딸은 딸의 인생을 살게 해줘야 하잖아요

장애인 활동지원 서비스를 하루에 서너 시간씩 이용해요. 활동지원 서비스는 제가 장애 때문에 못하는 일을 활동지원사가 와서 도와주는 거예요. 장애 정도에 따라 받을 수 있는 서비스 시간이 다른데, 그게 예전에 비해 절반으로 줄어들었어요. 딸이 고등학교 다닐 때는 서비스 시간이 한 달에 198시간이었는데, 딸이 성인이 된 지금은 94시간인 거예요. 그 뒤로는 주방에서 해야 할 일 있으면 딸이 해요. 칼질 같은 건 딸이 하고 간단하게 볶는 건 제가 하고요. 양념 같은 건 제가 알려주는 대로 딸이 따라하고요.

제 조건이 변하지 않았는데 딸이 성인이 됐다고 서비스 시간을 줄이는 건 문제 아닌가 싶어요. 다 큰 딸한테 엄마 옆에만 있으라는 소리밖에 안 되는 거잖아요. 학교도 다니지 말고 직장 생활도 하지 말라는 건지… 이러니 가난이 대물림될 수밖에 없는 것 같아요.

제가 딸한테 든든한 배경이 되어줄 수 없으니까 딸한테 간호사가 되라고 했어요. 간호사로는 취직하기가 좀 수월해 보여서요. 그러려면 대학을 다녀야 하잖아요. 그런데 성인이 되어 엄마를 도우라고 하는 건 학교도 다니지 말고 아무 데나 무조건 취직을 하라는 뜻인지… 아니, 취직을 하면 딸이 저를 도와줄 수도 없잖아요. 앞뒤가 하나도 안 맞는 것 같아요.

국민연금공단에서 3년에 한 번씩 심사하러 와요. 단추 잠글 수 있는지, 문고리 돌릴 수 있는지 같은 걸 물어요. 다 못한다고 하죠. 정말 못하니까요. 제 몸엔 특별한 변화가 없거든요. 그런데 그분 다녀가신 후에 서비스 시간이 줄었다고 통보가 와서 주민센터에 찾아갔어요. 그랬더니 딸이 스무 살이 넘어서 그렇다고 하더라고요. 이제 고등학교 졸업했으니 엄마를 도와주라는 건가봐요.

꼭 하고 싶었던 이야기가 있어요. 제가 어렵게 산다고 매달 10만 원씩 후원해주시는 곳이 있거든요. 그러면 통장에 다 찍히고 그 후원금에 비례해서 수급비가 깎여요. 예를 들어 제 수급비가 97만 원이라고 한다면 어쨌든 저의 총수입도 평균 97만 원이어야 한다는 거예요. 수입이 늘어나면 늘어났다고 수급비가 깎이는 거죠. 그러면 후원을 왜 받아요? 딸이 고등학교 다닐 때는 차비도 안 들고 밖에서 밥 사 먹을 일도 없었지만, 지금은 학교가 멀어서 차비도 들고 점심도 사서 먹어야 한단 말이에요. 그래서 집안에 보탬이 되겠다고 딸이 아르바이트를 해요.

언젠가는 김밥집에서 토, 일, 월, 이렇게 주 3일 일했는데, 시청에서 연락이 온 거예요. 수급비가 깎인다고요. 시청엘 쫓아갔죠. 올해 최저임금이 올랐잖아요. 김밥집 사장님이 우리 딸 월급을 60만 원으로 신고했대요. 그런데 딸 소득이 40만 원 이상이면 거기서 초과하는 금액의 평균을 내고 거기서 몇 퍼센트를 제 수급비에서 깎는다는 거예요. 저는 몰랐어요. 딸은 자기 차비 벌고 자기 밥값 버는 건데 그걸 엄마 수급비에서 깎는다는 게 이상하잖아요? 그리고 60만 원을 받지도 않았어요. 확인해봤더니 42만 4천 원이더라고요. 통장을 일일이 복사해서 갖다 줬어요. 사장님은 다달이 월급이 조금씩 다르니까 넉넉잡아 신고했나봐요.

시청에서 저한테 소득신고서라는 걸 작성하라고 하는데, 서류를 쓰려니까 42만 4천 원이라고 써야 하는지 아니면 43만 원이라고 써야 하는지 저는 잘 모르잖아요. 거기 근무하는 공무원한테 "얼마로 적을까요?" 했더니 그분이 "그것보다 적게 받을 때도 있고 초과할 때도 있을 테니까 45만 원으로 쓰실래요?"라고 하더라고요. 그래서 그렇게 적었죠. 그랬더니 다음 달 수급비에서 4만 8천 원이 빠지는 거예요. 깜짝 놀랐어요. 저한테는 5만 원이 큰돈인데, 딸이 일해서 번 돈 5만 원을 제 수급비에서 빼는 거예요.

제도가 이러면 우리 같은 사람은 나쁜 사람밖에 안 돼요. 사장님한테 연락해서 소득을 좀 적게 신고해주면 안 되냐고 말할 수밖에 없잖아요. 담당 공무원한테 "이렇게 되면 누가 돈을 버느냐. 일 안 하고 공부하지"라고 했더니 그러더라고요. "그래도 일하는 게 낫죠. 작년까진 기준이 30만 원이었는데 올해부터 40만 원으로 완화된 거예요." 그래서 제가 또 그랬어요. 일을 조금만 해도 40만 원 받는데 그러면 기준을 바꿔야지 무조건 빼는 건 아닌 것 같다고요. 물론 창구에서 일 담당하는 공무원들 잘못은 아니겠지만, 이런 걸 어디다 얘기하겠어요. 책에라도 꼭 써주세요. 없는 사람들 수급비를 10원 한 장까지 빼앗아 가는 거 보고 깜짝 놀랐어요. 어떻게 기준 금액에서 5만 원 더 벌었다고 4만 8천 원을 빼 가는지. 딸한테 아르바이트를 좀 줄이라고 했을 정도예요.

저는 죽음에 대한 두려움은 없어요. 한 번 그런 큰일을 겪었기 때문에… 내일 나한테 무슨 일이 일어날지도 모르고, 그와 같은 일이 일어나서 다시 또 죽을 수도 있으니까 삶에 대한 미련 같은 건 전혀 없어요. 오래 살고 싶지도 않아요.

다만 남은 자식한테는 짐이 되고 싶지 않아요. 지금은 그래도 젊으니까 스스로 움직이려고 하고 도움받으면서도 뭐라도 할 수 있지만 나이 들고 약해지고 누워만 있게 되면 자식한텐 엄청난 짐이지 않을까요. (눈물) 복지가 아무리 좋아진다고 해도 딸에 마음엔 부담이 클 거예요. 간호사가 해외 취업이 쉽대요. 그래서 딸이 간호사 되길 바랐고요. 딸이 해외로 취업해서 나갔으면 좋겠어요. 한국에서라면 딸이 결혼할 때 시댁에서 싫어할 거 같거든요. 자기 아들이 번 돈까지 다 처가에 갖다줘야 할까봐 걱정할 수 있잖아요. 딸이 해외로 가면 나는 여기서 나대로 살고, 딸은 거기서 자유롭게 살 수 있지 않을까요.

나는 그때 다시 태어났어요

대견한 점이요? 그 시간을 잘 버텨낸 거요. 병원에 가도 저보다 심한 사람이 없는 거예요. 제가 제일 심했어요. 왜 나한테 이런 일이 일어났지? 내가 왜 살아야 하지? 죽어야 하는 건 아닌가? 얼마나 좋은 세상을 보려고 이렇게 살까? 밖에는 나갈 수 있을까? 남들이 나를 어떻게 볼까? 남들 앞에 나설 수 있을까? 아, 그것보다 먼저 했던 생각은 이거였어요. 나는 옷이나 입고 살 수 있을까? 평생 팬티만 입고 살아야 하는 거 아닌가?

처음엔 정신적 고통보다 신체적 고통이 더 컸어요. 그게 한 3년 갔던 것 같아요. 신체적인 고통과 정신적 고통이 같이 있었던 시간이 또 3년. 그래서 6년… 중환자실에서 일반병동으로 옮기니 그때부터 걷는 연습을 시켜주셨어요. 침대에 걸터앉는 것부터 해요. 그러곤 일어서서 한 발짝씩 움직여요. 어린애 걸음마 배우듯이.

그땐 내가 이걸 왜 해야 하나 생각했어요. 저는 제가 당연히 바로 걸을 수 있을 줄 알았거든요. 그런데 아니더라고요. 제가 못 걷는 거예요. 처음엔 누워 있으니까 등을 일으켜주면서 일어나보래요. 그다음엔 다리를 침대 아래로 내리고 걸터앉아 침대봉을 잡고 있으래요. 그렇게 조금 있다가 일어나서 다리에 힘주고 서 있어보래요. 그 자세로 또 가만히 있게 하고, 그다음에는 한 발만 떼서 움직이게 하고요. 그러면 온몸이 찌릿찌릿해요.

다섯 발자국도 못 갔던 것 같아요. 돌아올 땐 빨리 돌아가 침대를 잡아야 하니까 다섯 발자국 갔던 걸 세 번에 왔어요. 엎어지듯이.

계속 연습하라고 했는데 못했어요. 다리에 힘도 없고 너무 아프기도 해서 도저히 못하겠더라고요. 다리에 화상 입고 오래 누워 있었던 사람이 일어서면 죽을 듯이 아파요. 화상 입은 다리에 피가 쏠리면 피부가 팽창해서 꼭 터질 것 같은 통증이 오거든요. 그게 진짜 아팠어요. 병원에선 결국 못 걸어서 계속 휠체어를 탔어요. 퇴원해서 남편이 바닷가 구경을 시켜줬는데 그때도 휠체어를 탔고요. 그 후에 친정집에 와서도 내내 누워만 있었어요. 그러다가 나중에 '아, 걸어야겠다'는 생각이 들어 집 안에서 혼자 걷는 연습을 조금씩 했어요. 그때 생각했어요. 병원에서 걷기 연습했던 게 다 필요한 거였구나, 다 이유가 있었구나. 아, 그때 나는 다시 태어난 거구나. 걸음마부터 다시 시작해야 하는구나…

우리는 생존자잖아요. 스트레스를 잘 안 받게 됐어요. 내일 죽어도 괜찮은 거니까. 어떤 일도 일어날 수 있고, 그럴 수 있는 일이라고 생각해요. 이렇게 살아야 해, 이건 꼭 해야 해, 저건 절대로 안 돼, 같은 생각은 없어졌어요. 힘든 과정을 거치면서 하나씩 내려놓은 거죠. 그건 나를 있는 그대로 받아들인다는 뜻이에요. 나한테 왜 이런 일이 일어났을까를 생각하는 건 그걸 부

정인숙 씨가 아끼는 것은 인형. 분홍색은 하연이, 파란색은 민준이 것이다.

정하고 싶은 마음이잖아요. 그런데 아무리 부정해봤자 어떤 변화도 오지 않아요. 나에게 이미 일어난 일은 변할 수 없는 사실이니까요. 그걸 받아들인다는 건 '나는 다친 사람이야, 이건 내가 평생 갖고 살아야 해' 이렇게 인정하는 거예요. 그전에는 어떤 일이 일어나면 그걸 바꿔보려고 집착도 많이 했었는데 이젠 덜 하죠. 물 흐르듯이 살아야 하는구나… 해요. 아픔은 다 똑같아요. 크든 작든 모두 아프죠. 중요한 건 받아들이는 것의 차이인 것 같아요.

이 생도 재미있어요

다시 사는 인생이잖아요. 완전히 새로운 인생을요. 한 번 죽었다 살아났다고 할 수도 있고, 완전 밑바닥을 찍고 다시 올라오는 중이라고도 할 수 있죠. 계단으로 치면 아직 3분의 1도 안 온 것 같아요. 처음에는 많이 힘들었지만 세상 밖으로 나오고 이렇게 움직이고 새로운 사람들을 만나는 일이 재미있어요. 모든 순간순간이 저한텐 새로운 경험이잖아요. 이렇게 북카페에 오는 것도 경험이고, 손 모양이 제 모양으로 돌아오면서 책장에서 책 한 권을 꺼낼 수 있게 된 것도 새로운 경험이고, 내일 또 다른 카페에 가보는 것도 경험이고…

다치기 전에도 호기심이 많았어요. 놀러 다니는 것도 좋아하고 어울리는 것도 좋아했어요. 다친 후에 밖에 나가 맛있는 것도 먹고 싶은데 그런 걸 전혀 못 하는 상황이 너무 답답했어요. 사고 후 처음으로 식당 가서 밥 먹을 때 모든 시선이 저한테 꽂히더라고요. 그 시선들을 다 느끼면서 밥을 먹으려니 얼마나 불편하고 부자연스러웠겠어요.

그때부터 생각했던 것 같아요. 다른 장애를 갖고 있는 사람들은 얼마나 불편할까. 나는 그래도 눈으로 보기나 하지 시각장애를 가진 사람은 얼마나 답답할까. 어쨌든 나는 걷기라도 하지 휠체어 타는 분들은 얼마나 불편할까. 내가 그 사람이 되어보려고 노력해요. 다치기 전에는 나 살기 바빴으니까 남을 돌아볼 줄 몰랐거든요. '힘들겠다, 안됐구나' 이 정도였지 어떤 게 불편할지, 얼마나 힘들지 그렇게까지 깊이 생각해보진 않았던 것 같아요. 다치고 나서 세상을 보는 시선 또한 많이 달라졌어요.

하나씩 하나씩 내려놓았던 것 같아요. 그래도 아쉬움은 있죠. 서른일곱에 다쳤거든요. 마흔 살에는 진짜 저 밑바닥에 있느라 '내가 이제 마흔이구나' 하는 생각은 없었던 것 같아요. 다만 이런 생각은 들어요. 어차피 이게 내 운명이라면, 이런 외모로 살아야 하고 이런 아픔을 겪었어야 한다면, 그 고통이 조금만 더 늦게 왔다면 어땠을까, 조금만이라도 더 젊음을 즐길 수 있었다면 좋지 않았을까. 10대, 20대 때는 30대 후반이라고 하면 까마득했거든요. 그런데 지금 서른일곱을 돌아보면 애들 키우면서 한창 좋았을 때였던 것 같아요. 어차피 내가 짊어지고 갈 짐이었다면, 조금만 더 늦게 왔다면 좋지 않았을까.

이런 생각을 하다가도 병원에 가보면 반성하고 후회해요. 병원엔 어린애들도 다쳐서 많이 오거든요. 저렇게 어린애들도 있는데 서른일곱에 온 게 뭐 그리 일찍 온 거라고 그런 마음 가졌나 싶어서요. 너는 결혼도 해보고 애도 낳아보고 살지 않았느냐고. 조금만 늦게 왔으면 하는 마음도 욕심이라고 스스로 이야기하죠.

나의 두근대는 생

어그부츠만 신고 다닐 때가 있었는데 이제는 발등이 보이는 구두도 신어요. 그것만으로도 너무 감사해요. 발을 드러낸 건 2017년 초니까 이제 1년 됐네요. 엄청 오래된 것 같은데 1년밖에 안 됐나봐요. 2016년에 수술도 했고 그사이 다른 이들의 시선으로부터도 좀 자유로워졌어요. 지하철 탔더니 제 발을 누가 빤히 쳐다봐요. 나이 좀 드신 분이었는데, "그거 수술은 된대요?" 물으시더라고요. "네. 수술 된대요. 요즘은 기술이 많이 좋아져서 수술할 수 있을 거예요" 했어요. (웃음) 전에는 나이 드신 분들이 쳐다보고 혀 끌끌 차는 게 싫어서 웬만하면 노약자석 근처엔 안 갔거든요. 그런데 지금은 가요. 안됐다는 마음은 있는데 표현방법을 몰라서 그리 말씀하시는 거니까요.

모든 게 다 도전이에요. 고터에 자주 가요. 고속버스터미널이요. (웃음) 거기 옷 진짜 싸요. 만 원, 이만 원에 옷 종류도 진짜 많아요. 처음엔 딸이랑 다녔는데 점점 혼자서도 잘 가게 됐어요. 딸이 살 게 있는데 시간이 안 되면 제가 대신 사러 가기도 하고요. 병원 근처에 있는 영등포 지하상가는 내 집 드나들 듯 다녀요.

구경하는 걸 좋아해요. 얼마 전엔 딸이랑 기차 타고 평창올림픽 보러 갔다 왔어요. 스피드스케이팅 경기를 봤죠. 표는 이미 매진이라는데도 현장 가면 혹시 살 수 있을지 모른다는 생각으로 무작정 갔어요. 다치기 전에 진짜 아등바등 살았잖아요. 그 사고 당일 하루 노는 것도 아까워서 장사했을 만큼요. 삶의 의미를 어디에 두고 사느냐가 참 중요한 것 같아요. 우리나라에서 언제 또 동계올림픽이 열리겠느냐고, 나야 나이를 먹었지만 딸은 젊으니까 보여주고 싶었어요.

생애의 반환점은 수술하고 나서 몸이 낫기 시작했던 때였던 것 같아요. 수술하고 좋아지지 않았다면 앞의 기간이 더 길었겠죠. 수술해서 더 나아지고 사람들하고 어울리면서 좋은 방향으로 움직이게 됐어요. 그렇지 않았다면 나쁜 생각을 더 많이 했을 것 같아요. 그러니까 그건 문을 두드려준 사람들 덕분이었던 셈이죠. 싫다고 하는데도 끝까지 포기하지 않고 두드려준 사람들에게 제가 반응을 한 거니까. 그게 참 중요한 것 같아요. 우리가 밖으로 나오려는 것도 중요하고 밖에서 이렇게 두드려주는 것도 중요하고.

그렇게 어렵게 밖으로 나와서 좋은 사람을 많이 만났어요. 다치기 전보다 다친 후에 좋은 사람들을 더 많이 만났죠. 병원에서 만난 언니들, 내 아픔에 공감해주는 사람들이랑 친해져서 종종 같이 놀러가요. 얼마 전엔 전주엘 다녀왔어요. 기차 타고 멀리 놀러가는 거, 혼자였다면 못 했을 거예요. 같은 아픔이 있으니까 서로 마음 아플 만한 말은 안 해요. 그러니까 어울릴 수 있었겠죠. 그분들이 어떻게 해서 다쳤는지 저도 궁금하죠. 그래도 처음부터 묻진 않아요. 친해지면 자연스럽게 알게 되니까요. 처음 만났을 때부터 꼬치꼬치 물어보는 사람한테는 정이 잘 안 가요. 스스로 이야기할 때까지 기다려주는 사람, 아픔이나 상처를 배려해주고 공감해주는 사람, 그런 사람이 좋은 사람 같아요. 그런 사람들한테 내 얘기를 뱉어내면 마음의 치유가 돼요. 그래서 다른 경험자들한테도 자꾸 어울리라고 얘기해요. 그 아픔 혼자만 갖고 있지 말라고…

이것만은
빛나는 희망

구술 송영훈
기록 송효정

몸에 핀 두 송이의 꽃이 어여뻐, 언제까지나 그들의 물이고 볕이고 싶었다. 새벽의 어둠 속에 잠들어 다시 새벽의 어둠 속에서 깨어났던 아빠, 아이들 곁에서 그의 삶은 누구보다 충실했다. 2010년, 그는 전기공사 중 감전으로 팔을 잃는다. 몇 개월 뒤 병원에서의 첫 외출. 만남의 환희에 가득 차 "아빠"하고 뛰어오던 작은 아이가 돌부리에 걸려 넘어졌을 때, 그는 떨고 말았다. 넘어져 우는 작은 몸을 일으켜 세워 안아주지도, 피에 엉킨 무릎의 흙을 닦아주지 못했던 그 순간. 몸의 상실보다 두려웠던 것은 작고 여린 두 아이의 몸을 품지 못할 미래였다.

그러나 사무치면 꽃이 된다고 했던가. 지난 8년의 시간, 그는 아이들 곁에서 아빠로 살아가기 위해 자신에게서 흩뿌려진 고통과 분노와 절망을 부지런히 모아 다져냈다. 송영훈은 서로를 품을 수 있는 더 큰 가족을 이루었고, 타인의 고통 곁에 서서 그들을 위로해주기 위해 병실을 돈다. 그와 만나는 순간마다 생각했다. 스스로 빛을 내는 그는, 빛 잃은 별들의 항성이 아닐까. —송효정 전기 외선작업하는 일을 했는데 전봇대 같은 데 올라가서 고압전선을 다루는 일이에요. 스무 살 때 시작해서 이 일만 했으니까 굉장히 오래 했죠. 한전(한국전력공사) 직원은 아니었고 그 하청업체에서 일을 했어요. 한전에서 직접 외선작업을 진행하는 경우는 거의 없어요. 거기나 우리나 외선공사 1종 면허를 갖고 있으니까 기술은 비슷하거든요. 한전에서는 서류 같은 것만 관리하고 일은 대부분 하청업체에서 해요.

새들이 전선 위에 집 짓는 거 본 적 있어요? 새가 집을 짓다가 순간적으로 부하가 걸리면 전기가 자동으로 탁 끊겨요. 이때 정전이 되는 거거든요. 그리고 10초 후에 다시 전기를 투입하는데 이때 이상이 없으면 전류를 계속 흘려보내는 거예요.

우리는 작업 들어가기 전에 한전에 무전으로 통보를 해요. "오늘 어느 구간 작업을 합니다" 하면 "네 알겠습니다" 하고 한전에서 회신이 오거든요. 그날도 그런 회신을 받고 작업을 시작한 건데 한전에서 실수로 작업스케줄을 안 잡아놓은 거예요. 나중에 작업자한테 들었는데 "형, 고압 세 번 튀었어" 그러더라고요. 우리는 그게 무슨 말인지 딱 알죠. 작업스케줄을 잡아놓고 일하다가 이런 상황이 벌어지면 전기가 차단돼야 하는데 10초에 한 번씩 자동으로 전류가 계속 흐른 거예요. 원래는 사고가 나도 이 정도로 다치진 않아요.

제가 사고 난 게 2010년 8월 13일이거든요. 전신주 외선공사를 할 때는 플라스틱으로 된 리프트를 타고 올라가요. 그 안에 서서 작업을 하니까 대부분 앞을 보고 손으로 작업을 해요. 처음 고압을 맞고 몸이 앞으로 꼬꾸라져서 고압선에 걸려 있었어요. 몸은 고압선에 걸려 있는데 전류가 10초에 한 번씩 들어왔잖아요. 전기를 맞고 몸이 빵 튀면 차단기가 꺼지고, 빵 튀고 꺼지고. 이렇게 세 번을 맞았어요. 고압전류는 용접할 때 튀는 불꽃처럼 세요. 엄청 뜨겁고요. 전류가 팔을 타고 등 쪽으로 넘어갔는지 안전모랑 방염복을 입었는데도 등쪽에 불이 붙어버렸더라고요.

안산에 있는 병원에서 응급처치 하고 영등포 한강성심병원으로 실려 왔어요. 이동하는 도중에 한 번 깼던 기억이 나요. 몸은 딱 굳어서 꼼짝을 안 하고, 눈앞에 내 손이 보이는데 딱 봐도 이상한 거예요. 손이 새까맣게 타고 녹아서 요렇게 기역자로 구부러져 있더라고요. 그 순간이 잠깐 기억나고 그리고 나선 기억이 없어요.

나중에 구급차에 같이 타고 있던 사람들이 그러더라고요. 구급차 안에서 제가 요동을 쳤대요. 애들한테 가야 한다고. 얼마나 힘이 세던지 잡지를 못하고 결국 구급대원이 몸 위에 올라타서 제압하고 난 뒤에야 조용해지더래요.

구급차에서 잠깐 깬 뒤에 한 일주일쯤 지나 다시 깨어났다고 해요. 다른 사례에 비해 비교적 빨리 깨어난 거죠. 처음 딱 깨어났는데 주변 환경이 너무 기이하더라고요. 너무 아프고, 이게 현실인지 구분이 안 되고…

정신이 조금 돌아오니까 악몽을 꾸는 거예요. 면회시간이 됐는데 나는 누워 있고 몸은 못 움직이니까 곁눈으로 슥 보면 비닐 옷 입고 마스크 낀 사람들이 면회한다고 우르르 와요. 그 사람은 물론 내가 아는 사람일 거잖아요? 그런데 갑자기 그 사람 몸에 불이 붙는 거예요. 그게 너무 무서워서 눈을 깜빡였다 뜨면, 그 사람이 벌써 제 옆에 와 있어요. 아무렇지도 않아요. 그러고선 대화하다가 잠깐 눈을 깜빡이면 불에 다 타서 괴물로 변해 있는 거예요. 눈을 깜빡일 때마다 꿈을 꾼 거죠. 그 1초 사이에 잠이 드는 거예요. 그게 진짜 무서웠어요. 잠이 드는 게…

환상통

중환자실에서 두 달 동안 있었거든요. 거기서 왼팔을 자르고, 오른팔과 등 쪽을 치료하고 집중치료실로 내려왔어요. 왼팔은 중환자실에서 자고 일어나면 요만큼 잘라져서 없어지고, 조금 자다 일어나면 또 없어져 있고, 조금 더 지나니까 완전히 없어져버렸어요. 보시다시피 왼팔은 어깨 뿌리만 남기고 절단했고, 오른팔은 잘라내진 않았지만 근육이 다 타서 팔 위쪽부터 겨드랑이까지 근육을 다 깎아냈어요. 여기는 근육 없이 뼈만 남겨놓은 거예요. 살 조금 있는 걸로 버티고 있는 거죠. 뼈도 그래요. 골밀도가 낮아져서 엑스레이를 찍으면 뼈가 완전히 까맣게 보여요.

처음엔 병원에서 오른팔도 절단해야 한다고 했대요. 어차피 움직일 수도 없고, 겨울 되면 엄청 아파서 고통스러울 거라면서요. 그때는 이 팔마저 없으면 내가 애들한테 해줄 수 있는 게 없겠더라고요. 그래서 치료사님한테 "선생님, 나, 이쪽 팔은 꼭 살려주십시오. 나, 애들 키워야 합니다. 꼭 살려줘야 합니다, 살려줘야 합니다" 항상 이렇게 말했어요.

전기화상은 피부를 다 열어서 치료하거든요. 어느 날 치료하다가 "이쪽이 좀 안 좋아진 것 같아요. 고름이 찼어요"라는 이야길 들으면 덜컥 겁이 나요. 안 좋아졌다며 팔을 자를까봐⋯ 치료가 진짜 아픈데 아무리 아파도 소리를 안 내봤어요. 이 통증이 얼마나 심하냐면, 우리가 손바닥을 탁자에 놓고 커다란 망치로 손등을 내려쳤을 때의 통증을 24시간 계속 느낀다고 생각하면 조금이나마 이해가 될 거예요. 잠깐이 아니라 한 번 맞은 그 통증을 24시간 내내 갖고 있는 거죠.

너무 아프니까 통증을 가라앉히려고 한 번에 서른여섯 알가량 약을 먹었어요. 아침, 점심, 저녁, 취침 전까지 하루 네 번 먹었으니까 백이십 알 넘게 먹은 거죠. 이게 다 진통제랑 안정제, 소화제인데도 소용이 없는 거예요. 처음에는 약간 효과가 있다가도 금세 똑같아져요. 그럼 의사선생님한테 "선생님 똑같아요, 너무 아파요"라고 말하죠. 그럼 약이 계속 늘어나고, 또 늘어나고… 그 정도로 아파요. 그런데도 소리를 안 내려고 하도 이를 깨물었더니 나중에 보니 이가 다 나갔더라고요.

환상통이라고 들어봤어요? 절단이 돼도 신경은 다 살아 있거든요. 다만 보이지 않을 뿐이지. 이 왼팔 감각이 지금도 남아 있어요. 예전에는 왼팔의 신경이 팔목까지 느껴졌는데, 이제 줄어서 팔꿈치 아래까지 남아 있어요. 처음 중환자실에서 치료받을 때만 하더라도 다섯 손가락 신경이 다 살아 있었어요. 그러니까 손이 보이진 않는데 손가락도 손목도 다 움직인다고 느끼는 거예요. 게다가 너무 아픈 거예요.

생각해보세요. 차라리 보이는 데가 아프면 얼음이라도 대고 문질러달라고 할 텐데, 안 보이는 게 아픈데 어떡해요. 방법이 있어요? 그게 또 가렵기도 해요. 손끝이 전기 통하는 것처럼 치잉치잉 쏘이는 느낌이 들기도 하고요. 길을 가다가 사람들이랑 스치잖아요? 그러면 그 사람이 나를 건든 것도 아닌데 툭 친 것처럼 아파요.

오른팔도 전에는 두 개로 느껴졌어요. 보이는 팔이 하나 있고, 그 위에 보이지 않는 팔 하나가 더 있었어요. 그런데 희한하게 안 보이는 팔이 더 아팠어요. 전에는 많이 떨어져 있었는데, 4년쯤 지나니까 점점 붙어가더라고요. 분리된 느낌 없어요.

이걸 중환자실에 있을 때 물어봤어야 했는데 정신병자 취급할 것 같아서 못 물어보겠더라고요. 수술하면 의사선생님을 만나잖아요. 물어볼까 말까, 물어볼까 말까 하다 "교수님, 손이 없는데 손이 있어요. 잘못된 거 아니에요?" 그랬더니 "절단환자는 다 그래요"라고 하시더라고요. 그것도 안 물어보려다가 너무 아파서 두 달쯤 있다가 물어본 거예요. 차라리 진작 물어봤으면 마음고생이라도 덜했을 텐데. (웃음)

어떤 위로들, 첫번째

중환자실에서 두 달 있다가 신관 3층에 있는 집중치료실로 내려왔어요. 거기 한 녁 달 있었는데, 집중치료실도 중환자실하고 마찬가지인 곳이에요. 드레싱도 많이 하고 몸이 안 좋아져서 긴급상황이 되면 곧바로 중환자실로 다시 들어가는 곳이거든요. 처음 중환자실에서 나올 때만 하더라도 일주일만 있으면 퇴원해서 집으로 가서 다시 사회생활 할 줄 알았어요. 상처만 아물면 끝나는 줄 알았는데, 마음 같아서는 내일이라도 퇴원해도 될 것 같은데. 몸이 꿈쩍을 안 하는 거예요.

병실을 네 명씩 쓰거든요. 같이 있던 사람들은 다들 재활과로 넘어가든가 좋아져서는 퇴원해요. 그러고는 또 다른 사람들로 채워지고요. 중환자실에 있던 사람들이 넘어오는 거죠. 근데 나는 항상 그 자리에 있는 거예요. 뭔가 진전이 없고… 그러니까 우울증이 오더라고요. 변덕이 죽 끓듯이 해요. 누가 위로해주면 조금 낫고, 그다음 날 되면 다시 힘들어지고요. '왜 나만 이러고 있나' '왜 나는 제자리에 머물러 있나' 하면서요.

병원에 누워 있을 때에는 사람들의 위로가 나를 채우지를 못했어요. 가족들이나 지인들이나 다들 멀쩡한 사람들만 오잖아요. 와서는 "영훈아, 어쩌냐. 팔이 이렇게 돼갖고 어쩌냐"면서 걱정을 해줘요. 우리 부모님도 그렇고, 그런 말을 하는 게 당연한 거잖아요. 근데 그 이야기가 싫더라고요.

어떤 사람들은 참 무심하게 이런 말을 툭 던져요. "야, TV 보니까 발로도 밥 잘 먹더라." 내가 태어날 때부터 팔이 없었다면 발로 할 수도 있겠죠. 아마 그 정도 하려면 올림픽에서 금메달 딸 정도의 노력을 해야 할 걸요? 전 세계에서 자기 발을 자유자재로 다루는 사람이 몇이나 되겠어요? 얼마 없어요. 그건 올림픽 나가서 메달 딸 만큼 힘든 과정이에요. 근데 말을 그렇게 해버리는 거예요. "발로 먹더라" 하고요. 참, 답 없어요. 이런 건 전혀 위로가 안 되고 되레 욱하는 마음만 들게 해요. 아는 사람이 그런 식이면 욱하는 마음이 더 하고요. 겪어보지 않은 사람들은 내 마음을 모르는 거예요. 나를 못 채워주는 거죠.

너무 아프니까 잠을 못 잤어요. 아픈데 어떻게 잠이 와요. 날이 샜다 싶으면 새벽녘에 지쳐서 잠들고… 그럼 같은 병실에 있는 사람들이 그래요. "저녁에 잠을 자야지. 낮에 자니까 잠이 안 오지." 그럼 거기다 대고 뭐라고 해야 하나. 서운하기만 하지요. 내 마음을 모르는 그 사람한테 뭐라고 하겠어요. 나도 다른 사람들 잘 때 자고 싶지 뜬눈으로 지새우고 싶겠어요? 저녁에는 통증이 더 심해지는데, 아프다고 소리를 지를 수도 없고 그냥 있어야 하잖아요.

걸어 다닐 수 있게 되면서 매일 이 병실, 저 병실 기웃거렸어요. 누가 새로 왔나 들여다보고요. 나 같은 사람이 있다면 누가 와서 이야기 좀 해줬으면 좋겠더라고요. 정말 간절했어요. 마음이 채워지지 않으니까 우울증이 오더라고요. 뛰어내리려고 병원 옥상에 올라가기도 했어요. 그런데 왼팔이 없으니까 난간을 못 넘어가겠는 거예요. 팔이 있어야 짚고 넘어가는데. 뛰어내리지도 못하고 포기했어요. 그런데 마음은…

병원에 신관하고 본관을 연결하는 통로가 있었어요. 잠이 안 오니까 거기를 계속 걸어서 왔다 갔다 했어요. 계속 걷다보면 지쳐서 잠들겠지 하면서요. 어느 날은 통로에 갔더니 어떤 여자분이 있는데 팔이 하나 없는 거예요. 무슨 생각으로 그랬는지 "얘기 좀 하고 싶어요" 하면서 말을 걸었어요. 그랬더니 그 여자분이 "얘기하세요" 하시더라고요. 통로 의자에 앉아서 난생 처음 보는 분을 붙들고 그냥… 엄청 울었어요. "통증도 그렇고 너무 답답해요" "애들도 있고 한데 어떻게 살아야 할지 너무 힘들어요" 이런 이야기를 밤새 했어요.

그분이 "저를 보세요. 저는 여자인데 얼굴에 화상도 입고, 팔도 없잖아요. 그래도 어떡해요. 살아야 하지 않겠어요?"라고 위로해주더라고요. 그 얘기를 들으니까 너무 편안해지는 거예요. '왜 나한테만' '왜 나 혼자만'이라면서 품고 있던 물음이 싹 가시더라고요.

그때 알았어요. 다친 사람들끼리 이런 위로가 필요하다는 걸요. 그분 만난 뒤로 병실들을 찾아다니면서 이야기를 나눴어요. 이날은 이 병실 가서 이야기하고, 어느 날은 저 병실 가서 이야기하고요. 그럼 그 환자분도 위로를 받고, 나도 위로가 되더라고요.

나를 보라, 나의 아픔을 보라
병원에 3년 입원해 있었어요. 병원에서 퇴원하고 나서 근로복지공단에서 산업재해환자에 대한 멘토링 사업을 시행했어요. 저도 거기에 참여한다고 했고요. 공단에서 어느 병원으로 가서 누구를 만나 멘토링 하십시오, 이렇게 알려주더라고요.

한강성심병원처럼 화상환자를 만날 거라고 생각했는데 일반 정형외과에도 가고 그랬어요. 가보니 많이 다친 사람도 있지만, 손목이 부러진 사람도 있고, 발가락을 조금 다친 사람도 있어요. 처음 만난 멘티는 엄지손가락에 붕대 하나 달랑 감고 있더라고요. 하루에 두세 명씩 만났는데 만나는 사람 대부분이 조금 다친 이들이었어요. '세상에, 그까짓 거 뭐 얼마나 아프다고 저렇게 싸매고 있나. 나는 이렇게 다치고 팔이 잘렸는데' 하면서 나하고 비교하게 되더라고요.

그런데 다들 나한테 아프다며 호소해요. 그럼 '당신들은 조금 다쳐갖고 손발도 멀쩡하잖아. 1, 2년 치료하면 회복해서 복직할 거라는 희망이라도 있을 텐데… 나는 이거 뭐, 회복되는 것도 아니고, 잘린 팔이 자라는 것도 아닌데…' 그런 생각이 들었어요.

그렇잖아요. 나도 이 팔이 자라날 수만 있다면 다른 건 아무것도 아니죠. 그냥 웃고 살지. 예닐곱 명 만날 때까지 그런 생각을 했어요. 그러다가 어떤 환자를 만나고 돌아서는데 눈물이… 왠지 부끄럽고 미안해서 눈물이 나더라고요. 위로하러 간다고는 하지만 내 눈으로 미리 판단해놓고 무슨 위로를 해주겠어요.

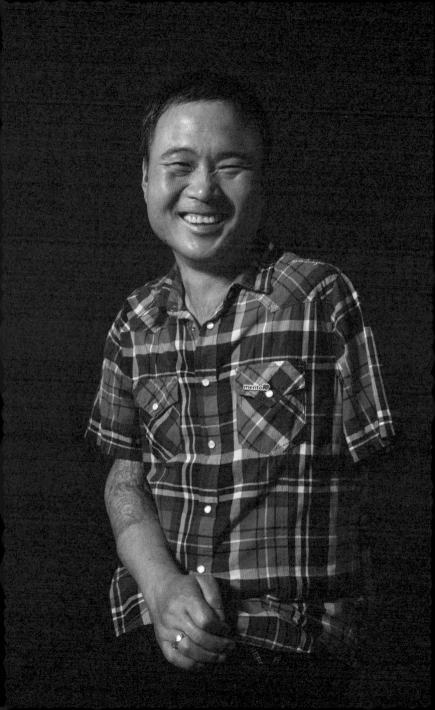

내 자랑을 하러 간 거나 마찬가지죠. '나 봐라. 그 정도 다친 건 아무것도 아니야.' 그런 마음으로 가는 거예요.

어찌 보면 '네가 나만큼 다쳤어야 알지'라든가 심지어는 '너도 나만큼 다쳐라'라는 말과 다를 바 없잖아요. 참… 어느 순간 생각해보니 진짜 못된 마음을 가지고 있었던 거더라고요. 나중에 그걸… (침묵, 눈물) 느끼고 많이 울었어요. 마음이 거기에 닿으니까 사람들 보는 눈이 달라지더라고요. 생각하는 것도 달라지고요.

이렇게 말을 하면 좀 쉽게 들릴 수 있지만, 고통은 다 똑같아요. 이 손가락 하나 다쳐도 그 마음은 이 손가락 잘린 것과 똑같아요. 본인에게는 그게 제일 크게 보이지요. 제가 다친 것만큼이나 아픈 거예요. 그게 느껴지더라고요.

그때부터는 그 사람 상처의 경중을 떠나, '나만큼 아프구나'라고 생각하게 되더라고요. 이제는 제가 만나러 간 사람들이 오히려 내 멘토가 되는 거예요. 내가 위로하러 갔는데, 나를 위로해주더라고요. (웃음)

병원에서 제일 힘든 사람들은 애들이 화상으로 다쳐서 온 부모님들이에요. 솔직히 이분들을 보면 할 말이 없어요. 거기에 대면 나는 아무것도 아니에요. 부모는 내 자식이 아픈 게 제일 힘들어요. 우리 태근이랑 태희가 다쳐서 저렇게 하고 있으면 나는 얼마나 힘들었을까. 애들이 아니라 내가 다친 게 낫지요. 그러니 그 부모들이 가장 힘든 사람들이에요.

분노를 다스린다는 것

나같이 팔을 절단한 사람들은 팔이 짧게 남을수록 양팔 무게가 달라서 남은 한쪽이 더 무겁게 느껴져요. 몸에 균형이 안 맞으니까 몸이 한쪽으로 쏠려서 척추나 허리에 무리가 가고요. 그걸 맞추려면 플라스틱으로 된 미용수를 어깨에 차야 하는데, 미용수를 고정하는 끈이 걷다보면 헐렁해져서 잘 빠져요. 그럼 더 거추장스러워져요.

팔을 조금만 덜 절단했어도 괜찮았을 텐데 생각하게 되죠. 만약 15센티미터가 더 남아 있었다면 의수를 끼울 수 있을 거예요. 미용수가 아니라 의수를 찬다는 건 엄청 큰 차이예요. 내가 혼자 밥을 먹을 수 있느냐 없느냐의 차이니까요. 그 정도 뿌리가 남아 있으면 의수라는 기계라도 끼워 내가 밥을 편히 먹을 수 있게 되거든요. 조금 덜 다쳐서 팔꿈치 아래까지 팔이 남아 있었으면 물론 더 편했을 테고요. 지금이야 팔을 조금 들 수 있게 되었으니까 이렇게 컵을 끌어다 물을 마실 수 있지만, 2년 전까지만 하더라도 전혀 못 움직였어요.

사고가 나기 전에는 다 할 수 있는 것들이었잖아요. 쉬운 게 안 되니까 분노를 조절하질 못해요. 얼굴에 먼지 같은 게 붙어

가려울 때 있잖아요. 팔이 있으면 그걸 뗄 수 있는데 그걸 못하니까 스트레스를 받는 거예요. 보통은 남자들이 다치면 아내들이 병간호를 해주는데 나는 애들밖에 없으니까 간병인이 나를 돌봤잖아요. 얼굴에 먼지 좀 떼어달라고 하면 잘 보고 떼어줘야 하는데 어떤 때에는 엉뚱한 데를 털어줘요. 거기 말고 다른 데라고 얘기하면 금방 알아채야 하는데 다른 데를 또 털고… 그럼 막 스트레스를 받는 거예요. 내가 왜 이러나, 왜 이렇게 짜증을 내나. 그렇게 생각하는 순간 나는 이미 간병인한테 화를 내고 있고요. 그럼 그 간병인은 "나, 삼촌 간병 못 하겠어요" 하면서 나가버려요. 내 옆엔 누가 무조건 있어야 하는데… 진짜 비참해지더라고요. 그래서 그 뒤로는 다른 이들에게 무조건 매달리는 사람이 됐어요.

모임 같이했던 형님도 팔이 없어요. 어느 날엔가 한 스무 명 정도가 모여 다들 기분 좋게 밥을 먹고 있었는데 갑자기 그 형님이 형수님한테 욕을 퍼붓는 거예요. 형수님이 먼저 욕한 것도 아니고, 뭘 잘못한 것도 아닌데요. 그저 음식을 떠먹여줬던 건데 갑자기 욕을 막 퍼붓더라고요.

신랑 밥 먹여주려고 한 건데 냅다 욕하면 그걸 누가 이해하겠어요. 참 모질고 나쁜 놈이라고 하겠지요. 근데 우리는 이해해요. 그게 잘못된 행동이란 건 알지만, 미워서 그런 게 아니거든요. 사고를 당하면 사람이 아이처럼 돼요. 갑자기 할 수 있는 게 없어지니까요. 밥을 받아먹다가도 어느 순간 자괴감이 들어요. '나는 왜 이러고 살고 있나, 왜 나 혼자 밥도 못 먹어서 짐승처럼 주는 대로 받아먹고 있나.'

제 직업이 전기기술자 아닙니까. 전기배선, 그건 그냥 눈감고도 쉽게 할 수 있었던 거예요. 집에 있는데 스위치가 망가졌어요. 스위치 하나 사다가 바꾸면 오백 원인데, 기술자 불러서 바꾸면 인건비만 몇만 원이에요. 그 오백 원짜리 하나를 인건비 몇만 원 들여서 바꾸기는 그렇잖아요. 그럼 우리 태근이를 시켜요. 태근이는 익숙하지도 않고 무섭기도 하니까 땀을 삐질삐질 흘려가면서 하지요. 그걸 보고 있으면 답답해지는 거예요. 그럼 내가 가서 도울 수 있는 것도 아닌데 몸이 먼저 가 있어요. 그리고 애한테 막 화를 내는 거예요. "야, 이 새끼야. 그것도 못하냐? 이렇게 해봐!" 하면서 격한 말로 설명하면 태근이는 아무 말 없이 시키는 대로 이것저것 해요. 애가 안 하겠다고 하는 것도 아니잖아요. 모르는 걸 하고 있으니까 잘 안 되는 게 당연한 거잖아요. 이 모습을 우리를 모르는 사람이 봤으면 뭐라고 하겠어요. 그저 내가 못된 부모인 거죠.

옛날에는 혼자서 애 둘 키우면서 회사도 다녔는데 이제는 애들한테 케어받는 입장이 됐잖아요. 더군다나 집에만 있으니까 집안일이 눈에 자꾸 보여요. 직장 다닐 때야 뭐, 좀 안 하면 어때 하면서 대충 살았는데 말이죠. 집에만 있다보니까 사소한

게 눈에 보이고, 누굴 시켜놓아도 답답하고… 사람이 쪼잔해지는 것 같아요. 나중에는 내가 무슨 일을 시키면 아이들이 눈치 보다가 "아빠 화났어요?" 그래요. 내가 화낼 걸 아는 거죠.

속을 다 들킨 것 같아 쥐구멍에라도 숨고 싶더라고요. 아빠가 미안하다고, 내가 하면 쉬울 걸 몸이 마음대로 안 되니까 욱해서 그런다고 변명했어요. 그럴 땐 차라리 내가 머리를 다쳤으면 해요. 아무것도 모르는 게 더 낫지 않을까. 그랬다면 애들한테 화내지 않았을 텐데.

남자 혼자서 아이 둘 키우기

애들 엄마하고 좀 일찍 헤어져서 애들을 혼자 키웠어요. 큰애가 네 살, 작은애가 두 살 때요. 사고 난 게 2010년도니까 큰애가 아홉 살 초등학교 2학년 때고, 작은애가 일곱 살 유치원 다닐 때였어요. 하루 두세 시간 자면서 애들을 키웠는데, 사고가 터져버렸으니 얼마나 답답했겠어요. 애들은 부모님이 데려가 시골에 내려가 있고, 나는 병원에 계속 머물러 있는 상태였어요. 그러다보니 애들 걱정이 많이 됐죠.

처음에 네 살, 두 살짜리 애 둘을 혼자 키우려 하니까 정신이 없었어요. 그래서 저희 큰형 내외가 애들을 한동안 맡아줬어요. 저는 안산에 살고 형님은 일산에 살았으니까 주말마다 두 시간씩 운전해서 애들 데리고 왔다가 하루 놀아주고는 다시 형님댁에 데려다줬죠.

애들만 놓고 집에 돌아오는 게 매번 너무 힘들었어요. 애들도 적응을 잘 못 했고요. 어느 날엔가는 큰애가 막 울더라고요. 이건 아니다 싶었지요. 그래서 애들을 그냥 데리고 오겠다고 통보해놓고는 데려왔어요.

주위에서 난리가 났어요. "남자가 직장 다니면서 애 둘을 어떻게 키워?" 그래도 할 수 있을 것 같더라고요. 애들 데려와서 키우는데 정말 행복했어요. 애들도 좋아했고요. 물론 힘은 들었죠. 새벽 5시에 일어나서 아침밥 해놓고 애들 옷 대충이라도 입혀놓고요. 아침 7시에 출근했다가 저녁 7시 되면 부랴부랴 퇴근해서 집에 왔어요. 유치원 끝나면 또 애들끼리만 있어야 하니까요. 집에 와서 둘 다 씻기고, 밥해 먹이고, 빨래해놓고 나면 새벽 1시가 넘어가요.

그다음 날이면 일찍 출근해야 하는데 유치원은 늦게 여니까 미리 데려다놓을 수 없잖아요. 그럼 애들은 자기들끼리 집에서 놀다가 8시 반에 유치원 가는 거예요. 마음이 안 놓이니까 혹시 애들이 안 나와 있으면 집에 가서 문 두들겨서 데리고 가달라고 유치원에 부탁해놓고요.

몸은 고되지만 마음이 즐거우니까 좋았어요. 그때 마음으로는 애들 넷도 키울 수 있겠더라고요. (웃음) 내 것을 포기하면 키울 수 있는 거더라고요. 남자가 애를 못 키운다는 건 술도 먹고, 친구도 만나니까 그런 거지, 그 시간을 다 애들한테 쏟으면 안 되는 게 없겠더라고요. 그냥 간단해요. 결혼해서 애를 낳았으면 애가 클 때까지는 책임을 져야죠. 자기 위주로 살려면 애를 뭣 하러 낳아요.

큰애가 초등학교 들어간 지 얼마 안 돼서 학교에서 전화가 왔어요. 태근이가 친구를 밀어서 좀 다쳤으니까 주의를 주라고요. 일하는 중에는 이런 전화가 와도 갈 수 있는 상황이 안 되잖아요. 내가 가버리면 기계 한 대가 멈춰야 하거든요. 학교에서 아이들 일로 전화 오는 게 신경 쓰이더라고요. 왜 그랬느냐 물어보니까 우리 태근이가 몸이 좀 큰데 그걸 보고는 키가 작은 애들이 시비를 걸어온 모양이더라고요. 애는 학교에 가기 싫다고 하고요. 공부를 잘하면 친구들이 무시하거나 시비를 걸지 않을 거라고, 약한 친구들은 돌봐줘야 한다고 했어요.

우리 아들은 그런 게 좋아요. 그냥 참으라고만 했으니 서운해할 수도 있는데, 그 말을 딱 알아듣고 학교생활도 잘하고, 공부도 열심히 했어요. 동생 태희가 좀 새침하고 깍쟁이거든요. 근데 동생도 잘 챙겼어요. 셋이 그렇게 의지하고 살았으니 사고 났을 때 얼마나 답답했겠어요. (웃음) 내가 애들 키우는 스타일, 부모님이 애들 키우는 스타일이 다르죠, 또 애들 환경이 계속 바뀌는 거잖아요. 아무리 형님 집이지만 그래도 애들이 눈치 보면서 떨어져 살다 나한테 왔는데, 사고가 나서 또 헤어지게 됐으니까.

병원에 있을 때였는데 한번은 외박을 허가받아서 부모님 댁이 있는 순천에 내려갔어요. 둘 다 초등학교 다닐 땐데, 애들이 얼마나 좋아해요. 작은 놈이 "아빠!"하고 달려오다가 길에서 확 넘어져서 무릎이 까졌어요. 근데 팔이 이러니까 애를 일으켜 세워주지도 못하고 그냥 지켜볼 수밖에 없는 거예요. 부모라면 얼른 안아서 털어주고 괜찮느냐고 해줘야 하잖아요. 그게 참 사소한 건데… 사고 나기 전에도 애틋했지만 사고 난 다음에도 항상 아이들이 애틋하고 정겹게 느껴져요. 내 목욕을 우리 큰애가 시켜줬거든요. 그럼 우리 딸이 자기도 같이 목욕하겠다고 우기면서 욕실에 따라 들어왔어요. 5학년 2학기가 돼서야 겨우 달래서 혼자 씻기 시작했죠. 물론 지금은 둘 다 머리가 커서 덜하지만. (웃음)

어떤 위로들, 두 번째

아무래도 처음엔 시선이 느껴졌어요. 일단 팔이 없으니까 쳐다보게 되겠죠. 당연히 위축되죠. 병원에서 외박허가를 받아서 순천에 내려갔을 때 그 김에 애들 학교에도 가보고 싶은데, 갈까 말까 고민되더라고요. 그렇잖아요, 팔이 없으니까 애들 친구들한테 보이기도 그렇고요.

망설이다가 학교에 찾아갔어요. 거기가 전교생이 50명밖에 안 되는 데였어요. 애들이 다 보는 데서 우리 태희가 "아빠!" 하면서 딱 안기는 거예요. 애들이 다 보고 있는데… "어, 태희 아빠다" "태근이 아빠다" 그래요. 그러면서 아무렇지 않게 다가와 물어보는 거예요. "팔이 왜 그래요?" "다쳐서 그런단다. 너희도 항상 조심해라." "네!"

퇴원 후에는 애들이랑 포항으로 이사했어요. 큰애가 중학교 들어가던 해였어요. 그때도 걱정 많이 했지요. 포항은 시골하고 다르게 애들이 많으니까요. 그래서 처음엔 부러 애들 학교에 안 찾아갔어요. 그런데 집이 학교 근처니까 정 많은 태희 요놈이 자꾸 친구들을 데리고 와요. 애들이 와서 보니까 태희 아빠한테 팔이 없는 거예요. 처음엔 놀랐지만 익숙해졌죠. 그다음엔 매일같이 친구들을 너댓 명씩 데리고 오더라고요. 애들이 편하게 대해주니까 학교도 찾아갈 수 있게 되었어요. 선생님한테 인사도 드리고요.

교육 덕택인 것 같아요. 옛날에 우리는 누가 팔이 없으면 놀리고, 어떤 애들은 돌도 던지고 그랬는데, 요즘 애들은 안 그러더라고요. 애들은 편견 없이 보이는 그대로만 봐요. 어른들이야 안쓰러워하지만.

한번은 광주 형님 집에 갔는데 형님이 대중목욕탕에 가자고

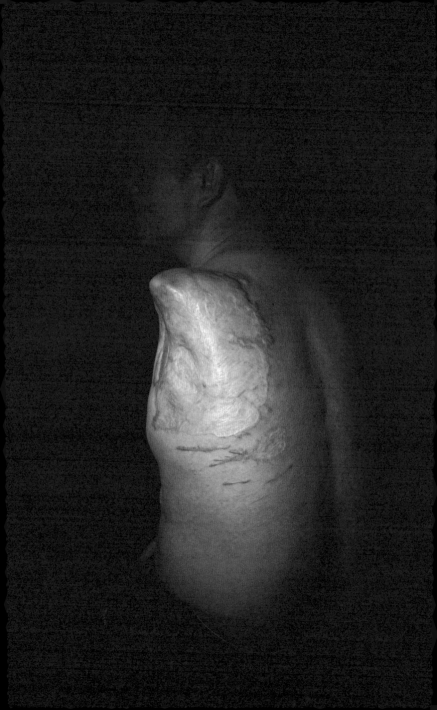

해요. 시골은 아무래도 뜨거운 물도 안 나오고 욕실도 빈약하니까 목욕하기가 불편하거든요. 화상을 입으면 흉 진 피부가 가려워서 보습을 잘해줘야 해요. 목욕을 안 하면 견딜 수가 없어요. 근데 목욕탕에는 애들도 있잖아요. 워낙 흉터가 심하니까 옷을 다 벗으면 사람들도 놀라고 잘못하면 애들은 경기도 일으킬 수도 있는데… 어떡해요, 갈 수도 없고 안 갈 수도 없고.

형님한테 거의 끌려가다시피 해서 처음으로 대중목욕탕에 간 거예요. 목욕탕에 들어가긴 했는데 그래도 티셔츠는 차마 못 벗겠더라고요. 옷을 입은 상태로 탕 속에 들어가니까 사람들은 이상하게 쳐다보지, 옷은 물에 들려서 자꾸 홀딱홀딱 뒤집어지지. 답답해서 상의를 벗었어요. 그러니 사람들이 바로 알잖아요. 어떤 사람이 와서 "아이고, 고생 많이 했습니다" 하더라고요. 아마 내가 옛날에, 나 어렸을 때 이렇게 다쳤으면 집 밖에 나오지도 못했을 것 같아요. 못 나왔을 거야. 아무렇지 않게 대해주는 게 진짜 고마워요.

가족의 재구성

포항에 온 지 4년쯤 됐어요. 여기가 연고지는 아니에요. 원래는 고향 근처 여수나 순천 같은 곳으로 갔어야 하는데 아무도 없는 곳으로 가고 싶었어요. 고향 근처에 있으면 부모님이 항상 찾아와 안쓰러워하시고 그럴 것 같아서요. '에잇, 멀리 가보자' 그러면서 조용한 곳으로 피해 온 거지요. (웃음)

처음엔 아는 사람이 없으니까 외롭더라고요. 그해 8월엔 이곳 포항이 얼마나 더웠는지 몰라요. 집에 아들이 있었으면 샤워를 시켜줬을 텐데 땀만 줄줄 흘리고 있었죠. 그때가, 치료받을 때 알게 된 지인이 친구랑 와서 일주일가량 머물 때였거든요. 지인 친구분이 여자였는데 자기가 물이라도 뿌려주겠다고 해요. 바지야 입고 있지만 상의를 벗기도 좀 그렇잖아요. 흉터가 크니까 보통 사람들이 보면 무서워해요.

망설이는데 그분도 화상환자여서인지 아무렇지 않게 대뜸 상의를 벗겨서 물을 뿌려주더라고요. 그러고는 나를 잡고 한참을 울어요. 그다음 날 나한테 그러더라고요. "여보시오, 나랑 삽시다." 만난 지 한 나흘이나 됐을 때니까 당황했어요. 그 사람도 화상을 많이 입었지만 팔, 다리 다 쓸 수 있거든요. 멀쩡한 사람을 만나면 되는데 무거운 짐을 왜 지려고 해요. 나랑 살면 씻기고 밥 먹여줘야 하고, 그 모든 걸 옆에서 다 해줘야 하는데…

같이 산다면 나야 좋죠. 근데 두려웠어요. 그렇게 같이 살다가 어느 날 갑자기 가버리면 어떡해요. 간병인들도 많이 그랬거든요. 조금만 마음에 안 들어도 그냥 놓고 가버리니까, 그런 상처가 굉장히 컸어요. 상처받느니 지금처럼 생활하는 게 낫다고, 시간을 두고 만나보자고 했어요. 근데 불도저처럼 밀어붙이더라고요. 몇주 뒤에 병원 진료가 있어 서울에 갔다가 만났는데, 그 자리에서 보따리 하나 들고 포항 우리 집으로 따라오는 거예요. "우리 집 합칩시다" 하면서요. 콩 볶아 먹듯이 한 달 만에 모든 게 다 이루어졌어요. (웃음) 그 사람은 어쩐지 내가 그러다 말 것 같았다고 하더라고요. 작년 9월 재혼해서 부부의 인연을 맺었어요.

재혼 후에도 한동안은 불안했어요. 아내도 사람이잖아요. 같이 살다가 힘들다고 가버리면 어쩌나. 나는 애나 다름없지, 애 둘도 있지… 아내가 힘들어해도 난 아무것도 도울 수가 없어요. 설거질 하고 싶어도 해줄 수 없으니까요. 내가 할 수 있는 건 그저 처다보는 것뿐이잖아요. 그래서 같이 살 생각 말고, 정들기 전에 그냥 가라고 몇 번을 이야기했어요. 다 할 수 있다고 괜찮다고 하는데도 마음이 놓이지 않는 거예요.

아내가 전도사거든요. 같이 살면서 교회에 다니기 시작했어요. 처음에는 교회에 가도 목사님이 무슨 말씀을 하는지 귀에 하나도 안 들어오더라고요. 졸리기만 하지. 전도사 남편인데 맨날 졸고 있으니까 목사님이 사소한 것들부터 기도해보라고 하시더라고요. 목사님을 붙잡고 아내가 힘들어져 언젠가 떠날 거라면 차라리 지금 떠나게 해달라고 기도했어요. 그렇게 기도하고 집에 돌아오는데 우연의 일치인지, 신기하게도 갑자기 마음이 편안해지는 거예요. 아내는 신앙인이니까 나를 쉽게 버리지는 않겠구나, 이런 믿음이 생기더라고요. 지금은 좋아요. 마음이 많이 편해졌어요.

이제는 애들이 셋이에요. 아내 아이 현수가 첫째고, 태근이가 둘째, 태희가 셋째예요. 각자가 아이들 데리고 재혼하니까 어떤 분이 그래요. 남의 자식 다 키워놨더니 등 돌렸다면서, 키워봤자 쓸데없다고요. 그게 얼마나 무책임한 말이에요. 내 자식같이 생각을 안 했으니 남의 자식이라는 생각이 드는 거죠. 부모가 잘못하니 애들이 삐딱해져서 등을 돌리는 거예요.

이것만은 빛나는 희망

애들 엄마가 처음엔 둘째나 셋째를 혼내는 게 어려우니까 큰애한테만 화를 내더라고요. 그래서 우리 그러지 말자고, 큰아이한테만 화내는 게 싫다고 했죠. 재혼이라는 게 부부끼리 서로 잘 맞아도 애들끼리 안 맞으면 같이 못 지내요. 서로 싸우면 마음이 아파서 살 수가 없어요. 다행히 애들이 다툼 한 번 없이 너무 잘 섞여 지냈어요. 그것만 해도 감사하죠.

다른 건 다 좋은데 고양이 때문에 좀 다퉜어요. 시골에서 포항으로 이사 올 때 아이들이 길고양이 두 마리를 데려와 키우고 있거든요. 근데 아내도 그렇고 특히 현수가 알레르기가 심해요. 두 집이 합치기 전에도 고양이가 있다는 걸 아내는 알고 있었는데, 그때는 여름이라 문을 열어놓으니까 냄새가 덜하기도 했고, 언젠가 다른 데로 보내면 되겠구나 하고 단순하게 생각했던 것 같아요.

애들이 처음에 데리고 왔을 때는 고양이들이 똥오줌도 못 가리고, 털도 많이 빠지고, 먹은 거 토해놓고 그러니 탐탁지 않 더라고요. 그래서 우리 애들 모르게 '방생해줄게' 하고는 밖으 로 내보내고 문을 닫았어요. 그런데 도망가지도 않고 들여보내 달라고 방충망을 긁는 거예요. 문을 열어주니까 쏙 들어와요. 이미 사람한테 익숙해진 거잖아요. 다시 쫓아낼 수 없더라고요.

엄마가 없으니까 애들이 고생을 많이 했어요. 부모한테 보 살핌을 받아야 하는 나이에 아빠 밥해줘야지, 목욕도 시켜줘야 지. 나는 나대로 온종일 만나는 사람도 하는 일도 없이 집에 있 으니 적적하지. 그런데 고양이는 사람처럼 배신을 안 하잖아요. 정을 쏟으면 쏟는 대로 곁으로 와서 비비고 예쁜 짓을 하니까 애들한테도 그렇고 저한테도 위로가 많이 되더라고요.

우리 애들은 그 고양이들을 맨날 품고 자고 정을 많이 쏟았 어요. 그러니 정이 들 대로 들어버린 거죠. 그런데 이 고양이들 을 데리고 있자니 큰애 현수는 코에 화장지까지 꽂고 다닐 정 도로 힘들어하고, 내보내자니 태근이랑 태희는 상처받을 게 뻔 한 거예요. 가운데에서 진짜 난감하더라고요. 다행히 현수가 이 해해주고 애들 엄마도 눈에 거슬리는 게 있어도 고양이에 관한

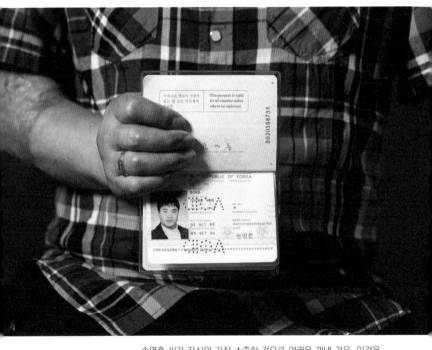

송영훈 씨가 자신의 가장 소중한 것으로 여권을 꺼낸 것은, 이것을 통해 나라 바깥을 보고 왔기 때문이다. 지금 살아 있으므로, 어디든 갈 수 있다는 사실 그 자체가 기쁜 일이다.

이야기는 아예 안 꺼내더라고요. 물론 완전히 괜찮은 건 아니에요. 이야기 꺼내면 분쟁이 되니까 어쩔 수 없지. (웃음) 대신 얘네들 죽으면 이제는 동물 안 키우려고요. 말 그대로 진짜 상처받겠더라고요.

간병인, 좋든 싫든 매달려야 하는 사람

시선도 시선이지만 혼자서는 뭘 할 수 없으니까 답답하고 비참해요. 나는 세수부터 양치질, 식사, 대소변까지 이 모든 걸 해줘야 하는 사람이잖아요. 아침부터 내가 잘 때까지 누군가 붙어 있어야 하는 거예요. 간병인들은 다 여성이니까 처음엔 엄청 창피했거든요. 뭐든 다 보여야 하니까.

병원에 있을 때는 간병하시는 분들이 내 밥 먹여주고 본인 밥도 먹어야 되니까 바빠요. 내가 밥 한 숟가락 먹고 반찬 두 번 집어서 먹을 수도 있고, 밥 두 숟가락 먹었다가 반찬 하나 먹을 수도 있잖아요. 그러거나 말거나 밥 한 숟가락, 국 한 숟가락, 반찬 하나 줘요. 거기에 대고 그거 주지 말고 반찬, 그거 말고 밥 한 숟가락 더, 매번 그렇게 할 순 없는 노릇이잖아요. 그냥 받아먹는 거예요. 먹다가 얼굴에 밥풀이 묻어도, 고추장이 묻어도 거울을 보지 않는 이상에는 알 수가 없고요. 손이 있으면 밥 먹은 뒤에 휴지로 입이라도 닦을 텐데, 밥 먹고 어쩌다 거울을 보면 어떨 땐 눈곱이 이만한 게 붙어 있고 간혹 밥풀도 묻어 있는데, 그걸 먼저 안 닦아주고 그대로 놔두는 거예요. 그럼 뭐랄까, 나라면 떼어줬을 텐데 하면서 인간적인 실망감이 밀려와요. 그래도 싫든 좋든 무조건 매달려야 하는 사람이니까 아무 말도 할 수 없어요. 혹 싫은 소리 때문에 나를 탁 두고 가버릴까봐요.

포항에 이사 올 때 입주 간병인도 같이 왔어요. 병원에서 만난 간병인 아주머니였는데, 하루 6만 원씩 일당을 주고요. 다른 데에 갔으면 못해도 7, 8만 원은 받았을 텐데 좋은 아주머니여서 적은 비용으로 계셔준 거죠. 근데 이게 나한테는 큰돈이에요. 입주하셔서 하루 종일 같이 있는데 나 혼자만 밥을 먹을 수 있는 것도 아니잖아요. 식비도 따로 들고요. 내가 한 달에 받는 연금 반 이상이 간병비로 나가는 거예요. 활동지원인도 알아보러 동사무소에 가봤는데, 내가 기초생활수급자가 아니어서 일주일에 채 몇 시간밖에 오시지 않더라고요. 돈도 따로 내야 하고요. 그럴 바에야 간병인을 쓰는 게 낫다고 생각한 거죠.

그러다보니 거의 집에만 있었어요. 밖에 다니다보면 남자화장실에도 같이 가야 할 때가 생기잖아요. 그럼 화장실 안에 있던 사람들이 놀라서 항의해요. 그럼 간병인이 "삼촌이 손을 못 써서 내가 들어가야 해요" 하면서 낯짝 두껍게 밀고 들어와야 하는데… 그건 나 좋자고 하는 거니, 자주 나갈 수가 없더라고요. 간병인이 옷 입혀주면 그때서야 밖에 나갔죠.

사람들하고 만날 일이 자연스럽게 없어지더라고요. 복지관 문을 두드릴까도 했는데, 어쩐지 발길이 떨어지지 않았어요. 내가 프로그램에 들어가면 간병인은 한두 시간을 그냥 바깥에서 기다려야 하잖아요. 얼마나 무료해요. 간병인도 나도 함께할 수 있는 걸 하면 마음이 편할 텐데.

재혼하고 나서 제일 많이 나아진 게 그거예요. 그 사람이나 나나 똑같이 화상을 입었으니까 흉터에 거부감도 없고, 서로 위해줄 수 있는 거예요. 내가 말하지 않아도 알아서 챙겨주고, 같이 활동도 할 수 있는 거죠. 무엇보다 눈치 보지 않아도 되니까. 불도저처럼 밀어붙여준 게 다행이고 고맙죠.

만약 가능하다면 간병인 교육을 꼭 했으면 좋겠어요. 이게 다 개인이 알아서 고용하고 돈을 주는 시스템이잖아요. 환자가 제일 오래 같이 지내는 게 간병인인데, 10명 중 9명은 돈을 벌려고 일하는 사람들이라 자기 몸이 힘들면 환자를 방치하거나 그만둬버려요. 그 사람들도 처음부터 그러진 않았을 거잖아요. 내가 전기작업 할 때도 두 달에 한 번씩은 교육을 받았거든요. 교육 내용이 뭐 대단한 것도 아니고 그냥 상식적인 거예요. 다 아는 내용이지만 교육 다녀오면 '아, 오늘 소홀했구나' 생각하면서 다시 정비하게 되거든요. 간병인들도 한 달에 한 번이라도 의무교육을 받으면 나태해지는 마음이 조금은 덜하겠죠. 그럼 나처럼 상처받는 사람들도 적을 거고요.

개인과 가족을 무너뜨리는 치료비

산업재해는 산재보험관리공단에서 몇 퍼센트 나오고, 공단에서 지원 안 하는 비급여 부분은 회사에서 지원하니까 그나마 나아요. 산재라고 나처럼 다 지원을 받을 수 있는 것도 아니에요. 화상치료는 비급여가 많은데 이걸 회사에서 지원을 안 해준다고 하는 경우도 많거든요. 내가 3년 입원해 있었는데 병원비가 10억 나왔어요. 그중에 비급여가 1억 8천만 원이에요. 거기에 간병비까지 보태면 그 비용 규모가 진짜 무서운 거예요. 그런 어마어마한 돈을 누가 어떻게 감당할 수 있겠어요. 그러면 많이 다치고도 소송이며 뭐며, 마음고생이 많아요.

가장 어려움이 많은 건 겨우 집 한 채, 차 한 대 있는 사람들이 화상을 입은 경우예요. 화상은 정말 수술을 받으면 받을수록 좋아지거든요. 돈이 없으면 목숨하고 관련된 급한 치료만 끝내고 그 이상의 치료는 중단할 수밖에 없어요. 그럼 거기에서 오는 상처가 또 커요. 차라리 집이고 차고 아예 없으면 기초생활수급자라도 돼서 지원을 받을 텐데. 애매하게 소유한 사람들은 집이며 차며 다 팔고, 보상으로 받은 보험비도 병원비로 다 털어넣어야 기초생활수급자가 될 수 있는 거예요. 평생 일해서 겨우 집 하나 마련해둔 사람들이 집 팔아봤자 한 1, 2억 나올까요? 치료를 중단하고 나면 골방에 처박혀 있을 수밖에 없고요.

편법으로 재산을 돌려서 기초생활수급자가 되지 않는 이상

바닥까지 떨어지고 난 후에야 지원받을 방법이 생기는 건데, 그건 아니잖아요. 불법을 저지르거나 다 빼앗기지 않고도 치료받을 수 있게끔 지원해줘야 해요. 우리 나이에는 다 자식도 있고 생활도 해야 하는데. 그렇다고 우리가 어디 가서 일해서 돈을 벌 수 있는 것도 아니잖아요. 게다가 아이들의 경우에는 화상 한번 입으면 적어도 10년 이상 수술해야 해요. 이런 제도는 화상경험자뿐 아니라 그 가족들까지 무너뜨려요.

우리 아내가 딱 그런 경우에요. 내가 전신화상 45퍼센트인데 그 사람도 그 정도가 같아요. 살아난 게 용하죠. 집이며 패물 팔아서 한 5억 만들어서 치료를 받았다고 하더라고요. 아내는 봉사하러 갔다가 화상을 입었거든요. 어르신 집에 일손 도우러 가서 그 집 쓰레기 태워주다가요. 주인이 쓰레기를 태운다고 신나통을 쓰레기 더미 옆에 뒀나본데 그게 쓰레기랑 섞여버렸던 모양이에요. 그걸 모르고 태우다가 신나통이 폭발해서 앞면 상반신에 화상을 입었거든요. 불이 붙은 상태로 뛰어서 저수지 뻘밭에 얼굴을 박았대요. 얼굴 쪽에만 물이 조금 있어서 턱 위쪽으로는 흉터 없이 멀쩡해요. 목, 가슴, 팔 다 수술했죠. 그러니 누구에게 보상을 받을 수 있었겠어요.

아무도 모른다

저는 수술을 받는 것 자체가 너무 힘들어서 치료를 중단한 거지만, 아내는 아직 받아야 할 수술이 많아요. 가슴 쪽이나 팔 안쪽에 구축이 심해 수술해야 하는데, 그게 돈 일이백으로 할 수 있는 게 아니에요. 재혼하면서 간병비는 더 이상 안 들어가지만, 연금 외에는 따로 지원되는 게 없어요. 혹시 받을 수 있는 복지 서비스가 있나 동사무소에 찾아가서 물어도 보고 활동지원인도 알아봤는데 기초생활수급자가 아니니까 아무것도 해당이 안 되더라고요. 하다못해 애들이 학교에서 지원받는 것도 없어요. 내가 했던 일 자체가 워낙 험하니까 고위험군으로 분류돼서 생명보험 같은 건 들어놓을 수가 없었거든요.

한 달을 여윳돈 없이 딱 연금으로만 생활하는 거예요. 애들이 셋이니까 교육비며 생활비며 돈이 많이 들어가잖아요. 애들이 대학에 가면 돈은 더 많이 들어갈 거고요. 아내는 아직 대중목욕탕도 못 가봤어요. 같은 화상경험자니까 옷을 벗어 서로 거부감 없이 위해주며 사는 건데, 내가 해줄 수 있는 게 없어서 마음이 아파요. 그런데 이게 우리만 그러겠어요? 우리처럼 비용을 대기 어려워서 수술을 접는 사람들이 많아요.

사람들이 화상에 대해 알아야 해요. 화상경험자들이 치료받고 사회로 나오는 데에 부족한 부분도 많고요. 화상을 경험해보지 않은 사람들은 화상경험자들의 삶을 잘 몰라요. 3도 이상 화상을 입으면 보통 치료기간을 1년가량 잡아요. 어떤 때엔 그 이상이 걸리기도 하고요. 일반적으로 사고가 나거나 굴러떨어져 다친다 해도 대개 한두 달 뒤에는 일상으로 돌아갈 거라고 생각하잖아요. 화상은 다른 사고나 상처하고는 차원이 다른 거예요.

아는 형님 두 분이 울산에서 같은 회사 다니다가 폭발사고로 다쳐서 병원에 왔어요. 비슷한 사고여서 같이 입원했는데 한 분은 2년 만에 치료가 다 돼서 퇴원하고, 다른 한 분은 3년을 넘게 입원해 있는데도 치료가 안 되는 거예요. 이처럼 같은 화상이라도 차이가 나요.

제 목 부위에 보이는 것처럼 이렇게 튀어나온 걸 떡살이라고 하거든요. 이게 많이 생기면 부풀어오르고 아프니까 입원기간이 길어져요. 떡살이 이렇게 안 나온 사람들은 흉터는 남더라도 치료나 회복이 빨리 되는 편이고요. 얼굴 쪽을 많이 다치면 바깥 생활이 어려워져요. 전보다 예민해지고요. 그러다보니 사람들을 피하게 되고 스스로를 외부와 차단하게 되는 거죠. 사람들이 우리에 대해 알면, 화상경험자들의 생각 또한 달라지지 않을까요?

세상일은
나의 일

구술 김은채
기록 홍세미

서른셋 김은채는 대학원에 입학한 새내기였고, 어린이집 개원을 준비하고 있었다. 미래에 대한 기대로 환했던 봄의 5월. 학교에서 돌아와 식사를 준비하던 보통의 날, 여느 때와 같았던 날의 저녁이었다. 그날 옷 끝에 불이 붙었다. 그리고 13년. 지옥 같은 병원과 동굴 같던 원룸을 벗어나, 사람들의 손을 잡고 눈을 맞추기 위해 걸린 시간이다.

김은채는 타고난 '오지라퍼'다. 고통으로 단련된 그의 오지랖은 더욱 사람의 곁을 향한다. 자신이 힘들었던 순간 불편했던 시선을 기억한다. 열심히 정보를 나누고 부지런히 마음을 보낸다.

우리는 두 시간씩 네 번 만났다. 김은채는 친근한 어투에 단단한 말들을 담아 전했다. 실패하고 상처받은 기록이다. 견디고 버틴 날들과 곁을 지켜준 이들의 이야기다. 김은채라는 사람을 만나 기뻤고 그의 이야기를 기록할 수 있어서 다행이었다.

—홍세미

비장애인으로 살았던 때에는 나 역시 장애인이 될 거라고 생각하지 못했어요. 다른 세계, 다른 사람의 일이라고 생각했죠. 그게 내 문제가 될 거라고는 전혀 생각해본 적이 없었어요. 사회복지를 전공한 사회복지사였는데도 말이죠. 장애인 당사자가 되어서야 비로소 장애를, 장애인을 이해하게 됐어요. 이제 내 문제니까요. 화재의 위험은 일상에 언제나 도사리고 있죠. 누구나 당사자가 될 수 있어요. 화상장애인은 겉모습만 보고 하자있는 사람 취급을 받을 때가 많아요. 우리를 가장 힘들게 하는 건 그 시선이죠. 사회와 비장애인들에게 화재의 위험에 대해, 화상장애인의 삶에 대해 알리고 싶어요.

5월 13일, 그날

5월 13일이었어요. 스승의 날 이틀 전이요. 서른 넘어 대학원에 가서 맞은 첫 학기였어요. 교수님 선물 이야기를 한창 나누던 때여서 날짜가 기억나요. 당시 학교 근처 원룸에서 자취를 했어요. 그날 아침에 이상한 꿈을 꿨어요. 허허벌판에 혼자 서 있었는데 비가 억수로 내리더라고요. 비가 오는구나 하고 하늘을 올려다보는데 비가 아니라 피였어요. 기분이 이상했죠. 그날 하루는 왠지 찜찜해서 운전하면서도 조심했던 기억이 나요. 그런데 사고가 난 건 바깥이 아니라 집 안에서였어요.

학교 갔다 와서 저녁을 간단히 차려 먹으려던 참이었어요. 혼자 사니까 집 안에서는 옷을 가볍게 입고 있었고요. 슬립 바람으로 가스레인지 불 앞에서 요리를 하고 있었어요. 기분이 좋아 음악도 크게 켜놨어요. 가스레인지 옆에 조그마한 창문이 있었거든요. 창문에서 불어오는 바람에 얇은 슬립이 나풀나풀 날렸어요. 그때였어요. 음악 소리가 커서 바로 눈치채지 못했어요.

슬립 레이스에 붙은 불이 순식간에 타올라 얼굴 위까지 번졌어요. 갑자기 일어난 일이라 너무 당황했죠. 제대로 대처를 못 했어요. 맨손으로 불을 털어 끄느라 손가락 마디까지 다 화상을 입게 됐고요. 몸에 붙은 불을 끄고는 더 정신이 없었어요. 주변에 옮겨붙을까봐 무서웠거든요. 방 안에 책이랑 옷같이 쉽게 타는 것들이 많았으니까요. 몸에 불길이 닿았으니 찬물을 계속 끼얹어 화기를 내렸어야 했는데 그러지를 못했어요. 사실 화상에 대해 아무것도 몰랐거든요. 일단 내 몸에 붙은 불을 껐으니 큰 문제가 없을 거라고 생각한 거예요. 그 순간에는 몸만 벌

겋게 달아올랐을 뿐, 통증도 없었거든요.

주변 정리를 대충 하고 한 십 분쯤 지났을까, 몸이 이상하게 뜨거워지더라고요. 그제야 정신이 들어 119를 불렀어요. 몸이 뜨거워져서 몸 여기저기에 샤워기를 틀어대며 식히긴 했어요. 좀 괜찮아지면 밖으로 나오고, 뜨거워지면 다시 들어가서 찬물 끼얹는 걸 반복했어요. 손이 뜨거우면 손에 샤워기를 대고, 가슴 쪽이 뜨거우면 가슴 부분에 대고… 처음부터 응급조치를 제대로 하지 못한 거예요. 구급대원이 올 때까지 쉬지 않고 찬물을 틀어놓고 몸 안의 화기를 내렸어야 했는데, 그러지를 못했어요. 지금도 가장 후회되는 일이 그거예요. 그랬다면 구축이 된 정도나 흉터 크기가 지금과 많이 달랐을 거예요.

119가 집에 도착하기까지 15분 정도 흘렀던 것 같아요. 놀라고 당황해서 시간이 얼마나 지났는지 모르지만, 대충 그 정도였던 것 같아요. 그때 당시 광주에는 화상전문병원이 없었어요. 집 근처 작은 병원에 갔는데, 자기네 병원에서 할 수 있는 게 없으니 전남대병원으로 가라고 하더라고요. 거기서 제대로 처치 받지 못하고 다른 병원으로 옮겨졌어요. 전남대병원이 광주에서 가장 큰 대학병원이긴 하지만 화상전문과가 없었어요. 병원에 도착하니 응급처치로 붕대만 감아주더라고요. 화상을 입은 부위가 너무 넓다면서 서울에 있는 화상전문병원으로 가래요. 일분일초가 급박한 상황인데 병원만 빙글빙글 돌면서 길바닥에서 중요한 시간을 다 보낸 거예요. 전라도 광주에서 서울까지 아무리 빨리 가도 네 시간이 넘게 걸리잖아요.

이송 당시를 생각하면 떠오르는 장면이 있어요. 고속도로에서 차가 막혀서 더디게 가고 있었는데, 갑자기 몸이 엄청 뜨거워지는 거예요. 옆에 있던 엄마한테 너무 덥다고, 더워 죽겠다고 창문을 열어달라고 했어요. 너무 더우니까 바람이라도 쐬고 싶었거든요. 하도 보채니까 엄마가 창문을 열어줬어요. 엄마가 그러시는데, 찬바람을 쐬는 순간 얼굴이 부어올랐대요. 저는 시원해서 살 것 같았는데, 엄마는 갑자기 제 얼굴이 그렇게 되니까 너무 걱정되셨나봐요. 지금도 그 장면을 잊지 못하시는 것 같아요.

그렇게 몇 시간이 흘렀을까, 서울 한강성심병원에 도착했어요. 옮겨지자마자 붕대를 푸는 것 같았어요. 눈은 부어서 뜰 수가 없었지만, 귀는 멀쩡했거든요. 남자 두 사람이 이야기하는 소리가 들렸어요. "아… 이거 물집이 장난 아닌데… 우선 큰 거부터 트자." 갑자기 고여 있던 물이 쫘 쏟아지는 소리가 들렸어요. "세균 감염이 될지 모르니까 머리를 밀어야 할 것 같아요." 그러더니 "머리 밀겠습니다"라고 하더라고요. 말을 할 수가 없으니까 알겠다고 고개를 살짝 움직였어요. 그 뒤부터 기억이 없어요.

처치실의 블랙리스트

서울로 이송되고 중환자실에서 며칠은 의식이 없었대요. 그때 제가 사경을 헤매고 있었다고, 나중에 엄마한테 들었어요. 이상한 꿈을 무척 많이 꿨어요. 지옥 같은 곳에 혼자 있었어요. 제 몸만 한 사과상자가 있었는데, 거기에 저를 가두더라고요. 사과박스 너머에 불이 났는데, 저를 상자에 넣어 그쪽으로 밀려고 하는 거예요. 안 된다고 들어가기 싫다고 살려달라고 애원하는데도 어떤 손이 저를 그 상자로 밀어넣었어요. 어떤 날은 빌딩 꼭대기에 서 있었어요. 조금만 움직여도 바로 떨어져버릴 것 같았어요. '아, 안 되는데, 떨어지면 안 되는데…' 목소리는 나지 않는 비명을 지르며 발끝에 힘을 주고 있었어요. 아마 이때가 중환자실에서 죽을 고비를 넘기던 때 같아요. 어느 날엔가 의사선생님이 그 밤을 넘기지 못할 것 같다며 가족들을 중환자실로 불렀다고 하더라고요.

시간이 얼마나 흘렀는지 모르겠어요. 눈을 뜨니 하얀 천장이 보이더라고요. 고개를 돌릴 수가 없어서 내가 어디에 있는지, 주변에 누가 있는지 알 수가 없었어요. 옆 침대에 누군가 누워 있는 것 같은데 미동도 없었어요. 중환자실이니까 가족이 옆에 있을 수가 없잖아요. 의사분들, 간호사분들만 왔다 갔다 했죠. 하루는 화장실이 가고 싶은 거예요. 똥이 마려웠죠. 오래 참았는데, 더 이상 참을 수 없어서 간호사님을 불렀어요. "간호사님? 간호사님?" 입이 안 벌어지니까 소리가 잘 안 나는 거예요. 몇 번을 불러도 대답이 없었어요. 그러다 간호사님이 돌아보셔서 그제서야 화장실 가고 싶다고 말했어요. 기다리니까 변기를 갖다 대주더라고요. 힘을 준다고 줬는데도 먹은 게 없어서인지 별로 나온 게 없었어요. 간호사님이 "똥도 염소똥처럼 쌌다"라면서 뭐라고 핀잔을 주셨어요. 많이 야속했죠. 그 뒤로 간호사님을 부르기 망설여지더라고요. 관계를 처음 튼 게 그런 식이다 보니 그다음부터는 웬만하면 참았던 것 같아요. 엄마 올 시간만 기다렸죠.

중환자실에서는 항상 몽롱했어요. 모르핀을 맞았거든요. 견딜 수 없는 크기의 고통이었으니 모르핀을 주사할 수밖에 없었을 거예요. 온몸이 붕대로 감겨 있었기 때문에 밥도 제 손으로 먹을 수 없어서 호스로 주입해줬어요. 그때 제 상태는 흔들리는 촛불 같았어요. 겨우 불씨가 남아 있는 촛불이요. 죽음과 맞닿은 시간이었죠. 한 보름쯤 지났을까, 일반병실로 옮겼어요. 생사의 기로에서 겨우 한 고비를 넘고 본격적으로 치료를 시작하게 된 거죠.

중증화상환자들은 보통 드레싱 치료를 먼저 해요. 막 중환자실을 벗어난 중증환자니 움직일 수가 없잖아요. 침대째로 처치실로 옮겨지는데, 간호사님이 침대를 옮기려고만 하면 그때부터 사지가 바들바들 떨려요. 누워 있는 채로 지하 처치실로 내려가요. 먼저 들어간 환자들이 지르는 소리를 들으며 밖에서 대기하는 거예요.

그 시간이 정말 지옥 같아요. 순서가 돼서 들어가면 화상 부위를 감았던 붕대를 풀어요. 붕대 안 화상 부위에 고름이 가득 차 있어요. 거기에 호스로 물을 뿌려 세척하는 거예요. 아프다고 악을 쓰며 발버둥을 치죠. 제가 배꼽 아래로는 안 다쳤거든요. 너무 고통스러우니까 붙잡고 있는 선생님들을 향해 마구 발버둥을 쳤죠. 나중에 들어보니 제가 진상 환자로 찍혔었대요. 처치실 블랙리스트였다고 하더라고요. 정말 참을 수가 없는 고통이었어요. 오랫동안 생살에 붙어 있던, 고름 가득한 거즈를 한참 뒤에 떼어낸다고 생각해보세요. 그런데 그런 부위가 몸을 덮을 만큼 크다면 고통이 어떻겠어요?

원래 감기도 잘 안 걸리는 건강체질이라, 살면서 그런 고통을 겪어본 적이 없었어요. 참으면 고통도 언젠가는 끝이 있을 텐데 겪어본 적이 없으니 그 끝을 기다릴 수가 없었던 거예요. 반복되는 치료 때문에 참 많이 울었던 것 같아요. 그리고 3도 화상환자들은 수술한 부위를 마사지해줘야 해요. 저는 가슴과 손, 안면에 수술을 받았기 때문에 그 부위를 해줘야 했어요. 그래야 혈액순환이 잘돼서 수술 예후가 좋아진대요. 돈이 없으니까 재활의학과에서 전문가들이 해주는 피부재생치료는 받을 수가 없었어요. 매일매일 해야 하는 재활치료인데, 한 번 받는 데 13

만 원이었거든요. 그 대신 엄마가 마사지를 해주셨어요. 엄마는 손이 조금 불편하셨는데, 그 불편한 손으로 해주려니 힘 조절이 잘 안 되기도 했을 거잖아요. 손만 대도 아픈 부위를 훈련이 안 된 사람이 문지르니 너무 아팠어요. 그때 엄마한테 얼마나 짜증을 냈는지 몰라요. 지금 생각하면 정말 죄송하죠.

일반병실로 내려와서 치료를 받고 며칠이 흐르니 이제 고개 정도는 돌릴 수 있는 정도가 됐어요. 옆 사람이 누군지 확인도 하고 누워서 서로 이야기도 나눌 수 있었죠. 그런데 문병 와주는 사람들은 반갑지 않더라고요. 붕대에 감긴 모습을 보여주고 싶지도 않았고, 어떻게 다쳤느냐고 매번 묻는 것에 답하고 싶지도 않았어요. 아무 말도 하고 싶지 않았어요. 아무 말도 안 걸었으면 좋겠다고 생각했죠. 나에게 왜 이런 불행이 닥쳤을까만 되풀이해서 생각했어요. 절망에 빠져 있던 시간이었죠. 모든 것에 다 짜증이 났어요. 가장 가까이 있는 엄마한테 가장 많이 짜증을 냈죠. 화상병동의 '짜증녀'로 유명했어요.

'즐거운' 병원생활

병원 주변에 있는 영등포시장이나 한강 산책로를 많이 걸었어요. 하루는 병원 뒷골목을 산책하는데 갑자기 하늘이 보고 싶더라고요. 하늘을 보려고 고개를 딱 치켜드는데, 거짓말 안 하고, 5센티미터쯤 올라가고는 고개가 멈췄어요. 지금은 수술해서 완전히는 아니어도 고개를 들 수 있는데, 당시는 수술 전이라 목이랑 겨드랑이 부분에 구축이 됐거든요. 고개를 젖히는 거랑 두 팔을 뒤로 해서 마주 잡는 게 쉽지 않았어요. 그 상황이 너무 슬프더라고요. 또 느꼈죠. '건강할 때 그 감사함을 모르고 살았구나.'

몸의 통증이 잦아드니 주변의 사람들이 보이기 시작했어요. 화상병동에는 가지각색의 환자들이 있었어요. 군대에서 폭발사고를 당한 청년, 공장에서 전기로 화상 입은 아저씨, 식당에서 일하다 끓는 기름에 사지를 덴 언니, 나처럼 집에서 다친 사람이 모두 섞여 있었죠. 같은 층에서 치료 때마다 보니까 환자들끼리 자주 모이곤 했는데, 나이가 어린 친구들하고는 누나 동생 하면서 지냈어요. 그러면서 자연스럽게 그 부모님들하고도 다 친해졌고요.

성격이 원래 적극적이고 활동적이에요. 낮에는 열심히 돌아다녔어요. 언니 동생 사이가 된 환자들 틈에서 수다도 떨고 차도 마시고 즐겁게 지냈죠. 새로운 환자가 오면 "있잖아. 이건 이렇게 하고, 저건 저렇게 해야 해. 이 시기에는 꼭 이걸 기억해야 해" 하면서 저도 모르게 옆에 가서 제 경험담을 들려주고 있더라고요. 저는 그렇게 알려준 사람이 없었거든요. 당시에 조언해주는 사람이 곁에 있었다면 많은 도움이 되었을 텐데…

누군가 가정형편이 어렵다는 이야기를 들으면 "사회사업팀 의료사회복지사 찾아가서 도움받을 게 있는지 물어봐" 이러면서 재산조사까지 해줬어요. 사회복지사였으니 다른 이들은 접하기 어려운 정보를 알고 있었거든요. "여기 봐봐, 너 수급자 될 수 있어. 수급자가 되면 의료비 혜택을 받을 수 있거든. 엄마한테 이렇게 하라고 해." 오지랖 넓게 참견하고 다닌 거죠. 산재로 온 환자들한테 가서는 능글맞게 그러죠. "약 안 쓰면 우리도 좀 나눠주세요." 산재로 온 환자들은 보험료로 비싼 약을 쓸 수 있잖아요. 그걸 얻어서 필요한 사람과 나눠 쓰기도 하고요. 그런 역할 맡기를 즐기면서 다녔어요. 사람들도 좋아해줬고요. 모르는 걸 가르쳐주니 누가 싫어했겠어요?

병동에서 친해진 환자들하고 같이 근처로 놀러 다녔어요. 다섯 명 정도가 멤버였어요. 병원의 일상이라는 게 늘 똑같잖아요. 진료받고 밥 먹고 자는 일상이 반복되는 게 지겨워서, 주변에 있는 식당을 훑고 다녔어요. 병원 옆 영등포시장에서 떡, 죽, 야채 같은 걸 사다 먹고 그랬죠. 추어탕 먹으러 가서는 미꾸라지 튀김도 처음 먹어봤고요. 무지 맛있게 먹었던 기억이 나요. 그리고 밤에는 노트북을 켜놓고 옹기종기 모여 영화도 함께 보곤 했어요. 그때엔 환자복 입고 돌아다니면서도 창피한 줄 몰랐죠. 여의도 벚꽃 피면 구경하러 거기까지 걸어가기도 하고요. 애들하고 같이 가기도 했지만, 혼자 가기도 했어요. 병원생활이 즐거웠어요. 적어도 낮 시간에는요.

밤이면 혼자가 돼요. 혼자 있을 때엔 주로 핸드폰으로 음악을 듣거나 옛날 사진을 보며 지냈어요. 생각들이 막 떠올라요. 늘 같은 패턴이죠. '왜 그때 바로 찬물로 열기를 안 식혔을까. 그것만 했으면 이렇게 고생 안 했을 텐데…' 그것만 되씹고 있는 거예요. '왜 치료를 제대로 안 받았을까' '남들은 다 잘 받는 치료를 나는 왜 제대로 못 받았을까' '그랬다면 지금 흉터가 덜 남지 않았을까' 같은, 해답 없는 생각을 끊임없이 되풀이했어요. 온통 깜깜한 세상에 핸드폰 빛에 비친 나만 있는 것 같았어요. 잠을 자고는 싶은데, 잘 못 잤어요. 수면제를 먹고는 겨우 자는데 약 기운을 빌려도 고작 한 시간밖에 못 잤죠. 나머지 시간은 핸드폰 속에서 혼자 배회하는 거예요.

함부로 대해도 되는 돌멩이

화상치료는 수술하는 데 수억이 들어요. 산업재해로 인정받아 산재보험료가 나오거나 기초생활수급자가 아니면 살림이 거덜 날 수밖에 없어요. 병원에서 1년 6개월 정도 되니 아빠가 퇴원하라고 하더라고요. 돈이 너무 많이 든다고요. "부모가 자식한테 어떻게 저럴 수가 있어. 아무리 나에게 애정이 없어도 이렇게까지 할 수 있냐고. 아직 환자인데 아직 치료도 안 끝났는데 어떻게 퇴원하라고 할 수 있어." 울고불고 아빠를 원망했지만, 어쩔 수 없었어요.

다시 광주로 내려왔어요. 사고 나기 전처럼 다시 원룸을 얻었죠. 병원에서는 이야기할 수 있는 사람이 많았는데, 여기선 나 혼자였어요. 물론 광주는 제 연고지니까 친구도 많고 동료도 많아요. 그런데 다치기 전에 알던 사람들한테 연락하질 못하겠더라고요. 만나면 어떻게 다쳤는지부터 설명해야 하잖아요. 불쌍히 여기는 시선도 싫었고요. 긍정의 시선이든 부정의 시선이든 다름을 확인받는 시선은 다 싫었어요. 이미 서울에서 수많은 시선을 겪었잖아요. 지인들에게까지 그런 시선을 받고 싶지 않았어요.

친한 친구 딱 한 명한테만 연락했어요. 만나러 나가니 제 모습을 보고 놀라더라고요. 그 뒤로 그 친구가 많이 챙겨줬어요. 하지만 언제까지 그 친구에게만 의지할 수는 없잖아요. 친구도 자기 생활이 있으니까요. 부모님들은 시골에 계시니까 통화만 가끔씩 했어요. 혼자라는 생각을 많이 했어요. 그래서 성당이라도 다녀야겠다는 생각을 했죠.

한강성심병원에 입원해 있을 때, 신부님이 광주 내려가도 성당에 꼭 나가라고 하셨거든요. 광주 내려가자마자 집 근처에 있는 성당에 갔어요. 얼굴과 손 같은 데에 흉터가 많은 상태라 심리적으로 많이 위축되어 있던 상태라 어렵게 용기 내서 나갔

는데, 그곳에서 만난 몇몇 분들의 말과 행동에 상처를 받았어요. 그 뒤로 한동안 성당에 못 나갔고요.

병원에 있을 때엔 긍정의 아이콘이었는데, 지역에 와서는 그러지 못했어요. 늘 감추느라 바빴죠. 그러다 이사하면서 그 동네의 성당으로 다시 나가게 됐어요. 성당에 처음 간 날 미사 시간에 엉엉 울었어요. "내 안에 주님을 모시기에 합당치 않사오나 한 말씀 하소서. 제가 곧 나으리라." 이 구절에서 저도 모르게 눈물이 흘렀어요. 부족한 저를 안고 그분이 '괜찮다, 다 괜찮다'라고 말씀해주시는 것 같았어요. (눈물) 미사 때마다 이 구절만 나오면 눈물이 났어요. 그때부터 주말마다 성당에 갔어요.

광주에 내려와서 자살을 시도한 적이 있어요. 광주에 온 지 1년 조금 넘었을 때였는데, 너무 힘들었어요. 바다에 떠 있는 돛단배 같았어요. 어디로도 나아가지 못하고 그 자리에만 머물러 있는 작은 돛단배. 바람이 어디로 데려가주거나 비가 와서 좀 씻어주면 좋겠는데, 땡볕 아래 어디 가지도 못하고 묶여서 둥둥 떠 있는 작은 돛단배, 그 안에 타고 있는 나. 이렇게 살면 뭐 하나 하는 생각을 매일 했어요. 그런 생각이 이어지다보니 어느 날은 어떻게 죽을까 구체적인 방법을 생각하고 있더라고요. 영화 〈텔마와 루이스〉의 한 장면처럼 운전하다가 산이나 언덕에서 떨어져버릴까? 수면제를 먹을까? 그때부터 수면제를 안 먹고 모았어요. 약을 한 움큼 모아놓고 유서를 썼어요. 한입에 털어 넣고 잠자리에 들었죠. 한참을 잔 것 같아요. 깼는데 머리가 너무 아팠어요. 지끈거리는 머리를 잡고 써놓은 유서를 봤는데 너무 유치한 거예요. 그 자리에서 찢어버렸어요. 죽는 것도 내 맘대로 안 되는구나. 만약 죽을 운명이었다면 중환자실에서 사경을 헤맸을 때 죽었겠지…

당시에는 제가 돌멩이 같다는 생각도 했어요. 쉽게 발로 찰 수 있는 돌멩이요. 돌멩이는 감정이 없으니 함부로 차도 된다고 생각하잖아요. 광주로 내려온 뒤 저는 돌멩이가 된 것 같았어요. 무시당해도 되고, 함부로 대해도 되는 존재 말이에요.

동굴 탈출기

여전히 혼자만의 동굴에서 살았어요. 밤마다 베갯잇이 축축히 젖을 때까지 울었어요. 밤이면 밤마다요. 아찌랑 희동이라는 강아지 두 마리랑 살았는데 울고 있으면 강아지들이 와서 눈물을 닦아주었어요. 내 곁엔 강아지들뿐이었어요. 일상이랄 게 없었죠. 하루 종일 TV만 봤어요. TV 보다 자고, TV 보다 자고 그랬어요. TV도 내용을 집중해서 본 게 아니라 멍 때리면서 보고 있는 거예요. 조용히 있으면 더 침울해지니까 무조건 TV를 켜놓고 있었거든요. 끼니를 잘 챙기지 않아 하루하루 말라갔고요.

그러다가 실업자 교육생 모집공고를 우연히 접했어요. 의료비 때문에 기초생활수급권을 유지하고 있었거든요. 생계급여를 받으며 살았죠. 무엇이든 하자 싶어서 양재교육을 신청했어요. 6개월 과정이었는데 전체 과정을 끝내고, 한 번 더 들었어요. 봉제를 잘하진 않았어요. 겁은 많은데 손은 불편하고, 재봉틀 기계가 공장용이라 무서웠거든요. 패턴 뜨는 거랑 원단 잘라 재봉하는 것도 배우고, 퀼트도 배우면서 그 학원에서 1년을 보냈어요. 두 번째 다닐 때는 반장이 됐어요. 처음 오신 분들 안내도 하고 도와드리기도 하고요. 수료식 할 때 원장님이 고생했다면서 공로상을 줬어요. 아픈 사람이 열심히 하니까 보기 좋았다고 칭찬도 많이 해주셨고요. 칭찬을 받으니 너무 뿌듯했어요. 쓸모있는 사람이 된 것 같았거든요.

좋은 사람을 많이 만났어요. 당시는 기술이 필요했던 게 아니라 정서적인 안정이 필요했는데 그런 도움을 많이 받은 거죠. 제가 화상장애인이라는 이유로 불편해한 교육생은 없었어요. 수업 끝나고 따로 만나서 밥도 먹고 영화도 봤어요. 혼자 고립되어 지내다가 그 교육과정에서 만난 사람들로부터 처음으로 사회적인 지지를 받은 거예요. 누군가 만날 사람이 생겼다는 게 좋았어요. 같이 밥 먹고, 차 마시고 했던 시간이 즐거웠어요. 자기와 다를 바 없이 대해줘서 고마웠죠. 그분들과는 지금도 연락해요.

취업하고 싶어서 실업자 대상 학원도 1년 넘게 다니고, 취업

성공패키지 프로그램도 반복해서 신청했어요. 취업성공패키지는 저소득 취업취약계층을 위해 고용노동부에서 운영하는 취업알선 프로그램이에요. 수료 후 취업 알선해준다고 해서 등록도 마쳤는데 연락은 하나도 안 왔어요. 안면장애가 있다고 하면 어느 곳에서도 문을 열어주지 않았어요. 화상은 장애임에도 불구하고 사회복귀를 위한 자원을 제가 스스로 찾아야 했어요. 취업이 안 되니까 하다 만 공부나 하자 했어요.

흉터가 만들어준 필터

가족 중에서 막내고모와 유난히 친했어요. 어렸을 때부터 같이 자랐거든요. 고모가 7남매의 막내라 저랑 나이 차이가 별로 안 나기도 했고요. 고모가 나를 업어 키웠대요. 어린 시절 같이했던 추억이 많아요. 남자애들이 고모 괴롭히면 내가 보호해주기도 하고요. 말은 안 해도 서로의 마음을 알 수 있는 사이였죠. 실업자 교육을 받고 있을 때 막내 고모에게 전화가 왔어요. "너 아팠을 때 수술비 못 보태줘서 늘 미안했어. 수술 한 번 할 수 있는 돈 입금했다." 수술 한 번 할 때마다 보통 3백만 원 정도가 들거든요. 선거사무소에서 힘들게 일해서 번 돈이라고 했어요. 너무나 고맙고 미안했어요.

그때는 수술을 해도 별 진척이 없던 때였어요. 사고 당했을 때 석사과정 중이었잖아요. 그 후 병원생활 하면서 등록을 못해 자퇴로 처리됐었어요. 공부를 제대로 마치지 못했으니, 언젠가는 학교에 다시 가야겠다고 생각만 하고 있었죠. 제가 그전에 전문대 아동학과를 졸업해서 어린이집 교사를 했었거든요. 나중에 학사로 편입해서 사회복지를 전공했고요. 사회복지로 석사과정 공부하면서 어린이집을 운영하려고 아파트 1층 집을 알아보러 다니기도 했는데, 그러던 중에 사고를 당한 거였어요.

어쨌거나 2년째 취업이 안 됐잖아요. 아무리 애써도 그 문을 비집고 들어갈 수가 없었어요. 그래서 학교에 다시 가야겠다고 생각했죠. 고모 덕분에 한 학기 등록금은 마련했잖아요. 목포대 아동학과랑 광주대 사회복지학과를 썼어요. 아동학에도 미련이 남고 사회복지학도 아쉬움이 남은 터에, 다행히 두 곳 모두 합격했어요. 고민하다가 집에서 가까운 광주대 사회복지학과를 선택했죠.

고모가 마련해준 돈으로 등록금을 내려 했는데 마침 학과 조교 자리를 제안받았어요. 학비 걱정이라도 덜 생각에 하기로 했고요. 당시 제가 얼굴하고 목, 팔에 흉터가 심했어요. 흉터를 가리려고 온몸을 똘똘 감고 다녔죠. 여름에도 긴 카디건을 입고 다녔어요. 자존감이 회복된 상태가 아니었거든요. 학생들이 과 사무실에 오면 조교를 안 거칠 수가 없잖아요. 거기서도 이미 다른 시선을 느끼는 거죠.

친하게 지냈던 선생님이 계셨는데, 낮에 저를 만나러 과 사무실에 오셨어요. 낮 시간에는 혼자 있기 때문에 편한 상태로 있었거든요. 감쌌던 머플러나 모자를 벗고 있었는데, 그 선생님이 오신 거예요. 저를 보고 당황한 빛이 얼굴에 역력했어요. 몸을 다 감고 다녀서 흉터가 그렇게 심한 줄을 몰랐던 거예요. 저는 애써 아무렇지 않은 척하는데, 선생님이 당황해하시면서 급히 인사만 하고 돌아가더라고요. 그 뒤로 그분 행동이 달라졌어요. 수업 때 항상 같이 앉곤 했는데, 그다음부터는 떨어져 앉더라고요. 그때 또 상처를 받았어요. 그러고는 더 똘똘 감고 다녔죠. 많이 좋아했던 선생님이었는데 안타까웠어요.

다행히 저를 챙겨주시는 분들이 더 많았어요. 그분들 덕에 그나마 버틸 수 있었어요. 화상흉터의 장점도 있더라고요. 원래 사람을 잘 못 가리는 편이었는데, 흉터 덕분에 사람을 잘 걸러볼 수 있게 되었달까요. 정수기는 필터로 몸에 해로운 물질들을 걸러내잖아요. 저에게는 흉터가 마치 필터 같았어요. '내 모습을 보고도 나한테 오는 사람이라면 진실된 사람이겠구나'라고 생각했어요. 내 모습 그대로를 인정해주는 사람들이잖아요. 고마웠어요. 학교 다니면서 좋은 사람들도 많이 만나고, 좋은 교수님들도 만났어요. 공부하느라 고생은 좀 했지만요. 그때 석사 과정에 들어가지 않았다면, 취업은 못 한 채로 계속 학원가만 전전하면서 시간을 보냈을 것 같아요.

7전 8기 취업성공기

석사과정 공부하면서 여성장애인연대라는 단체를 알게 됐어요. 어떤 일을 하는 공간인지 궁금해서 찾아가봤어요. 저도 여성장애인이 된 거잖아요. 사무실은 작았지만, 여러 유형의 여성장애인분들을 만날 수 있었죠. 대표님도 만났는데 단체 운영이 조금 어렵다고 하시더라고요.

제가 누구예요? 오지랖 선수잖아요. 학교 동기들 중 기관장분들도 꽤 많았어요. 그분들께 일일이 여성장애인연대 리플릿을 건네면서 "선생님, 이런 단체가 있어요. 힘들어합니다"라고 홍보를 했어요. 누가 부탁해서 한 것도 아닌데, 어렵다니까 도와주고 싶었어요. 선생님들이 주신 후원금을 십시일반 걷어 여성장애인연대 대표님한테 드렸죠. 출판업 하시는 어느 분이 장애 당사자분들께 도움이 되고 싶다며 사회복지사 1급 문제집을 여러 권 챙겨주셔서 전달하기도 했고요. 그렇게 인연이 되어 졸업 후에 여성장애인연대에서 근무하게 됐어요.

1년 10개월 정도 일했어요. 수술해야 할 상황이 되었는데, 작은 단체의 활동비로는 수술비를 감당할 수 없었어요. 여성장애인연대 들어가면서 기초생활수급자 자격을 포기했었거든요. 직장생활 기간이 2년 넘으면 수급권자로 돌아갈 수가 없어서, 수술비 때문에 수급권을 회복해야 했어요. 기초생활수급자는 의료비 지원을 받을 수 있어서 수술비 3분의 1만 자부담 하면 되거든요. 장애인들이 여러 불이익에도 불구하고 왜 수급자로 남으려는지 아시겠죠. 병원비 때문이에요.

일 그만두고는 구축이 심했던 목과 왼쪽 겨드랑이를 수술했는데, 그동안 했던 수술 중에서 가장 만족도가 높아요. 목 부분의 떡살을 제거해서 그쪽 피부가 깨끗해진 것도 좋지만, 마침내 고개를 들 수 있게 됐거든요. 이제 하늘을 조금은 올려다볼 수 있게 됐어요.

다시 취업하고 싶었지만 길이 없어서 박사과정을 시작한 거예요. 돈이 없어 학자금 대출을 받았고요. 그런데 학교 1년 다니다가 도저히 감당이 안 돼서 휴학했어요. 한 학기 등록금이 5백만 원 가까이 됐거든요. 그동안 모아놨던 돈을 공부하면서 다 썼죠. 돈이 바닥나서 다시 여기저기 서류를 넣기 시작했어요.

장애인복지관에 지원했는데, 최종까지 갔다가 떨어졌어요. 나중에 전해 들었는데, 제가 서류전형에서는 1등이었대요. 최종면접에서 탈락한 이유가 가방끈이 길어서라고 하더라고요. 공부가 취업에 도움이 될 줄 알았는데, 도리어 장애가 되기도 하더군요. 마흔이 넘은 나이도 문제가 됐고요. 장애인복지관이니 그런 이유들로 떨어질 거라고는 생각하지 못했어요. 보기 좋게 낙방한 거죠. 기대를 많이 해서 실망도 컸어요.

그러다 한 공공기관에서 낸 모집공고를 봤어요. 장애인 한 명 채용에 많은 분들이 지원을 했더라고요. 떨어졌던 경험 때문인지 면접에서 엄청 긴장했어요. 면접자가 묻더라고요. 기관에 어르신들이 하루 평균 천 명가량 오시는데, 어르신들이 흉터에 대해 물으면 어떻게 할 거냐고요. "궁금하셔서 물어보시는 분들도 계시고, 싫어하시는 분도 계실 수도 있겠지만, 저는 매일 웃는 얼굴로 말씀드릴 거예요. 화재사고로 이렇게 됐다고 차근차근 설명해드리려고요. 저를 편하게 느끼실 때까지 열심히 응대할 거예요"라고 답했어요. 면접관이 또 묻더군요. 그래도 그 분들이 저를 보기 불편해하면 어쩌겠느냐고요. 저는 계속, 웃으면서 이야기할 거라고 했어요. 그 순간 병원에서 치료받던 시간들이 영화처럼 지나가는 거예요. 그러면서 눈물이 쏟아지더라고요. 면접관이 그런 저를 보고는 아직도 마음이 힘든 거 아니냐고 했어요. 제가 울먹이면서 말했어요. "아니에요. 저 다 나았어요. 잘할 수 있습니다."

결국 그 기관에 채용되었고 뒤이어 복학도 했어요.

나는 감염시키는 존재가 아니다

어렵게 취업한 그 기관에서 최근까지 2년 정도 근무했어요. 공공기관이라 직원도 많고 이용자도 많았어요. 처음에는 흉터를 가리고 다녔는데, 얼마 지나지 않아 다 드러내놓고 다녔어요. 굳이 감출 필요가 없겠다는 생각이 들었어요. 이용자가 위낙 많았거든요. 어르신들이 많이 오시면 하루에 천 명 정도 오셨어요. 그분들께 일일이 감출 수가 없었어요. 만날 때마다 (몸을 움츠리는 시늉을 하며) 이러고 다닐 수 없잖아요.

걱정과 달리 그 기관을 이용하는 어르신들은 저를 잘 봐주셨어요. 만나면 왜 이렇게 다쳤느냐고 자연스럽게 먼저 물어봐주시고, 함께 믹스커피 마시면서 이야기를 나누곤 했어요. 고생많았겠다고 손 잡아주시기도 하고요. 이해해주려는 분들이 많았어요. 보통 사람처럼 대해주셨어요. 그게 연륜인 것 같아요. 어차피 사람은 다 늙고, 늙으면 다 죽는 거잖아요. 나이 드신 분들은 경험이 많아서 장애가 특별할 게 없다고 생각해주셨던 것 같아요.

복지기관에서 일하시는 직원분들은… 대개는 인권감수성이 있지만 그렇지 않은 분들도 계셨어요. 역시나 그 기관에서도 상처를 받을 때가 많았어요. 제가 스트레스를 받으면 상처를 뜯는 버릇이 있어요. 살갗이 뜯어지면 피가 나잖아요. 사무실 한쪽에 탕비실이 있고 거기에 싱크대가 있어요. 개수대에 컵이 쌓여 있으면 제가 그 컵들을 씻곤 했어요. 쌓여 있는 게 보기 싫잖아요. 고무장갑을 끼는 게 불편하기도 하고 답답해서 대개는 맨손으로 설거지를 했죠.

그날도 고무장갑을 끼지 않고 설거지를 했을 거예요. 어떤 선생님이 그러셨대요. "은채 선생님은 설거지 안 했으면 좋겠어." 나 없을 때 그런 말을 한 거예요. 처음에는 저를 배려해서 한 말이라고 생각했어요. 그런데 뒷말이 가관이더라고요. "손에서 피 나는데 세균 감염될까 무서워." 그 말을 듣고 한동안 멍했어요. 내 피가 세균에 감염된 피인가? 저 세균 감염인 아니에요. 화상으로 인한 피부 손상이지, 세균 감염 때문이 아니란 말이에요. 장애인을 위한 서비스를 제공한다는 사람들이 어떻게 그런 말을 할 수 있을까요? 화도 나고 실망도 많이 했어요. 사소한 말 한마디가 큰 상처가 될 수 있다는 걸 사람들이 몰라요. 편견이 편견을 만드는 거예요.

아는 분 중에 저랑 비슷한 경험을 했던 분들이 계세요. 환경미화원이시거든요. 사고 전부터 계속 일하던 직장이라 사고 후 복귀하셨대요. 몸에 화상흉터가 있잖아요. 흉터를 보고 동료들이 그분이랑 같은 샤워실을 쓰지 않겠다며 거부했대요. 샤워실이 한 개밖에 없었는데, 동료들이 윗사람한테 같이 사용하고 싶지 않다고 건의했다는 거예요. 만약 저 사람 피라도 묻어 전염병이 옮으면 어떡하느냐고 했대요. 화상흉터를 보고 전염병 인자로 오해하다니, 정말 화가 나요. 우리는 감염시키는 존재가 아니에요.

여름에 외근하고 사무실에 돌아오면 너무 덥잖아요. 직원들은 하루 종일 사무실에 있었으니 춥다면서 에어컨을 꺼버려요. 화상으로 손상된 피부에는 땀구멍이 없어요. 바깥 온도가 30도

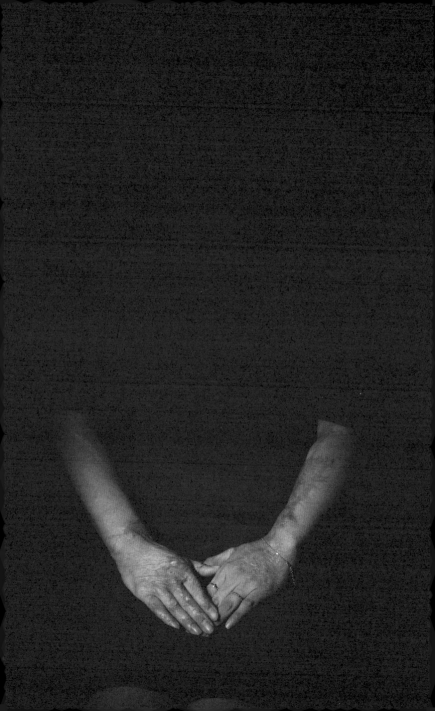

면, 제 몸은 열기를 흡수하기만 하고 내뿜지 못한 상태라 다른 사람보다 더 뜨거워요. 남들은 땀을 흘리면서 열기를 식히고 몸의 온도를 조절할 수 있지만, 화상환자들은 그럴 수가 없거든요. 열을 식히려면 에어컨을 켜야 하는데, 제가 가서 켜면 누군가 끄고, 제가 다시 켜면 또 꺼요. 장애에 대한 이해나 배려가 부족한 경우가 많았어요. 저도 당시에는 제 상태에 대해 차분히 설명할 마음의 여유가 없었고요. 이제는 제가 먼저 몸 상태를 설명해요. 그리고 당당히 켜요.

화상장애인들은 여름은 여름대로 힘들고, 겨울은 겨울대로 힘들어요. 땀이 나와야 할 부분에서 땀이 안 나오잖아요. 그럼 살갗이 접히는 곳마다 엄청 가려워요. 긁다가 피부병으로 오해를 살 수도 있고요. 전 등은 안 다쳤거든요. 다른 곳에서 빠져나가지 못한 땀이 모조리 등으로 흘러요. 옷 뒤쪽이 금세 축축해지죠.

겨울에는 또 화상 부위가 건조해져요. 바싹 마른 논바닥처럼 쩍쩍 갈라지죠. 수분크림을 발라서 관리를 잘해야 해요. 생활하는 데 신경 써야 할 부분이 많고 불편도 커요. 화상장애인도 장애인인데 겉으로 보기에 사지가 멀쩡해 보이면 불편한 게 없을 거라고 다들 생각하는 것 같아요. 애로사항이 있다고 일일이 말하는 것도 한계가 있어요. 인식 개선 교육이 정말 필요해요. 당사자가 설명하지 않아도 되는 사회가 되었으면 좋겠어요.

내 장애에 대해 내가 이해시키지 않아도 교육을 통해 자연스레 알면 좋겠어요.

따뜻한 말 한마디

12년이나 걸렸어요. 사고나 흉터 이야기를 아무렇지 않게 이야기하는 데까지요. 사고 후 가족의 지지가 부족했고 심리치료도 제때 받지 못해서 더 오래 걸렸어요. 그나마 긍정적인 성격 덕을 본 거예요. 성격은 엄마 덕분이에요. 아빠는 어렸을 때부터 저에게 관심이 없었고, 지금까지도 사이가 좋지 못해요. 하지만 엄마는 늘 내 편이 되어주셨죠. 어렸을 때부터 칭찬을 많이 해주셨어요. 초등학교 때 성적표를 받았는데, 수는 하나도 없이 우만 잔뜩이었어요. 제 딴에는 잘했다고 생각해서 집에 오자마자 엄마한테 자랑하듯 보여줬어요. 엄마가 그걸 보고는 칭찬을 많이 해줬어요. 칭찬받으니 너무 기뻐서 세상을 다 얻은 느낌이었죠. 전문대 다닐 때도 성적이 좋았어요. 평점이 4.34였거든요. 장학금 받고 다녔고요. 엄마가 "우리 딸 잘한다" "최고다" 하면서 항상 칭찬해줬어요. 어린 시절 받았던 엄마의 지지가 성인이 되어서 힘든 시절을 견딜 수 있는 힘이 된 것 같아요.

석사 졸업하고는 개명을 했어요. 예전 이름이 촌스럽기도 했지만, 새로운 인생을 살고 싶었거든요. 기억을 다 지우고 싶었어요. 사고도 지우고, 사고 이전을 그리워하는 생각도 지우고, '사고만 아니었으면' 하고 자책하는 마음도 지우고… 다 지우고 싶었어요. 제2의 인생을 출발해야겠다는 마음이었어요.

석사과정 때 만난 교수님 중에 가족 같은 분이 계세요. 알고 보니 같은 고향 분이었어요. 초등학교, 중학교 선배님이기도 했고요. 까마득한 선배님이죠. 그분이 저를 양딸로 삼아주시고, 개명할 때엔 이름도 골라주셨어요. 심적인 지지도 많이 해주셨고요. 취업이 안 돼 경제적으로 어려울 때는 일부러 시험감독을 시키시고는 용돈도 챙겨주셨어요. 좋은 말만 해주셨어요. "치료받을 때 얼마나 힘들었니?" "은채는 이런 점들이 참 좋다." 항상 마음을 써주셨어요. 제 인생에서 가장 고마운 분이에요.

여성장애인연대 활동하면서 만났던 분도 기억이 나요. 힘이 나는 말을 해주시는 분이었죠. 만날 때마다 "은채 샘은 장애계의 잔 다르크야, 앞으로 크게 될 사람이야"라면서 기운을 북돋아주셨어요. 전화하면 항상 따뜻하게 이야기해주시고요. 이런 분들의 말 한마디 한마디로 어려운 고비 고비를 잘 넘길 수 있었어요.

사고 후 병원생활 할 때 옆 침대에 20대 초반의 여자 친구가 있었어요. 엄마, 아빠가 딸한테 참 잘하더라고요. 가족이 화목해 보여서 많이 부러웠어요. 사랑을 많이 받고 자란 것 같았어요. 사랑받고 자라서 자존감이 높은 친구들은 확실히 빨리 일어나요. 그 친구도 바로 털고 일어나더라고요. 그때는 그런 것이 '지지'인 줄 몰랐죠. '가족들이 딸을 예뻐하는구나' 정도로만 생각했어요.

미국으로 연수를 다녀와서 그게 바로 가족의 지지라는 걸 알았어요. 그 지지가 매우 단단했어요. 엄마, 아빠가 화상을 입은 아이와 학회의 모든 프로그램을 함께하더라고요. 매순간 엄지손가락을 치켜들며 "넌 잘할 수 있어. 넌 최고야"라고 이야기해주고요. 성인이 된 후 장애를 입은 분은 부부가 늘 함께했어요. '아, 가족의 지지가 있어서 저 사람들이 저렇게 밝구나. 화상흉터가 큰 문제가 아니라고 생각하는구나. 자존감은 저렇게 키워주는 거구나.' 어디를 가도 자기 뒤에 가족들이 있으니 든든하잖아요. 정말 부러웠어요.

화상장애를 입은 후에도 여전히 그 자리에서 내 내면을 봐주고 믿어주는 사람들이 있으면 그게 바로 힘이고 자존감이 돼요. 병원에서 가족의 지지가 중요하다면, 지역에 왔을 때에는 지역 주민과 동료의 지지가 정말 중요하죠. "걔는 무슨 말을 그렇게 하니? 참 못됐다"라고 한마디라도 내 편에서 말해주는 게 얼마나 고마운지 몰라요. 그 힘으로 살게 돼요. 그 고마움을 다른 사람한테 주고 싶어요. 그 사람이 또 다른 사람과 그 마음을 나누게 되고… 그러면 세상이 더 풍요로워지지 않을까요.

곳곳에 지지자들이 생기니 극단적인 선택을 하고 싶은 마음이 사라졌어요. '이 사람에게 성장하는 모습을 보여주고 싶다. 성장한 내 모습을 보고 나를 얼마나 자랑스러워할까?' 그때가 되면 '여러분 덕분에 힘을 얻어 이 자리까지 왔어요'라고 이야기해줄 거예요. 다른 화상장애인 곁에도 지지자들이 있었으면 좋겠어요.

이 말은 꼭 하고 싶어요. 주변에 화상장애인이 있다면 먼저 다가가주세요. 이해해주고 이야기를 건네면 그 사람은 마음을 열게 되거든요. 우리는 이미 상처투성이에요. 몸에도 마음에도 상처가 가득해요. 내 상처가 너무 아파서 먼저 손을 내밀 수가 없어요. 그분들에게 먼저 다가가주세요.

그가 잡아준 나의 손

사고 직후에는 몸이 힘들어서 마음까지 돌볼 겨를이 없었어요. 치료가 진행되고, 안정이 되니 마음을 살필 수 있었죠. 여성성을 잃었다고 생각했어요. 저는 드러나는 곳만 다쳤어요. 얼굴, 가슴, 손에 흉측한 흉터가 남았잖아요. 정말 죽고 싶었죠. '이런 모습으로 어떻게 살 수 있을까' '나를 사랑해주는 사람이 있을까' '결혼은 할 수 있을까' 이런 생각이 반복되어서 정말 힘들었어요. 생각만 복잡하게 많이 했었죠.

그러다 남자친구를 사귀었어요. 사고 후 6년이 지나서였죠.

아는 동생이었다가 관계가 발전하면서 연인이 됐어요. 좋은 사람이었어요. 제 흉터에 대해서 물어본 적이 없어요. 보이는 모습에 대해서 언급한 적이 한 번도 없었죠. 그런 남자친구 모습을 보고 마음의 문을 조금씩 열었어요. 저보다 일곱 살 어렸거든요. 지금까지 만나고 있어요. 남자친구 덕분에 사람 보는 눈이 달라진 것 같아요. 사고 전에는 조건 위주로 봤거든요. 잘생긴 외모도 중요했고요. 지금은 무엇보다 마음을 먼저 봐요. 나를 받아들이고 사랑해줄 수 있는 사람인지가 가장 중요하죠. 나에게 말로 상처 안 주고, 행동으로 상처 안 주는 사람이면 돼요. 연애하고 나서 남자나 연애에 대한 막연한 두려움이 줄었어요. 화상장애를 입은 여성분들에게 연애에 대한 두려움을 내려놓으셔도 된다고 이야기하고 싶어요. 나를 좋아해주는 사람은 어딘가에 분명히 있어요.

연애는 삶의 활력소예요. 내 편을 들어주는 사람이 있다는 게 얼마나 힘이 되는지 몰라요. 기회가 된다면 결혼도 하고 싶어요. (머뭇) 웨딩드레스도 입어보고 싶어요. 지금 남자친구와 결혼을 할지 안 할지는 모르겠지만, 저는 그 사람과 결혼하고 싶어요.

남들처럼 살고 싶어요. 지금 생각하니 안 해본 일이 많네요. 가족사진도 찍어보고 싶어요. 저는 어렸을 때부터 아버지와 사이가 좋지 않았거든요. 그래서인지 가족사진을 찍어본 적이 없어요. 부모님이 연세가 드시니까 더 늦기 전에 가족사진을 남기고 싶어요. 가족사진 속의 가족들은 모두 행복해 보이잖아요. 저도 그런 사진을 거실 벽에 걸어놓고 싶어요. 가족여행도 가고 싶고요. 아직 한 번도 못 가봤거든요. 참 흔하고 쉬운 일인데 안해봤네요. 더 늦기 전에 남들이 하는 건 다 하면서 살아야죠. 세월이 너무 많이 흘렀어요. 사고 당했을 때 서른다섯이었거든요. 벌써 마흔여덟이에요. 답답하고 힘든 시간들이었어요. 남들처럼 살려고 치열하게 애썼는데 남들만큼 산다는 게 말처럼 쉽지 않았어요.

소매를 걷고 당당히 걷기

기능 개선이 아니라 성형 목적으로는 이제 수술 안 할 거예요. 지긋지긋해요. 수술을 하도 많이 해서 몇 번을 받았는지 횟수도 잊었어요. 2017년 10월 한림화상재단분들과 함께 미국 피닉스 소사이어티에서 주최하는 학회에 참석했어요. 다녀와서 그 생각을 더 굳혔어요. 남의 시선을 신경 쓰며 살 필요가 없다는 생각이요.

미국 학회에 참석했을 때 만난 사람들이 모두 기억나요. 흑인 여자분이었는데 흉터가 정말 심했어요. 코 부분까지 뚫린 채였거든요. 팔도 한쪽이 없었어요. 그런데 정말 밝더라고요. 심각한 화상장애에도 밝게 노래 부르는 모습이 멋있었어요. 많은 생각을 했죠. '난 저기에 비하면 아무것도 아닌데 왜 쓸데없는 데 시간을 낭비했지? 더 빨리 장애를 수용했으면 좋았을 텐데…' 제가 원해서 장애를 입은 게 아니고, 사고를 당한 건데 왜 그걸 못 받아들이고 자책하면서 아까운 시간을 허비했을까? 지금 다친 지 얼마 안 된 사람한테 이런 이야기하면 그 사람들은 '쳇, 웃기시네' 그럴 거예요. 저도 그랬을 거고요. 우리 스스로도 인식을 개선해야 해요. 그러려면 주변의 지지가 필수적이죠.

그때 인상적이었던 것 중 하나가 화상장애인들을 위한 잡지였어요. 미국은 후원이 잘되니까 화상장애인을 위한 잡지가 따로 있더라고요. 한 여성분이 표지모델이었는데 팔, 어깨, 목 등 상체에 흉터가 심했어요. 그런데 브라탑만 입고 멋지게 포즈를 취했더라고요. 당당한 모습이 정말 근사했어요.

나중에 기회가 된다면 그런 잡지를 만들어보고 싶어요. 화상장애인 취업 성공담도 싣고 경제적으로 어려운 화상장애인 후원금 모금을 위한 기획기사도 내고요. 우리는 소방관과 밀접한 관계가 있으니 소방관 인터뷰도 넣으면 좋겠어요. 흉터를 그대로 드러낸 사진도 싣고요. 비장애인들은 그 잡지를 보고 화상장애를 좀 더 깊이 이해할 수 있을 테니 대중인식 개선에도 도움이 되겠죠. 잡지 뒷면에 '화상 관련 문의는 전화번호 몇 번으로 하세요'라고 홍보도 하면 좋잖아요. 화재가 났을 때 당황하면 부모가 됐든 당사자가 됐든 아무것도 생각이 안 나요. 사례와 함께 정보를 싣는 거죠. 아직은 생각뿐이지만, 여러 가지로 구상해보고 있어요.

미국 다녀와서 많이 달라졌어요. 더 적극적으로 장애를 수용하게 됐죠. 이제 거침없이 사람들에게 먼저 다가가요. 날씨가 더우면 소매를 걷고, 머리카락으로 얼굴 흉터를 가리지도 않아요. 일터에서도 친화력 하나는 인정받고 있어요. 제가 교육생 동원을 가장 잘한다고 소문났대요. 나 혼자 동굴 속에 숨었던 12년 전을 생각하면 진짜 많은 게 변했어요. 그때는 이 세상에 달랑 혼자라고 생각했어요. 외톨이라고요. 죽어 있었던 셈이죠. 동굴 속에서 죽어가고 있었어요. 지금은 나를 좋아해주는 사람이 여기도 있고 저기에도 있어요. 사람들과의 관계를 통해 내가 살아 있다고 느껴요.

세상일은 나의 일

몇 년 전 재수술 때문에 한강성심병원에 다시 입원했던 적이 있어요. 옆 병실에 30대 초반의 여성이 다쳐서 왔는데, 주변 사람들하고 말을 안 한다는 이야기를 듣고 찾아갔어요. 제가 또 오지랖이 넓잖아요. 그 친구가 다 포기한 모습으로 앉아 있더라고요. 성기 주변에 화상을 입었대요. 미혼이라 앞으로 남자를 어떻게 사귀고 결혼은 어떻게 하나를 고민하고 있더라고요. 우스갯소리로 이야기를 꺼냈죠. "걱정하지 말아요. 불 끄면 아무도 몰라요." 그리고 "더 불편한 사람도 많은데, 이 정도면 얼마나 다행이에요? 우리 긍정적으로 생각해요. 성생활 하는 데 아무 불편 없을 거예요. 괜찮아요"라고 힘을 줬어요. 다음날에 다시 가고, 그다음 날에도 찾아갔어요. "기분 어때요? 컨디션은 괜찮아요?" "○○ 씨는 진짜 예쁜 곳이 많아요." 여자로서의 자존감을 많이 키워주려고 노력했어요. 3일을 연속으로 가니까 차츰 밝아졌어요. 조금씩 저에게 말을 건네더라고요. 이제 마음을 열었구나라고 생각했어요.

저도 화상을 입고 병원에 입원했을 때, 오지랖 넓은 경험자가 이런 이야기를 해줬으면 더 빨리 힘을 내지 않았을까 싶어요. 당시에는 그런 사람이 없었어요. 제가 그런 역할을 하고 다녔죠. 제 말이 힘이 되는구나 싶어서 기분이 좋았어요. 재수술하느라 한 달 넘게 병원생활을 했거든요. 별명도 생겼어요. 잔소리 대마왕. "언니! 그렇게 하지 말라고 했잖아요. 지금부터 움직여야 된다고요. 빨리 재활하러 가요!" 여기저기 잔소리하고 다니느라 바빴어요.

옆 침대 친구는 삶이 힘들다 느껴져서 자살을 시도했대요. 다리를 심하게 다쳤어요. 차 안에서 부탄가스를 켜놨는데, 거기에 불이 붙었다고 하더라고요. 한쪽 다리를 절단해야 된다고 그랬대요. 저보다 한 살인가 어렸는데 내성적인 편이었어요. 그 친구한테도 계속 이야기를 건넸어요. "오늘은 기분이 어때?" "뭐 시원한 거라도 마실래?" "뭐 도와줄까?"

그 친구 동생이 나중에 고맙다고 하더라고요. 자기 언니가 워낙 내성적이라서 말을 안 하는데 이렇게 짧은 시간에 주변 사람하고 대화하는 거 처음 봤다고요. 지금은 퇴원해서 재활 중인데 많이 힘들어해요. 제 이야기를 해줬어요. "나도 처음에는 다친 나를 누가 좋아해줄까 싶었는데, 내 모습 그대로를 이해해주고 봐주는 사람이 있더라." "처음에는 나도 기초생활수급자였어. 사회 나가서 내가 다시 돈을 벌 수 있을까 했는데, 다 하는 만큼 기회가 주어지더라." 엊그제도 통화했거든요. "언니가 네 성격 알아서 전화하는 거야. 혹시라도 마음이 힘들거나 가족한테나 친구한테 말 못 하는 거 아무 때고 괜찮으니까 전화해." "알았어, 언니 고마워"라고 하더라고요. 마음이 힘들어지면 꼭 전화하라고 신신당부했어요. 한 번 자살을 시도했던 친구들은 자기 주변에 아무도 없다고 생각되면 다시 하기도 하거든요. 그걸 아니까 그 친구에게 가끔 전화해서 관리 아닌 관리를 하게 되더라고요.

지지가 얼마나 큰 힘이 되는지를 사람들이 알았으면 좋겠어요. 나를 믿어주고 지켜봐주는 사람이 있으면 숨 쉴 수 있어요. 그거 없으면 죽어요. 여러 명 아니어도 돼요. 두세 명이면 돼요.

그 정도면 충분히 숨 쉴 수 있어요.

차별을 받는 화상장애

사회보장 서비스를 이용하려면 장애등급 판정기준에 따라 장애인으로 등록해야 해요. 장애는 장애인복지법 제32조에 의거해 '신체적 장애'와 '정신적 장애'로 분류돼요. '신체적 장애'는 '외부 신체기능의 장애'와 '내부기관의 장애'로 나뉘고요. '외부 신체기능의 장애'는 지체장애, 뇌병변장애, 시각장애, 청각장애, 언어장애, 안면장애로 항목이 나뉘어 있어요.

화상장애는 항목이 따로 마련되어 있지 않아서 안면장애와 지체장애 중 선택해서 장애등록을 해요. 대개가 지체장애로 등록하죠. 안면장애는 흉터가 안면의 절반을 덮어야 인정받아요. 저는 안면장애 2급이에요.

일반적인 지체장애와 화상으로 인한 지체장애는 달라요. 선천적인 안면장애와 화상으로 인한 안면장애도 치료 방법이 다르니 지원하는 서비스도 달라야 하고요. 그런데 어떤 기준도 없이 마구 섞어놓았어요. 화상장애 단독으로 등록할 수 있도록 해야 해요. 그래야 화상장애인을 위한 의료 서비스나 사회복귀 프로그램을 제도적으로 만들어낼 수 있어요.

우리는 몸만 다친 게 아니라 마음도 다쳤거든요. 중증화상장애인들은 특히 심하죠. 중증화상은 겉으로 흉터가 보이잖아요. 심적으로 얼마나 힘든지 몰라요. 집 밖으로 나오지 못하고 우울증 와서 자살을 시도하는 분들이 많아요. 병원에서부터 심리치료가 병행되어야 해요. 지역으로 복귀한 뒤에도 재활치료와 함께 심리치료가 이어져야 하고요. 제도적으로 뒷받침해줘야 사회로 복귀할 수 있는데 지금은 그런 시스템이 전혀 없어요. 지적장애는 장애 특성에 맞춘 사회복귀 프로그램이 있더라고요. 우리도 그들과 다를 바 없어요.

제가 장애인단체에서 일한 적이 있잖아요. 다양한 유형의 장애인분들을 만날 수 있었죠. 어떤 장애인 당사자분이 저를 보고 "선생님의 장애는 장애도 아니에요"라고 했어요. 너무 서운했죠. 평생 장애를 갖고 살아야 하는, 같은 처지의 장애인인데 화상장애인은 왜 인정을 안 해줄까 야속했어요. 팔다리가 멀쩡하고, 다친 부위가 피부다보니 다른 사람 눈에는 그렇게 보이나봐요.

사람들은 피부조직 손상이 얼마나 고통스러운지 상상을 못해요. 피부도 장기예요. 부위가 가장 넓은 장기요. 피부가 하는 역할이 얼마나 많은데요. 땀을 흘려서 체온을 유지하는 일 외에도 관절 부위의 유연한 피부는 엄청나게 중요한 역할을 해요. 그런 역할을 하는 피부가 손상되어 기능을 상실했다고 생각해보세요. 피부가 화상을 입어 떡살이 되면 땀구멍이 모두 막혀

김은채 씨는 본인이 가장 외로울 때 곁에 있어준 강아지 두 마리를
데리고, 광주에서 서울까지 올라와 사진을 찍었다. 그만큼 소중한 존
재인 것이다.

체온조절이 안 돼요. 여름에는 가렵고, 겨울에는 따갑고요. 피부가 구축이 됐으니 움직임도 자연스럽지 못하죠. 사고 후 치료가 끝이 아니에요. 평생 수술을 해야 하는 사람도 있어요.

화상사고는 형편이 어려운 분들이 입게 되는 경우가 많아요. 먹고살기 힘든 사람들이 불이 나기 쉬운 환경에서 살게 되잖아요. 산업 현장이나 집에서 나는 사고가 대부분 그렇죠. 산업 현장에서 다치신 분들은 그나마 산재보험료로 치료비를 충당할 수 있지만, 자기 실수로 불이 났거나 사고를 당한 사람들 가운데는 보험도 제대로 들어놓지 않은 경우가 많아요. 퇴원 후에도 생계에 매여 있을 수밖에 없죠. 그러다보니 여유가 없어서 우리의 목소리를 제대로 낼 수 없었던 것 같아요. 화상장애인은 아직 협회도 없잖아요.

우리는 아직 장애계에서 소수예요. 다른 장애 유형 역시 해결해야 할 이슈가 많을 테니 우리까지 생각해주긴 어렵겠죠. 가장 큰 문제는 역시 생계예요. 일자리요. 수억의 수술비를 감당하느라 가정이 무너진 사람들은 지역으로 복귀 후 직업이 절실한데 아무리 노력해도 일자리를 얻을 수가 없어요. 다치기 전에는 제가 일자리를 선택할 수 있었어요. 다치고 나서는 대개 그 일을 다시 할 수 없게 돼요. 제가 어린이집 교사였는데, 마음이 있다고 그 일을 다시 할 수 있는 게 아니에요. 수술을 여러 번 해서 좋아진 상태인데도 아이들은 저를 보고 뒷걸음질치거든요.

이제는 화상장애인을 위한 제도를 마련하기 위해서 행동해야 할 때인 것 같아요.

연구자에서 활동가로

2018년 6월에 연단에 서야 하는 자리가 연이어 생겼어요. 한림화상재단에서 개최하는 한림화상국제컨퍼런스에서 '성인 화상경험자의 사회복귀 경험과 지원방안'이라는 주제로 발표했고, 대한화상학회에서 '화상장애인의 취업경험에 대한 연구'라는 주제로 발제했어요. 제 박사논문 주제가 '화상경험자의 취업경험에 대한 연구'거든요. 연결되는 주제라 해보겠다고 했어요.

박사논문 쓰는 것도 버거운데 이 준비로 5월 한 달을 정신 없이 보냈어요. 행사 전에는 부담스럽기만 했는데, 두 행사 모두 잘 끝났어요. 교수님께서도 국제컨퍼런스에서 발표한 내용이 아깝다고 학회지에 내자고 하셨어요. 높은 문턱을 간신히 넘은 기분이에요.

다 좋았어요. 국제컨퍼런스는 매 순간이 정말 좋았어요. 화상장애인들이 모여 있다는 것 자체만으로 좋았죠. 대한화상학회 때는 화상장애인뿐 아니라 의료진들의 관심도 느낄 수 있어 뿌듯했고요. 제 수술을 담당했던 의사선생님도 오셨더라고요.

대한화상학회 후배들 발표를 보려고 오셨대요. 의료진들의 관심을 보니, 무슨 일을 할 때 저분들에게 도움을 요청해볼 수도 있겠구나 싶었어요. 발표도 생각보다 안 떨고 잘했대요. 기사도 하나 났는데, 제가 발표했던 내용을 인용했더라고요. 기분이 좋았어요. 인정받은 것 같았죠.

광주로 돌아온 뒤에 일하면서 인정받은 경험이 별로 없었어요. 발표장에서는 조금 부족해도 좋은 부분을 보고 칭찬해주셨는데 그게 너무 좋았어요. 제자리를 찾은 느낌이에요. 그래서 더 마음을 굳혔던 것 같아요. 내가 어디에 있을 때 가장 즐겁고 가슴이 뛰는지를 두 곳에서 재차 느낀 거죠. 저는 화상장애인들을 위한 일을 하고 싶어요.

화상장애인 환우회가 있어요. 해바라기 자조모임이라고 정기적으로 번개도 하고, 야유회도 가고, 최근에는 '포토 보이스'라는 이름으로, 안면화상장애인들과 대학생들이 함께 일상이나 자기 모습을 사진으로 담아보는 활동도 했고요.

그 회원들이 힘을 모아 협동조합을 만들었어요. '화화(火花) 협동조합'이라는 이름으로요. 2년 전에 만들었는데 활성화가 잘 안 됐어요. 그 협동조합을 기반으로 화상장애인을 위한 활동을 시작해보고 싶어요. 이번 국제컨퍼런스 때 '제가 한번 활성화시켜보겠습니다'라고 회원 몇몇에게 이야기했어요. 나중에 어느 정도 자리 잡으면 화화 1호점, 2호점 하는 식으로 매장을 내고 싶기도 해요. 일단 무작정 저질러보는 거예요. 지금은 '일단 해보자' 하는 마음이 더 커요. 주변에서도 "한번 해봐라. 언니들이 함께하겠다"라며 힘을 보태주고 있고요.

화상장애를 장애 유형으로 인정받는 일이 가장 우선이에요. 화상장애인을 위한 사회복귀 시스템을 구축하는 데에도 힘을 보태고 싶고요. 여력이 된다면 비장애인을 위한 화재예방 교육이나 인식 개선 교육도 하고 싶어요. 장애인 당사자가 강사로 장애인식 개선 교육을 하잖아요. 대부분의 강사진이 지체장애인이더라고요.

분야별로 나누면 더 좋을 것 같아요. 예를 들어 소방교육은 유치원부터 고등학교까지 다 해야 하거든요. 그런 곳에 소방관하고 화상장애인하고 매칭해서 들어가면 좋겠어요. 실습은 소방관이 하고, 교육은 화상장애인이 하는 거죠. 내 흉터를 당당히 보여주면서, '불조심하지 않으면 이런 상처를 입을 수 있으니 여러분들도 조심하세요'라고 이야기하는 거죠. 화상장애인들을 여러 번 보게 되면 거리에서 우연히 만나도 놀라지 않을 거예요. 화상장애인들은 고립돼서 밖으로 나가지 않잖아요. 우리도 밖으로 나가야 일자리를 얻을 수 있고, 일하면서 교류를 해야 자존감도 높일 수 있어요.

서울에 화상 관련 재단이 있어요. 거기에 장애인식 개선 사업을 담당하는 부서가 있더라고요. 재단들과 손잡고 사업을 구체화하고 싶어요. 이번에 한림화상재단에서 개최한 국제컨퍼런스가 방송을 많이 탔어요. 많은 분들이 알아줬으면 좋겠다 싶어 방송 동영상을 지인에게 뿌렸어요. 동영상을 본 지인이 "화상장애인에게 이런 어려움이 있구나"라면서 간접적으로 경험했다고 고맙다고 하더라고요. 협동조합이 잘되면 재단도 저절로 홍보가 될 거예요.

사회복귀 프로그램의 하나로는 카페 운영도 생각하고 있어요. 조합원 중에 협동조합 사업으로 바리스타 교육을 받은 분들이 계시거든요. 병원 안에 화상장애인 바리스타가 운영하는 커피숍이 있다면 좋을 것 같아요. 우리는 소방관들하고 밀접하니 그분들을 커피숍 일일 지점장으로 모셔도 재밌을 것 같고요. 그러면서 이슈화하는 거죠. '소방관이 일일 지점장으로 카페에서 일을 한다. 화상장애인들을 위해서 봉사를 한다'고 하면 소방관에 대한 인식도 향상되고, 우리는 이익이 창출되고, 병원은 홍보가 되는 거죠.

결국 우리가 만들어갈 협동조합에서 해야 할 일은 화상장애를 장애 유형으로 인정받는 일, 화상장애인들의 사회복귀를 위한 지원 토대를 만드는 일, 화상장애인에 대한 비장애인들의 인식을 개선하는 일, 이렇게 크게 세 가지 정도일 것 같아요.

시스템과 연대가 필요해

화상환자가 퇴원하면 그분이 생활할 지역에 환자 정보가 전달되는 시스템이 필요해요. 지역에 내려가서 필요한 서비스를 받을 수 있도록 말이에요. 시 차원에서 지원할 수 있는 서비스, 그리고 구나 동 차원에서 지원할 수 있는 서비스가 각각 다를 거예요. 화상장애인이 사회복귀를 더 빨리할 수 있도록 각계각층에서 함께 지원해야 하는데, 그렇지 않은 게 현실이에요.

화상환자마다 필요한 자원이 달라요. 화상 입은 부위, 성향 등을 복합적으로 따져서 서비스가 이뤄져야 해요. '조금 다쳤으니까 이것만 지원하면 되겠지?' 그것도 아니에요. 많이 다치지 않았어도 내성적인 사람이라면 마음의 내상이 더 깊을 수 있어요. 그럼 심리치료 서비스가 필요하죠.

기능적 손상이 있는 화상장애인이 할 수 있는 일과, 기능적인 손상은 없지만 안면이나 보이는 곳에 흉터가 많은 사람이 할 수 있는 일이 달라요. 그러니 각자가 할 수 있는 직업을 맞춤으로 제공해야 해요. 화상장애인이 지역에서 다시 자리 잡을 때까지 지속적으로 관리해주면 좋겠어요.

화상장애를 장애 유형에 넣는 문제가 중요하다고 아무리 이야기해도 자기 일이 아니면 누가 관심을 갖겠어요? 논문도 몇 편 나와 있지만 하지만 관심있는 사람들이나 읽지, 널리 알리긴 힘들어요. 저 역시 필요하다고는 생각했지만 현업이 있으니 앞장서기가 쉽지 않았어요. 국제컨퍼런스 끝나고 행사가 이슈화되는걸 보고 느낀 게 많아요. 내년에는 좀 더 준비해서 무언가보여줘야겠다고 생각했어요. 이왕에 대중에게 노출되는 행사를 준비했으니, 화상장애에 대해 알리는 기자회견을 한다거나해서 그 자리를 적극적으로 활용하고 싶어요. 국제컨퍼런스 기간에 마음 맞는 사람들이 모여서 국회의사당 앞에서 릴레이 일인 시위를 할 수도 있겠고요.

우리가 직접 목소리를 내야 조금이라도 시일을 앞당길 수있을 것 같아요. 무언가를 바꾸려면 앞장서는 사람이 있어야 하죠. 누군가 먼저 움직이면 비슷한 사람들도 하나둘씩 모일 거라고 생각해요.

미국 피닉스 소사이어티에서 행진했을 때 일이에요. 길을걷는데 소방관분들이 양쪽으로 서 계셨어요. 우리 화상장애인들이 그 가운데로 걸어가면서 소방관들과 악수를 나눴어요. 소방관분들이 손을 잡아주시는데 정말 가슴이 뭉클한 거예요. 손을 잡으시면서 씩 웃어주셨거든요. 저도 활짝 웃었고요. 이분이 왜 웃었는지, 나는 또 왜 웃었는지 언어가 통하지 않아도 서로 느낄 수 있었죠. 살려줘서, 살아줘서 서로에게 고마운 그 마음을요. 우리나라도 이렇게 만날 수 있는 기회가 있었으면 좋겠어요. 화상장애인과 소방관은 사고 당일에 만나고 그 후에는 볼일이 없어요. 자기 목숨 걸고 내 목숨을 구해주신 분인데 누구인지 알 수도 없고, 만날 수도 없는 거죠.

소방관 처우 개선을 위한 캠페인은 꼭 함께하고 싶어요. 그분들의 처우가 더 좋아져야 해요. 그 문제는 소방관들만의 일이 아니에요. 우리와 직접적으로 연결되죠. 앞으로 화상을 입게 될지 모를 분들의 생명을 구하는 데 도움이 될 거잖아요. 화재 현장에서 일하시니 소방관분들 본인이 장애 당사자가 될 수도 있고요. 그러니 소방관을 위한 일이 우리 모두를 위한 일이기도 한 거죠.

마지막까지 하고 싶은 말

아는 분이 목포에서 다쳐서 한강성심병원에 왔어요. 요리하다가 기름을 뒤집어썼대요. 다행히 초기 응급처치도 잘됐고, 무엇보다 서울까지 헬기타고 오셨다고 하더라고요. 얼마나 빨리 도착했겠어요. 헬기 안에서도 얼음물로 응급처치를 하고 있었대요. 그러니까 피부 속에 있던 열기가 다 식어가지고 피부가 오그라들지도 않고 하얗더라고요. 제가 "이모는 돈 벌었네" 그랬어요. 초기에 어떻게 응급처치를 하느냐에 따라서 그 결과가 천차만별이더라고요.

마지막으로 하고 싶은 말은 화상을 입지 않으면 좋겠다는 거예요. 만약 화상을 입으셨다면 응급처치를 꼭 제때 제대로 하시라는 이야기 전해드리고 싶어요. 만나는 사람들에게 습관처럼 강조해요. "화상은 응급처치가 가장 중요하다. 무조건 찬물을 틀어놓고 열기를 식혀라." 이제 입버릇이 됐죠. 아! 그리고 포기하지 말고 재활을 꾸준히 해달라는 말도 하고 싶어요. 아, 정말 마지막인데요. 집에 혼자 있지 말고 나오세요. 이거 정말 부탁이에요. 정말 마지막까지 잔소리네요. (웃음)

인생은 참 알 수가 없어요. 목포의 그분은 응급처치를 잘 받을 운명이었고, 전 이렇게 되어야만 하는 이유가 있었겠죠. 앞으로도 사회복지 현장에서 일하며 살 텐데, 현장에서 일하려면 몸으로 직접 경험하고 체험하고 진심으로 일하라는 거 아니었을까요. 저는 종교를 안 믿다가 아픈 뒤에야 하느님께 귀의했어요. 아마도 저를 더 잘 쓰시려고, 더 단단하게 만드시려고 그렇게 하지 않았나 싶어요. 제게 부족한 부분을 더 채우시려고 인생에 이렇게 군데군데 지뢰를 놓으셨구나 생각해요. 지뢰를 건드리면 터져버리니, 건드리기 전에 생각을 많이 하고 접근하라는 뜻이죠. 그분이 설치하신 지뢰 덕에 그것을 밟기 전보다 제가 더 낫게, 더 풍요롭게 잘 살고 있다고 생각해요. 지금이 훨씬 좋아요.

다만
하나의 몸짓에
지나지 않더라도

구술 엄문희
기록 송효정

늦은 아침을 챙기고 출근길에 오를 때마다 지하철역 앞, 하얀색 7층 건물의 옥상이 그녀의 두 눈에 담긴다. 4년 전 사무실 내 화재를 피해 도망쳤던 그곳이다. 겨울의 한가운데였다. 시린 석양을 향해 두 손을 내밀었을 때 재가 되어 날아오르던 손 가죽의 잔상이 선명하다. 사고 후의 2년은 '몸이 녹아내리는 것 같은 고통' 외의 다른 단어들로 대체할 수 없다. 고통은 진물이 되어, 몸의 온 구멍에서 차 넘쳤고, 많은 순간 그녀를 두려움 속으로 주저앉히기도 했다. 그러나 그녀는 산을 타던 사람이다. 산의 정상과 하늘을 눈에 담고, 한 발 한 발 힘을 주어 땅을 딛고 위로 또 위로 오르던 사람이었다. 아무리 험한 땅을 만났다 해도, 한 번 딛고 오른 땅은 이제 그녀에게 더 이상의 의미가 없다. 출근길 위에서 그녀 엄문희는 매일 같이 산꾼이 된다. 고개를 돌려 7층의 건물을 눈에서 비우고 그 너머의 태양을 담는다. 오늘 그녀는, 힘주어 어제를 딛고 내일을 향해 잰걸음을 옮긴다. ━송효정 누군지는 모르겠어요. 그 사람과 통화하면서 내일 저녁에 서울역에서 만나자고 약속했어요. 역 앞에서 기다리고 있는데 생판 모르는 남자 두세 명이 다가와 다짜고짜 내 양쪽 팔을 딱 채더라고요. 정신을 잃었다가 깨어보니 사지가 묶여 있는 거예요. 온라인 게임에나 나오는 갑옷 같은 걸 입은 사람들이 "너 간첩이지? 대답해!" 하면서 고문을 시작해요. 어떤 때에는 채찍을 가져와 탕, 탕 내리치기도 하고요. 그러다가 고기 절단기를 가져왔어요. 그 기계에 팔, 다리를 넣어 잘라요. 마취를 하는 것도 아니니까 기절했다가 깨어나는 걸 반복했어요. 무의식 중에 그 사람들끼리 하는 말이 들려요. "이러다가 죽으면 어떡하지?" "고문하다 죽으면 살인이야. 병들어 죽은 것처럼 꾸며야지."

그게 꿈인지도 몰랐어요. 나중에 듣고 알았지. 한 달 반 만에 깨어났다고 하더라고요. 정신이 맑아진 건 중환자실에 들어간지 두 달쯤 지났을 때예요. 나한테는 현실이었던 것 같은데 그게 사실이 아니란 걸 아니까 결국 꿈 이야기는 아무에게도 하지 못했어요. 아마도 너무 고통스러우니까 그런 꿈을 꿨겠죠? 몸을 움직일 수는 없고, 고통만 느끼니까 그런 꿈만 연이어 꾼 것 같아요.

정신이 든 다음에도 꿈과 현실이 잘 구분이 안 됐어요. 침대 옆으로 연기가 나고, 불이 막 치솟아요. "여기 불이 났어요!"라고 소릴 지르면 간호사들이 "괜찮아요, 괜찮아요"라고 말해줬던 것 같아요. 아마도 많은 환자들을 대하다보니 그 소리만 듣고도 알고 진정시켜줬던 거겠죠.

꿈을 계속 꿨어요. 깨어나면 '아, 그게 현실이 아니었구나' 깨닫고요. 그러다 또 어느 날부터는 도통 잠을 이룰 수가 없는 거예요. 언젠가는 3일간 눈도 깜빡이지 않았던 거 같아요. 못 자겠더라고요. "제발 나 잠 좀 자게 해달라"고 애원했어요. 몸은 고통스럽지 사방에서는 아프다는 비명 소리가 들리지. 그렇다고 해서 중환자실 침대에 TV가 있거나 음악을 틀어놓는 것도 아니잖아요. 정신을 돌릴 만한 것도 없는 거예요. 처음엔 수면제를 먹어도 안 되더라고요. 그러니 약은 점점 독해지고, 그러면서 언제부턴가 잠을 조금씩 이룰 수 있게 됐어요. 그렇게 중환자실에서 4개월을 보냈어요.

어머 나 이거 어떡해

2014년 1월 15일이었어요. 면목역 근처에 있는 회사에 다니고 있었고요. 평소에 알고 지내던 분이 친구 몇이랑 인터넷 쇼핑몰을 열었다면서 일을 좀 도와달라고 하더라고요. 큰돈 없이 시작하는 거니까 초기에 고전을 좀 하더라도 나중에 돈 벌면 직원들이랑 배분할 거라면서요. 마침 전에 다니던 회사를 그만뒀던 터라 딱히 할 일이 없기도 했고, 회사가 자리를 잡으면 급여도 늘겠다 싶어 한번 해보겠다고 했어요. 들어가서 한 달이나 됐을까, 사고가 난 게…

화재 원인은 전기합선이었어요. 회사가 7층 건물의 꼭대기 층을 썼는데 그 층에는 우리처럼 작은 자영업자 사무실들이 많이 들어와 있었거든요. 다들 전화 통화량이 많았어요. 패널 벽 하나를 사이에 두고 따닥따닥 붙어 있으니 평소에 옆 사무실에서 통화하는 소리가 고스란히 들렸어요. 너무 시끄러우니까 사무실 벽이며 천장에 방음하려고 스펀지 계란판 있잖아요, 방음하려고 그 흡음제들을 붙여놓았고요.

그날 일하다가 패널 벽에서 '파바박' 스파크가 일어나는 걸 봤어요. 전화며 전기며 많이 쓰니까 처음엔 그러려니 했어요. 그런데 그게 불이 된 거예요. 벽 위에 계란판을 붙여놔서 거기에 가려 불 붙은 게 곧바로 보이지 않았던 거고요. 나중에 들으니 불이 벽 안에서 번져서 곧바로 출입구 쪽에서 불이 확 일어났다고 하더라고요. 우리 사무실은 건물 안쪽에 있으니 불이 번진 걸 늦게 알았던 거고요.

불을 보고는 놀라서 "어! 저거! 어!" 소리만 내면서 밖으로 뛰어나갔죠. 출입구 쪽 동료들은 이미 다 나갔고, 사무실 안쪽 사람들은 그제서야 나간 거예요. 막 뛰어나가는데 천장에도 불이 붙어 스펀지 녹은 불똥이 저한테 떨어졌어요. 1월이었으니까 추울 때잖아요. 오리털 파카를 입고 있었거든요. 그러니 옷이며 머리카락에 불이 얼마나 잘 붙겠어요. 머리카락이 호로록 타올라오는 느낌이 들어서 손으로 불을 막 껐죠. 갑자기 얼굴이 뜨거워지고, 숨이 컥컥 두 번가량 막히더라고요. 그러다 정신을 잃은 거예요. 그 뒤로 기억이 없어요.

무의식 중에 살려고 밖으로 나왔나봐요. 정신을 차려보니 빛줄기가 하나 보이더라고요. 아직 해가 지기 전이었으니까 시간이 오래 지난 것 같지는 않다는 생각이 들었어요. 그 불빛을 따라 올라갔더니 곧 옥상이 나오더라고요. 두세 명이 고통스럽게 소리를 지르면서 떼구르르 구르고 있더라고요. 겨우 몸을 일으켜 하늘로 손을 쳐들어봤는데 뭔가가 너풀너풀 날려요. 처음엔 이게 뭔가 했죠. 머리카락에 붙은 불을 손으로 껐잖아요. 그 손의 피부가 익어서 떨어져나가 흩날렸던 거예요, 피부 가죽이요. "어머, 나 이거 어떡해, 어떡해." 그저 앞으로 무작정 걸어갔어요. 온몸이 다 젖었는데 추운 줄도 모르겠고, 무슨 일이 일어난 건지 정신도 없고…

　얼마나 지났는지 모르겠는데, 구급차가 왔어요. 7층부터 1층까지 걸어 내려갔어요. 전기가 다 나갔으니까 엘리베이터고 뭐고 작동이 안 되잖아요. 구급차에 탔는데 몸에 뭔가를 계속 뿌려대더라고요. 얼마나 추워요. "추워, 추워" 했더니 "추워야 살아요. 조금만 참으세요" 하는 소리가 들렸어요. 그러고선 기억이 없어요. 의식을 잃었던 거죠.

　나중에 생각해보니 옥상에서 그 나름 응급처치가 된 거예요. 7층 건물 옥상이고 1월이니까 바람이 얼마나 세차게 불었겠어요? 스프링클러가 돌아가서 옷이랑 몸도 다 젖었지, 거기에 한겨울 찬 바람에 추우니까 화기가 몸속으로 더 안 들어가고 자동으로 응급처치가 된 거더라고요.

삶의 가장자리를 걸었던 시간

　중환자실에서 눈코입만 내놓은 온통 미라 같은 모습으로 깨어났어요. 움직이질 못하니 물 한 컵 내 맘대로 먹을 수가 있나, 화장실에 갈 수가 있나. 치료도 침대에 누워서 받았어요. 중환자실에 있던 기간이 정말 힘들었어요.

　제가 69퍼센트 전신화상(이식 부분 포함)이에요. 겨울이니까 부츠를 신고 있었거든요. 그러니 발목이랑 목만 빼고 다 데었다고 보면 돼요. 화상을 입으면 다치지 않은 피부를 떼어내 화상 입은 데 붙이거든요. 그럼 빨리 나아요. 전신화상이다보니 발등에 있는 피부까지 떼어내 썼어요. 글쎄, 수술을 열 몇 번 했으려나요. 의식이 없을 때도 수술을 했으니 그저 그만큼 했겠다 짐작하는 거죠. 얼굴이랑 하체는 피부이시도 하고 세포배양도 받아서 의식이 없는 상태에서도 빨리 나았어요. 그런데 상체 쪽으로는 이식할 피부가 없었어요. 그럴 때에는 사체나 인공피부를 이식하는데 저한테는 그게 안 붙더라고요. 뭐가 안 맞는지 녹아내리기만 해서 수술을 몇 번이나 하고도 계속 허탕만 쳤어요. 그러다보니 치료과정에 시간도 많이 걸리고 너무나 고통스러웠죠. 결국엔 자연스럽게 나은 셈이에요.

병원생활은 고통에서 시작해 고통으로 끝났어요. 아침밥을 먹으면 그때부터 제 이름이 호명될까봐 심장이 벌렁거려요. 치료실에 가서 고통받을 걸 생각하면 딱 도살장에 끌려가는 기분이거든요. 치료사가 제 이름을 부르면 몸에서 벌써 신호가 와요. 기운이 빠진다든가, 열이 올라간다든가, 손이 마구 떨린다든가⋯ 너무 무서우니까 몸에서 신호가 오는 거예요.

치료실에 들어가면 먼저 샤워기를 틀어 전신에 물을 뿌려요. 상처 위에 거즈를 덧댄 상태잖아요. 거즈랑 피부가 엉겨붙어 있는데 그 위에 따뜻한 물을 뿌려 그걸 불린 뒤에 떼어내는 거예요. 제가 몸통 쪽으로는 성한 데 없이 모두 상처였거든요.

그러다보니 거즈를 뗄 때 고통이, 뭐라 그럴까, 상처 위에 소금을 뿌려 문지르는 느낌이랄까요. 떼어낼 때 피가 많이 나요. 피하고 물이 섞인 그 붉은 물이 하수구로 흘러가죠. 이때 피가 많이 소모되니까 2, 3일에 한 번씩은 수혈도 받아야 했고요.

거즈를 다 떼어내면 치료사분들이 비닐장갑 낀 손으로 그 상처들을 마구 문대요. 상처에 생긴 고름이나 죽은 피부세포를 모두 닦아내야 하거든요. 그러고 나서 식염수인지 소독약인지를 피부 위에 좌악 뿌리고는 그 상태에서 약을 발라줘요. 연고를 듬뿍 바르고 그 위에 곧바로 거즈를 대고 붕대까지 감는 거예요.

치료시간이 실제론 40, 50분인데 마음 같아선 며칠 같아요. 어떨 때엔 너무 아파 까무러칠 때도 있었어요. 막상 치료가 끝났다고 해도 그게 상처를 헤집어놓은 거니 그 뒤로도 한두 시간은 고통스러울 거잖아요. 약을 발라놨으니 그것 때문에도 쓰라리고요. 병실에 돌아와서도 한두 시간은 밥도 못 먹고 노상 우는 거예요. 병원에서 울보라고 소문이 날 정도였어요. 그걸 하루도 안 빼놓고 하려니 나중에는 죽는 게 낫겠다 싶더라고요.

한동안 치료를 거부해보기도 했어요. 그런데 치료를 3, 4일 가량 안 받잖아요? 그러면 염증 때문에 몸에서 냄새가 나요. 중환자실에서 일반병동으로 내려온 다음에는 서너 명이 병실을 같이 썼어요. 같은 병실 사람들이 냄새가 나니 얼른 가서 치료받으라고 해요. 진짜 살기 싫으면 모를까, 갖은 고생 겪으며 여기까지 왔는데 조금만 더 참아보라면서요.

겪어본 사람들이야 그렇게라도 말해주는데 이 치료를 겪어보지 못한 사람들은 이게 얼마나 고통스러운지 모르잖아요. 보호자들은 '어휴, 냄새' 하면서 손사래를 쳐요. 제가 치료를 너무 힘들어하니까 나중에는 의사가 안 되겠다 싶은지 그러면 일주일에 한 번 전신마취를 하고 치료하자, 그러고 나서 한 주 쉬고 나서 그걸 반복해보자고 하더라고요. 그래도 내내 그렇게 마취와 치료를 병행할 순 없대요. 나중엔 강제퇴원 이야기까지 나오더라고요.

제 손가락을 보면 다 휘어서 굳어 있잖아요. 그때는 이 손가락을 보면서도 이제 어떻게 살아야 하나, 이런 생각조차 못 했어요. 제발 이 치료의 고통만 멈출 수 있다면 손가락이며 뭐며 다 잘라내도 좋으니 그저 아프지만 않았으면 좋겠다고 바라고 또 바랐어요.

몸이 아닌 마음에 입은 상처

다시 생각해봐도 병원에서의 이야기는 고통에서 시작해 고통으로 끝나요. 지금이야 그저 지나간 이야기이니 웃음도 슬쩍 나고, 누가 물어도 아무렇지 않게 이야기할 수 있게 됐지만, 그때는 정말로 그저 죽기만을 바랐어요. 아무 고통 없이.

치료 자체가 인정사정이 없어요. 지금 생각하면 그 많은 환자들의 사정을 다 봐주면서 기다려주면 어떻게 치료할 수 있겠나 싶어요. 물론 그때도 한편으로는 이해했지만 당장의 고통이 너무 심하니까 '내가 얼마나 아프든 자기 살이 아니니까, 자기들은 아프지 않으니까 나한테 조금만 참으라고 말해버리면 그만이구나' 하는 야속함뿐이었어요.

치료사분들은 대부분 여자였는데, 가끔씩 남자분이 들어올 때가 있어요. 일이 힘드니까 치료사들도 자주 바뀌었을 테죠. 의사 선생님도 남자였는데, 치료과정을 확인하려고 가끔 치료실에 들어오기도 했어요. 사실 산부인과든 어디에서든 남자 의사 앞에서 몸을 드러내는 게 꺼려질 수 있잖아요. 당시엔 온몸이 전부 상처투성이였고 거즈를 떼어내면 알몸을 그대로 드러내는 거였어요. 치료 때마다 제 몸을 다 내보이는 거나 마찬가지니까 그런 것도 많이 괴로웠죠.

근데 창피하고 수치스러운 것도 치료실에 남자 치료사나 의사가 들어오는 그 잠깐 동안이지, 막상 치료가 시작되면 그런 생각도 못 해요. 너무 고통스러우니까 수치는 사치일 뿐인 거죠. 그저 고통만 덜했으면, 안 아팠으면, 빨리 끝났으면… 온통 그 생각만 하게 돼요.

가끔은 도대체 내가 저 사람들한테 얼마나 큰 죄를 지었기에 나한테 이런 고통을 줄까라는 생각도 들었어요. 치료사들이 혹시 나한테 스트레스를 푸는 것 아닐까 싶기도 했고요. 치료받기 전에 너무 긴장될 거 아녜요. 어느 날엔가는 "잠깐만요, 잠깐만요. 심호흡 좀 하고요, 심호흡 좀"이라고 말했더니, "어휴, 빨리빨리 해요"라면서 짜증을 내더라고요. 일단 치료실 안에 들어가면 저는 약자잖아요. 치료사와 단둘이서만 있으니 그분이 일부러 아프게 해도 그걸 알 수가 없잖아요. 좀 덜 아프게 살살 해도 되는데… 그러다보니 기분이 나빠도 제 목소리를 낼 수가 없는 거예요. '내일도 치료받아야 하는데 지금 밉보이면 내일 더 아프게 하지는 않을까?'라는 생각에 아무 말도 못 하고 병실에 내려와 펑펑 울었어요. 너무 서럽더라고요.

여기, 꽃씨를 심어둔 것도 같은데

입원한 지 2년쯤 지난 2015년 11월이었어요. 그때 주치의에게서 처음 퇴원에 대해 이야기를 들었어요. 희망이라기보다 충격이었어요. 제가 그 병원에서 제법 길게 있었던 장기입원환자였거든요. 그만큼 화상이 심했죠. 그러다보니 병원 밖에 나가 생활할 수 있을 거라고는 전혀 생각하지도 못했어요. 당연히 퇴원도 생각해본 적이 없었고요. '일단은 치료가 먼저니까 다 마치고 난 다음에 생각해'라고 이야기해준 사람은 있었어도 '퇴

원하면 혼자 생활해야 해. 할 수 있을 거야'라고 말해주는 사람은 없었어요.

그런데 그 이야길 해주면서 주치의가 "이 상태로 밖에 나가서 자기 손으로 밥이라도 제대로 먹을 수 있겠어요?"라면서 질책 아닌 질책을 하는 거예요. "퇴원도 하셔야 하고 밖에 나가면 혼자 밥도 드셔야 해요. 언제까지 간병인을 두고 살 순 없잖아요"라면서요. 그때 처음 '아, 나 혼자 생활해야 할 때가 오겠구나'라는 생각이 들었어요. 그때부터 병원생활이 더 절망적으로 느껴졌어요. '이제 밖에서 전처럼 살 수는 없겠구나. 어떻게 살아야 하지'라는 생각만 했으니…

장기입원환자는 2년간 입원하면 그 뒤로 며칠은 퇴원해 있어야 해요. 건강보험 때문인데요. 의사선생님한테 그 얘기 들은 지 얼마 지나지 않아 잠깐 퇴원을 했어요. 사고 전에 살던 집은 형제들이 처분한 상태여서 막내 동생 집으로 갔고요. 그 집에 가서 가만 생각해보니 이렇게 넋 놓고 있다가는 생활이 안 되겠더라고요. 내가 퇴원해서 어떻게든 살아가려면 손이라도 쓸 수 있어야겠다 생각했어요.

사고 났을 때 머리카락에 붙은 불을 제 손으로 껐잖아요. 그 덕에 얼굴 상처는 덜한데 손가락을 많이 다쳤어요. 입원 초기엔 손가락 모두를 절단해야 할지도 모른다고 할 정도로요. 다행히 절단은 안 했는데 연골이 다 망가져서 손가락이 구부러지지 않아요. 의학적으로도 어떻게 할 수가 없다고 하더라고요. 바지를 끌어올리려고 해도 손가락 피부가 쓸리고, 종이컵을 들다가도 곧장 떨어뜨리고… 피부도 약하고 손에 힘도 없으니까 '이 손은 모양만 남아 있을 뿐이지 어디 써먹을 수 없겠구나' 싶었어요. 그래도 어떻게든 이 손을 쓰려면 뭘 해야 할까 고민하다가 뜨개질을 떠올렸어요. 원래 대바늘로 하는 뜨개질을 즐겨 했어요. 겨울만 되면 목도리며 조끼 같은 걸 떠서 형제들 친구들에게 선물하곤 했으니까요. 다시 대바늘을 잡았을 땐 엉성하니 전처럼 다룰 수 없었지만 한두 달 해보니 어느 때부터인가 손에 힘이 들어가더라고요.

그때 내 세상은 어땠는지

20년 전에 이혼을 했어요. 고등학교 졸업하고 서울로 올라와 봉제공장 다니면서 사회생활을 시작했어요. 다른 건 생각도 못 하고 친언니 밑에서 일만 하다가 스물여섯에 전 남편을 만났죠. 제가 원래 술을 못하는데, 우연히 어느 술자리에 갔다가 거기서 어쩌다 그 사람과 엮여버린 거예요. 그 이튿날 그 사람이 가방 두 개 싸들고 제 자취방으로 찾아왔더라고요. 그때부터 결혼생활이 시작된 거죠.

순진했다기보다는 경험해본 게 없었으니 그때는 이 사람 아니면 시집 못 가는 줄 알았어요. 그렇게 1년 살다가 결혼식 올리고 애도 낳았어요. 부부가 살다보면 싸움도 하게 되잖아요. 그 사람 성격을 알거나 좋아해서 결혼한 것도 아니었으니 너무 많이 부딪혔어요. 제 몸을 때리진 않았는데, 싸울 때마다 병 같은 걸 벽에 집어던지면서 가슴에 박히는 말을 던졌어요. 애들이 어릴 땐 그런 장면을 보고는 막 경기를 일으키기도 했어요. 나중에 좀 더 커서는 부부 간에 말소리만 커져도 무서워하면서 방에 숨어 들어가 눈물만 뚝뚝 흘리고 있더라고요. 그래서 제발 애들 있을 때는 그렇게 하지 말라고 이야기해도, 그 사람은 화가 나면 끝을 봐야 하는 성격이라… 그래도 거기까지는 참았어요. 애들이 있는데 어쩔 수 없잖아요.

제 자취방에서 결혼생활을 시작했으니 신접살림이 오죽했겠어요? 월세 내고 나면 정말 빠듯했고요. 5년쯤 살면서 월세에서 전세로 옮기고 나중에는 융자가 좀 끼긴 했지만 단독주택도 샀어요. 전 남편한테 정이 있었던 건 아니지만 애들 크는 거 보고 돈 모으는 재미로 살았던 거죠. 그러다 그 사람이 도박에 빠졌어요. 다른 건 몰라도 생활력 하나는 강한 사람이었는데, 도박에 빠질 거라고는 상상도 못 했어요. 제가 알았을 땐 이미 너무 늦었더라고요. 달래볼 겸 자동차를 사줬더니 그 차로 원정도박까지 다니더라고요.

그렇게 한 2, 3년 지났을까요. 어느 날 전화가 왔어요. '애기 아빠 다리 한 짝을 부러뜨리느니 팔 하나를 어쩌느니' 하면서요. 하다하다 건달들 돈을 빌려 썼더라고요. 그 사람이 생활비 갖다준 지도 몇 년이 됐고 제 수중에 돈이 없었거든요. 시댁에서도 모르는 척하니 도움을 청할 데가 없더라고요. 결국엔 그 집을 급매로 내놨어요. 그것도 모자라 아는 사람들에게까지 돈을 빌려서 어떻게 다 갚긴 했는데, 그러고 나니 그동안 지탱하고 있던 것들이 한순간 무너지더라고요.

제가 너무 넋 나간 사람처럼 있으니까 친구 하나가 맨날 집으로 와서는 아이들을 돌봐줬어요. 그래도 영 정신을 못 차리니까 자기 집에 와서 일주일이든 한 달이든 좀 쉬라고 하더라고요. 남편하고 그렇게 이야기하고 집을 나섰는데, 그 길로 그 사람이 파출소에 가서 내가 가출했다고 신고를 했대요. 그러고 나서 한 열흘쯤 뒤에 친정 엄마랑 오빠가 저를 찾아왔어요. 나는 그때까지 친정집에 저희 집 사정에 대해 말 한마디 한 적 없었거든요. 친정에선 제가 그냥 애들 잘 키우면서 사는 걸로 알았지, 그렇게 마음고생하고 사는 줄 몰랐단 말이에요. 그런데 친정 오빠에게 전화해서 내가 집을 나갔으니 시골로 데리고 가라고 한 거예요. 그 길로 시골 친정집에 끌려 내려갔다가 두 달 만에 서울로 몰래 올라와서는 다시 봉제 일을 시작했어요.

몇 달 뒤에 법원에서 이혼통보가 왔어요. 그땐 상대방이 가출했다고 신고하면 그게 곧 이혼으로 처리되던 시절이었어요.

결혼생활에 아무런 미련이 없었으니 차라리 잘됐다 싶었죠. 그때까지는 친구네 집에 얹혀살다가 월셋방을 얻어 본격적으로 직장생활을 하게 된 거고요.

애들은 늘 아픈 손가락이에요. 20년 전 남편과 헤어지면서 애들을 두고 나올 때 큰애가 여덟 살, 작은애가 여섯 살이었어요. 둘 다 아들이고요. 평소에는 직장생활을 하다보니 아무렇지 않은데 퇴근하고 집에 돌아오면 허전해져요. TV를 보다 온 가족이 놀이동산 가는 장면만 나와도 괴로웠고요. 애들 생일이나 어린이날엔 더하죠.

가끔은 극단적인 생각을 품기도 했어요. 언젠가는 슈퍼마켓에서 파는 위스키 댓병을 사갖고는 그걸 다 마셨어요. 그러고는 죽어버려야겠다는 생각으로 부엌칼로 손목을 내리쳤어요. 그런데 취해서 중심이 안 잡히니까 왼손 새끼손가락을 내리치고는 그냥 기절해버렸던 거예요. 눈을 뜨니 병원이에요. 그 집이 방 한 칸짜리 월셋방이 다닥다닥 붙은 식이었는데, 제 방 현관 아래로 피가 흘러내려 고여 있던 걸 옆방 사람이 보고는 신고한 거였어요. 병원에서 깨어나 거의 반 미친 사람처럼 난리를 쳤어요. 그래도 차차 시간이 흐르면서 조금씩 무뎌지더라고요. 살아야 하니까… 지금도 애들 보면 미안해져요. 한참 엄마 손이 그립고, 엄마를 필요로 할 나이에 제가 사라져버린 거니까요.

주변에서 뭐라 하는 것도 아닌데, 누구한테 애들 이야기를 편히 꺼내놓기가 어려워요. 속사정을 다 이야기할 필요도 없는데도 그래요. 사회생활 하다보면 사람들이 종종 묻잖아요. 그러면 남편하고 안 좋아서라고만 이야기하죠. 모든 게 제 탓이 아니라 남편 잘못이라고 몰아가게 돼요. 제 뒤통수에 대고 애들 버리고 나온 나쁜 인간이라고 손가락질할까봐 그랬는지도 모르겠어요. 아무튼 저의 죄를 덮기 위해 남편 욕을 더 많이 했던 것 같아요.

다른 한편으론 제가 얼마나 애들을 데려오고 싶어했는지, 애들을 달라고 얼마나 하소연했는지를 많이 이야기해요. 제가 누굴 만나 애들 아빠 얘기를 어떻게 하든 그 사람들은 제 얘기로만 그때 사정을 알지, 누가 그걸 확인하겠다고 남편을 만나지는 않잖아요. 결국 나를 포장하기 위해서 그랬던 것 같기도 해요. 제 자신을 숨길 구멍이었던 것 같기도 하고요.

남편이 애들을 데리고는 남쪽 도시로 이사를 했어요. 한동안은 시어머니한테 전화번호 좀 가르쳐달라고 해서 애들하고 통화하곤 했어요. 그런데 애들 아빠가 그러지 못하게끔 일주일이 멀다 하고 전화번호를 바꾸는 거예요. 결국 한참 연락을 못하다가 큰애 고등학교 1학년 때 우연히 다시 만났어요. 셋이서 끌어안고 통곡하듯이 그저 울기만 했죠. 울고 나니 가슴에서 뭔가가 싹 내려가는 느낌이 들더라고요.

큰애는 서른, 작은애는 스물여덟이 됐네요. 지금도 각자 따로 사니까 자주는 못 만나요. 가끔 제가 애들 보러 가기도 하고, 애들도 친구 만나러 서울 올라오면 저희 집에 있다 가고요. 큰 애는 아빠를 닮아 요즘 아이돌같이 생겼고, 작은애는 절 닮았어요. 옛날에는 먹혔던 스타일인데… 장동건 닮았어요. (웃음) 부모자식 간이라도 오랫동안 떨어져 있다가 애들이 다 커서 만나 그런지, 같이 지지고 볶고 산 거하고는 느낌이 다르더라고요. 다시 만난 지 13년째라 이제는 서로 편안하게 대할 때도 됐는데, 그게 생각처럼 쉽지 않아요. 미안한 마음만 들고요. 한편으론 고맙죠. 어렸을 때 힘들었을 텐데…

사는 건 온통 힘에 부치는 일

정신없이 살았죠. 이혼 후에는 봉제 일을 했잖아요. 그게 월급이 빤해요. 돈이 없으니 보증금 백만 원에 월세 20, 30만 원 내면서 살았거든요. 한 달에 돈 백 벌어서 월세 내고 공과금 내고, 여자니까 옷이랑 화장품도 사야 하잖아요. 그러다보면 저축이 안 돼요. 한 달 벌어 한 달 사는 거죠. 월세에서 벗어나지를 못하겠더라고요. 그 일을 몇 년 하다가 제부가 성인오락실을 열어서 거기에서 일했어요. 그게 봉제 일보다는 수입이 좀 나았어요. 큰돈은 아니어도 나 혼자 살기에 궁색하지 않을 정도는 벌 수 있었어요. 그제서야 저금도 했죠. 10년을 그렇게 살다보

니 여유가 좀 생기더라고요. 산악회에도 나가고요. 여름에는 수상스키 타고 겨울에는 스키 타고, 어찌 보면 즐기면서 살았다고 할 수 있어요. 사고 나기 전에는 제가 도도하다고 표현해야 하나, 아무튼 자신감이 넘쳐 보인다고들 했어요. 어디 가서 인물 안 빠지고 날씬하고, 머리카락도 항상 허리 위까지 늘어뜨려놓았어요. 남자가 없었다면 거짓말이죠. 연애도 했고요. (웃음)

사고 뒤로는 사회생활 하면서 만났던 이들하고는 연락을 잘 안 하게 돼요. 친구가 사라진 거죠. 불이 났을 때 핸드폰이 타버렸거든요. 연락처가 없으니까 친구들이 먼저 연락하지 않는 이상 연락도 할 수 없었어요. 어쩌다 가끔 친구들을 만나게 돼도 어딘가 모르게 불편하고 부담스럽더라고요. 제가 조금, 뭐라고 해야 할까, 활달해지지 않고 주눅든다고 해야 하나. 이렇게 변한 모습을 보여주기도 싫고, 사람들을 만나는 게 불편해요, 지금은.

형제들하고도 금전적인 관계로 얽히다보니 사이가 좋지 않아요. 지금 살고 있는 집이 재활병원에서 퇴원하면서 구한 집이에요. 막내 동생이 근처에 사니까 도움을 받으려고 여기로 이사 온 거죠. 다른 형제들은 모두 시골에 사니까 처음 병원에 입원했을 때에는 막내 동생이 많이 뛰어다녔거든요. 고마운 마음만 있었어요. 병원에서 퇴원하면서 고맙다고 차도 한 대 사줬고요.

병원에 있는 3년 동안 통장관리를 동생이 해줬어요. 퇴원하기 몇 달 전에 통장을 가져와달라고 했는데 안 가져오더라고요. 퇴원하기 며칠 전에 통장을 갖고 오긴 했는데 돈이 얼마 없는 거예요. 집 전세금이랑 휴업급여를 넣어뒀다고 했는데 그걸 거의 다 썼더라고요. 황당해서 큰오빠에게 하소연을 했는데, 막내가 제 생명의 은인인 것처럼만 이야기하면서 내 얘기는 들으려고도 하질 않았어요. 다치고 난 뒤부터는 내가 무슨 말을 하든 동생 이야기만 들으려 하니…

왜 이렇게 됐는지 모르겠어요. 얼마 전에 엄마가 위독하셔서 고향에 다녀왔는데, 막내 동생은 못 만났어요. 형제끼리 무슨 원수를 진 것도 아니고 그저 언니 미안하다고 하면 스르륵 풀릴 일인데… 돈이 요물이에요.

해바라기 밭에 심은 해바라기 씨앗

병원에 있을 때 친분이 있던 간호조무사가 있었는데 그분이 제게 어느 온라인모임에 가입해서 활동해보라고 조언해주더라고요. '화상카페 해바라기'라는 이름의 전국적인 자조모임이에요. 연말 송년회라든가 행사가 있으면 자그마한 선물도 나눠주고요. 그런 모임이 있다는 걸 알고는 있었지만 당시에는 치료 자체가 너무 고통스러우니까 모임에 나간다는 건 엄두도 못 냈어요.

퇴원을 앞두고 마침 해바라기의 오찬일 회장이 재수술하러 입원했는데 그때 인사 나누고 이야길 많이 했어요. 오 회장이 해바라기 카페에서 직업창출을 위한 협동조합을 준비하는데 같이하자고 제안하시더라고요. 재활병원으로 옮긴 게 2016년 2월인데, 거기는 아무래도 외출이 쉬우니까 모임이나 회의에 나갈 수 있었어요. 다만 당시에 에스컬레이터를 타면 몸의 균형을 못 잡는다는 게 문제였어요. 다리에 힘이 안 들어가서 중심 잡기가 어려웠거든요. 버스나 전철을 타는 건 더더욱 엄두가 안 났죠. 다행히 조합장의 집이 병원 맞은편에 있어서 모임이 있을 때마다 항상 데리러 와줬어요. 근 1년 동안 임원으로 일하면서 열심히 쫓아다녔어요. 창업교육도 받았고요. 카페 준비하면서 사람들이랑 어울리게 되고 친구도 생기고, 희망에 부풀었죠.

그때는 금방 뭐라도 만들어질 줄 알았어요. 도와주려는 사람도 많았고요. 근데 결국 협동조합이 잘되지는 않았어요. 카페를 내려면 대출도 받아야 하고, 조합원 중 누군가는 임대계약자로 나서야 해요. 근데 우리 조합원들 형편이 다들 비슷했거든요. 기초생활수급자분들도 계셨고요. 그러다보니 조합장도 임원들도 자기 명의로 하겠다고 나서질 못하더라고요.

의기충천해서 쫓아다녔는데 1년이라는 세월을 별 성과 없이 흘려보내고 나니 실망스럽더라고요. 지금은 조합에서 탈퇴했고요. 그래도 만약 자조모임에 들지 않았다면 세상 밖으로 나올 생각은 아예 하지 못했을 것 같아요. 그 모임 쫓아다니다보니 어느새 제가 바깥세상에 나와 있더라고요. 가게를 열어봐야겠다는 마음도 먹게 된 거고요.

퇴원 뒤에 바깥을 다니니 마음 아픈 일을 종종 겪게 됐어요. 특히 저를 아무것도 못하는 장애인이나 환자로 취급하는 말이 힘들었어요. 남들보다는 가족에게서 그런 말을 더 많이 듣게 돼요. 도전해보라고 격려해주는 게 아니라 "뭐, 돈을 들여서 일을 하냐. 넌 아무것도 하지 마"라는둥 "집에 있으면서 그냥 네 몸만 생각해"라는둥 제게 해주는 말들이라곤 다 그런 식이에요. 근데 해바라기 카페에서는 다들 저랑 같은 입장이니 밖으로 나오라고 응원해줘요.

'이래서 안 나가' '저래서 싫어' 하면서 집 안에만 있다보면 나중엔 아예 못 나가게 되더라고요. 그런 사람이 많아요. '밖으로 나오라'는 말은 사람이든 활동이든 모임이든 회피하지 말라는 뜻이에요. 그래야 자신감도 생기니까요. 작은 모임이라도 나가서 사람들을 만나고 부딪히며 무엇이라도 하는 게 의미있다고 생각해요. 그 일로 성과를 얻든 아니든 상관 없이요.

아픈 줄기를 세워, 풀은 서 있다

저는 다른 화상환자들이 갖지 못한 걸 가졌어요. 불행 가운데 행운이랄까요. 천만다행으로 사고 날 때 연기를 들이마시지 않았고, 얼굴에 불을 많이 쬐지 않아 일그러지거나 달라붙지 않았어요. 얼굴 괜찮아 보이죠? 얼굴의 양쪽 뺨은 아예 이식한 거고요. 눈꺼풀은 두피를 떼어내 이식했고, 눈썹은 부분적으로 문신했어요. 사실 손이 멀쩡해도 얼굴에 흉터가 심하면 밖에 나오기가 어려워요. 손은 심하게 다쳤어도 장갑을 끼면 사람들이 잘 알아채지 못하고요.

물론 회사에 들어가지 않았다면 다치지도 않았겠죠. 그래도 산재로 처리되어 혜택을 받았잖아요. 제가 병원에서 퇴원할 때 그 내역을 보니 7억가량 들어갔더라고요. 산재가 아니었다면 그 돈이 어디서 나서 치료받을 수 있었겠어요. 산재에도 개인부담금 5퍼센트가 들어가는데 그 돈도 회사 대표가 지원해줬어요. 그 덕택에 화상을 입고도 치료를 중단하거나 돈이 없어 재수술을 못 받진 않았고요. 다행히 연금도 나오니까, 돈만 따지면 일을 반드시 해야 하는 건 아녜요. 물론 돈을 벌면 금전적으로 얽매이지도 않고 조금이나마 저금할 수 있으니까 좋죠.

그땐 일자리 그 자체가 필요했어요. 문제는 일이라는 게 대부분 손을 써야 한다는 점이에요. 일은 해야겠는데 이 손가락으로 남의 일을 해줄 수는 없겠더라고요. 그래서 '운영비만 벌면 되지'라는 생각으로 2017년 6월에 PC방을 열었어요. 사고 나기 전에 그 일을 해본 적이 있어서 시스템을 알거든요. PC방은 손

엄문희 씨의 소중한 것은 자신의 과거 사진이다. 소중한 추억은 그
자체로 힘이 된다.

을 크게 쓸 일이 없어요. 그저 가끔 자판 두드리는 일이 있고, 손님 오면 음료 내주거나 청소하는 일이 다예요. 어쨌든 이 몸 갖고 할 수 있는 일은 그것밖에 없겠다 싶더라고요. 그래서 가게 자리를 알아보고는 바로 계약했어요.

처음 일을 시작할 때는 손가락을 내보이는 게 꺼려져서 장갑을 꼈어요. 그런데 장갑을 끼고 일하려니 자판 누르는 게 잘 안 되더라고요. 자꾸 옆의 키가 눌리는 거예요. 장갑을 손가락 한 마디 정도씩을 잘라내니 조금은 나아졌는데, 제가 또 손톱이 없잖아요. 몇 번 온 사람들이 그걸 알아보고는 "불편하신 것 같은데, 그냥 장갑 벗고 편하게 하세요"라고 이야기해주더라고요.

손을 보지 않더라도 사실 제 얼굴만 딱 봐도 알아차릴 수 있었을 거예요. 어떤 손님은 저를 힐끗힐끗 쳐다보거든요. 그럼 그 사람이 묻기 전에 제가 먼저 "이상하죠, 어딘가 모르게?"라고 말해요. 그러면 아무 소리 안 하고는 그저 씩 웃어줘요. "실은 제가 화상을 입었어요." "고생하셨겠네요." 그러면서 대화가 시작되고 제가 어쩌다 다쳤는지, 치료과정이 어땠는지 쭈욱 털어놓게 돼요. 그러면 "어휴, 성격도 참 좋으신데 왜 이런 사고가 났을까요. 안타깝네요"라고 말해주는 사람도 있고요.

아주머니 손님이 많아요. 사장이 여자라서 좋다고 하는 언니들도 있고, 저를 동생 삼아준 언니도 있어요. 저도 남자들보다 여자들이 편하고요. 힘든 일이요? 아무래도 가끔 거친 사람들이 오면 괜히 무섭죠. 한번은 어떤 남자가 껄렁껄렁 돈도 없이 와서는 막무가내로 자리를 달라고 하는 거예요. 나가달라고 해도 안 나가더라고요. 그런 사람이 들이닥치면 여자 몸으로 어떻게 할 수가 없어요.

힘들어도 일이 있다는 사실 자체만으로 생활의 활력소가 돼요. 금전 면에서도 좀 낫고요. 다치기 전 같으면 직장 다니고 운동도 하면서 친구들과 어울리고 재미있게 이것저것 즐길 수 있었겠죠. 지금은 그런 상태가 아니잖아요. 지금 내 나이가 젊은 것도 아니고, 여기서 수중에 돈까지 없으면 살아갈 길이 없어요. 게다가 일이 없으면 자는 시간 빼고는 집에서 멀뚱멀뚱 있어야 해요. 그것도 하루이틀이지 너무 무기력해지는 거예요. 아마 은둔하며 살았다면 우울증도 왔을 테고요. 극단적인 마음을 먹게 됐을 것도 같아요. 그래서 가끔 병원에서 저랑 같이 치료받던 사람이 죽었다는 이야길 들으면 이해가 되기도 해요.

욕심 아닌 욕심을 부리자면 더 이상은 아무 일도 일어나지 않고 지금처럼만 지낼 수 있다면 좋겠어요. 그게 지금 상황에서 제가 품을 수 있는 희망이라고 할 수 있겠네요.

지금 내 세상은 어떤지

내 손으로 어차피 칼질은 못해요. 칼을 잡을 수 없으니 가위

질을 많이 하는 편이죠. 반찬 같은 건 전혀 만들 수 없으니까 사다 먹고요. 설거지는 한꺼번에 할 순 없고 조금씩만 해요. 그것도 장갑을 껴야 하지 맨손으로는 못해요. 세제를 묻히면 미끄러워서 그릇을 잡을 수가 없으니까요. 청소를 한다든가 창틀을 닦는다든가 하면 손이 상처투성이가 돼버려요. 그럴 때 목장갑을 끼고는 그 위에 고무장갑을 끼는데 그러면 한결 나아요. 손에 힘도 더 붙고요. 그래도 빗자루질 같은 걸 하면 아무래도 손에 힘이 많이 들어가니 엄지랑 검지 사이 피부에 물집이 생기거나 갈라져서 터져요. 샤워는 뭐, 지금은 때수건 써서 때 벗기는 건 상상조차도 못 하죠. 샤워폼으로 거품을 내서 손이 닿는 부분만 슬쩍 건드리는 식이에요. 섬세하게는 못 해도 손이 안 닿는 데는 없어요.

일반병원에서 재활병원으로 옮길 즈음에, 간병인을 그만 써야겠다고 마음먹었어요. 간병인이 있으면 밥 먹는 것도 화장실 가는 것도 그분께 부탁하게 되잖아요. 혼자 있어야 손가락 쓰는 활동이 늘겠더라고요. 그런데 간병인이 그만두기도 전에 간병비 지급이 중지돼버린 거예요. 저 같은 산업재해 사례에는 근로복지공단에서 간병비가 지원되는데 만약 1월에 간병인을 쓰면 그 비용이 2월에 나오거든요. 그달에 비용이 입금 안 되었길래 공단에 전화를 걸어보니 처음엔 심사 중이라고만 하더라고요. 나중에 알고 보니 '손가락 사용 가능'이라는 이유로 지급정지

상태가 된 거였어요.

큰 규모의 병원에서는 대개 간호사들이 일지를 써요. 제가 숟가락으로 밥을 먹는 걸 보고는 간호사가 일지에 '손가락 사용 가능'이라고 적었나봐요. 공단에서는 그 일지만 살펴보고는 간병비 지원을 중지했던 거고요. 손가락 사용 가능의 기준이 뭔지도 모르겠고, 직접 와서 확인한 것도 아니잖아요. 그럼에도 한두 달은 아무 말도 못 하고 간병인 없이 지내다가 화상전문병원에서 재활병원으로 옮기기 직전에 근로공단에 이의신청을 했어요.

재활병원에 들어가 한동안은 간병인 없이 지냈어요. 심사하고 승인받는 데 시간이 꽤 걸리더라고요. 심사일이 되어 공단에 갔더니 무작정 제 손가락을 꺾어버리더라고요. 너무 아파서 비명을 지르고 난리도 아니었어요. 심사관 말이 장애등급을 더 높게 받으려고 몸을 쓸 수 있는데도 못 쓰는 연기를 하는 경우가 많대요. 그걸 확인하느라 일부러 세게 꺾어봤다고요. 그런데 본인이 보기에도 제 손가락 상태가 좋지 않았던 거죠. 심사받고 얼마 지나지 않아 5개월치 간병비가 한꺼번에 나왔어요.

일상생활에서는 별 문제가 없었는데 상처가 문제였어요. 화상병원에서 퇴원하기 직전까지 제 등의 상처가 완전히 나은 게 아니었거든요. 그때는 치료받는 것보다 재활 쪽으로 가서 훈련받는 게 낫겠다 싶어 재활병원으로 옮기긴 했는데, 거긴 또 화상전문이 아니니 상처를 치료해주지 않아요. 화상전문병원에서 쓰던 몇 가지 연고랑 메디폼 등을 챙겨 가서 저 스스로 치료했어요. 근데 등에는 손이 안 닿고 제가 등 부위를 볼 수도 없잖아요. 간병인이 없으니 재활병원의 청소부 아주머니에게 부탁드려서 그분이 연고를 발라주셨죠. 그러다가 결국엔 메디폼을 너무 오래 붙이고 있던 게 화근이 되어 상처가 크게 덧났어요. 그제서야 병원에 이야기해서 드레싱 받고 나왔어요.

활동지원사요? 그런 건 신청해본 적 없어요. 아직까지 장애인 택시도 어떻게 부르는지 몰라요. 신청하는 절차가 있다고는 들었지만 그걸 어떻게 해야 할지도 모르겠고요. 해당 관청에서 구체적으로 일러준 적이 없고 홍보 자체도 잘 안 되니 저 같은 사람은 몰라서 못 쓰는 거죠. 혹시 활동지원사를 부를 수 있다면 일주일에 한 번이라도 방문해주면 좋겠네요. 빨래야 세탁기가 하니까 문제 없는데 청소는 구석구석 못 하니까 일주일에 한 번이라도 대청소를 해주면 얼마나 좋을까. 김장 같은 걸 해주면 정말 좋겠고요.

서비스 차원에서 병원에서라도 환자들에게 이런 제도를 알려주면 좋겠어요. 저희로선 알 방법이 많지 않으니까요. 저는 산재연금(장해급여)을 받으면 기초생활수급자가 될 수 없다는 사실도 몰랐어요. 게다가 보험 보상금을 제가 받으면 자격이 안 되는 줄로만 알고 그 돈들을 형제들에게 넘겼단 말이에요. 그러고 나서 막상 수급 신청을 하러 가니 의료비 지원밖에 안 된다고 하더라고요. '이상하다. 다른 사람들은 생활비도 받는다는데 나한테는 왜 의료비 지원밖에 안 되지?' 이게 항상 궁금했거든요. 궁금하면 어딘가에 물어봐야 하는데, 그걸 묻지도 못하고 나 혼자만 의아하게 생각했던 거예요.

그 누구도 내게 일러주지 않았네

전에는 전철을 타도 다른 사람들을 신경 쓸 겨를이 없었어요. 의자에 앉으면 저쪽에 노인들이 서 있어도 그분들을 신경 쓰지 않았고요. 예전이면 그렇게 스쳐지나갈 수도 있었던 일들이 사고 뒤에는 눈에 보이는 거예요. 임산부 좌석이나 장애인석도 보이고, 저 멀리 어떤 분이 불편해 보이는 듯하면 더욱 살피게 되더라고요.

이 인터뷰도 마찬가지예요. 어딘가에 도움을 줄 수 있는 일을 하고 싶어요. 어떤 계기가 있었다기보다는… 생각해보면 다치기 전에 저는 누구에게 도움을 받아본 적이 거의 없어요. 사고 후에야 얻은 경험이죠. 저한테는 서 있는 것 자체가 굉장한 고통이거든요. 다리가 벌에 쏘이는 것 같은 고통을 느껴요. 바닥에 뭐가 떨어지더라도 그걸 직접 집어 들기가 쉽지 않고요. 그럴 때마다 제가 부탁하기도 전에 얼른 와서 도와주는 사람들이 많았어요. 그 고마운 마음을 접하면서 타인들에 대해 많이 생각해보게 됐던 것 같아요.

손가락을 장갑으로 감싸면 얼핏 보기에 멀쩡하니까 보통 사람들은 제게 장애가 있는 걸 몰라요. 하지만 이제 저는 알게 됐잖아요. 화상환자가 어떤 고통을 느끼는지. 그 고통은 백 번 천 번 이야기한다 해도 다른 사람들은 알 도리가 없어요. 제가 사고 전에 전혀 생각 못 했던 것과 마찬가지로요. 아니, 누가 상상이나 해봤겠어요? 얼마나 힘들고 불편한지, 고통스러운지를요. 마음 같아서는 종이컵 정도야 얼마든지 들 수 있을 것 같은데 그게 안 되거든요. 남들은 '저런 것도 못 들어?'라고 생각할 수 있지만, 저는 그 상황을 잘 이해하게 됐어요.

사람들이 모두 밖으로 나오면 좋겠어요. 숨지 말고 집 밖으로 나와서 활동해야 정신적으로나 육체적으로 덜 힘들어요. 많은 걸 눈으로 보고 느끼고 듣다보면 어느새 '아, 나도 할 수 있겠구나' 깨닫게 돼요. 저는 제가 밖으로 나와 살 수 있을 거라고는 감히 생각도 못 했어요. '아, 나는 숨 쉬는 것 말고는 할 수 있는 게 없구나'라며 좌절했고, 치료받을 때는 '누가 옆에 있지 않으면 나는 아무것도 할 수 없구나. 평생 이렇게 살아야 하는구나'라고 절망했어요. 일반병실로 내려왔을 때 손을 못 써서 화장실도 혼자 못 갔으니까 '내 손은 모양만 있다 뿐이지 무용지물이야. 어디에 써먹을 수도 없겠구나'라고 생각했는데 뜨개질로 손가락을 쓸 수 있게 되면서 이제는 혼자 밥도 먹고, 화장실도 갈 수 있게 됐어요.

옆에서 도움을 많이 줘야 해요. 밖으로 나오려면 용기가 필요하니까요. 힘들어서 은둔해 있는 사람한테 그저 "나와라, 나와라"라고만 하면 아무도 안 나와요. 아니, 나오질 못해요. 옆에서 그 사람을 끌어줘야 해요. 저랑 같이 자조모임 하는 분이랑 이런 이야길 나눈 적이 있어요. 서로의 고통을 이해하는 우리가 직접 환자들을 찾아가는 일을 해보면 어떨까 하고요. 은둔하는 이한테 찾아가서 그 집의 문을 두드리는 거예요. 처음에만 힘이 들지 한 번 두 번 바깥으로 나오다보면 자기를 드러내는 게 그렇게 힘들지 않다는 걸 알게 될 거예요. 이 정도만이라도 도와주면 누구나 밖으로 나올 수 있다는 거죠.

이름을 불러주기 전에는, 다만 하나의 몸짓에 지나지 않았다

어느 순간엔가 '이 세상에 내가 어떻게든 필요하니까 죽이지 않고 살아남게 만들어놨나?'라는 생각을 하게 됐어요. 내가 타인에게 어떤 의미가 될 수 있다는 말에 조금이나마 동감하게 되더라고요. 남들이 볼 때에는 아무것도 아닐 수 있지만 지하철 같은 데서 자릴 양보한다거나 물건을 들어준다거나 해서, 저보다 불편한 사람이 조금이나마 편해하는 걸 보면 마음이 무척 좋고 기뻐요.

누군가에게 도움을 줄 수 있다면, 만약 협동조합을 열 수 있게 된다면 이 가게를 접고 그 일만 하고 싶어요. 내 몸으로 보나 금전적인 측면에서 보나 이 가게를 운영하는 게 더 편할 수 있죠. 그런데 지금의 나는 누군가를 돕는 게 기쁘고, 그게 훨씬 값어치 있다고 느껴요. 가방끈이 짧아서 배운 건 많지 않지만, 그래도 제가 몸으로 때울 수 있는 일이라면 기쁘게 할 수 있을 것 같아요. 행복을 느끼는 일을 하고 싶어요.

당신,
괜찮아

구술 정범식
기록 박희정

정범식이 사고를 당한 곳은 깊은 바다에 잠긴 땅속이었다. 앞머리에 수레바퀴처럼 돌아가는 커다란 칼날을 단, 기차를 닮은 기계가 단단한 암반을 뚫어 섬과 육지를 연결해가던 중에 멈췄다. 땅속에 코를 박은 채 잠이 든 거대한 기계 앞에서 모두가 어찌할 바를 모를 때 수리를 책임지게 된 건 정범식이었다. 그는 어린 시절부터 기계에 마음을 빼앗겼다. 지하철을 놓고, 터널을 뚫고, 높은 건물을 세우는 곳에서 인간의 연약한 몸을 대신하여 움직이는 강철을 사랑했다. 수많은 현장에서 그는 누구보다 빠르고 정확하게 일하는 사람이었다. 일에서만큼은 머리카락 한 올의 틈조차 허락하지 않았다. 사고마저 그의 정교함 앞에서 기를 펴지 못하는 듯했다. 그러나 2016년 성탄절, 암반에서 새어 나온 정체불명의 가스가 폭발하면서 그는 뒤꿈치에 화살을 맞은 아킬레우스처럼 고꾸라졌다.

그로부터 1년 반이 지나고 그는 '다시 태어났다'는 말을 입버릇처럼 달고 산다. 사람이 태어날 때는 두 사람의 고통이 따른다. 출산은 엄마와 아이 모두가 목숨을 거는 일이다. 그러니 화상을 겪은 이가 '다시 태어났다'고 느낀다면, 그 곁에는 그만큼 고통을 감내한 누군가가 있기 마련이리라. 올해 '두 살'이 된 정범식은 자신이 세웠다고 믿어온 세상이 사실은 말라 바스라지기 직전이었음을, 그리고 그 세계조차 자신의 의지만으로 만들어지는 것이 아니라는 걸 깨달았다. 그리하여 요즘 그는 자주 운다. 그것은 얼음이 녹아 생기는 눈물이다. 봄을 알리는 첫 비 같은 것이다. **—박희정**

만으로 쉰넷이에요. 토끼띠, 1963년생이지요. 아내가 저보다 세 살 아래 말띠고요. 큰딸은 서른 살인데요. 어디에 내놔도 남부럽지 않은 딸이랍니다. 아들은 스물일곱이고 노래를 하면서 살아요. 그럼요, 아이들 자랑하고 싶죠. 딸 자랑을 먼저 할까요? 아니, 아녜요. 우리 애들 이야기 꺼내면 곧바로 팔불출이 되갖고는…

눈물이 나요. 이거 봐요, 벌써 눈물 나려고 하잖아요. 내가 못해줬는데도 애들이 잘 커줘서… 그저 열심히 일해서 애들 밥 잘 먹이고 편히 공부하게끔 해주면 전부인 줄 알고 살았거든요. 그때 애들에게 더 잘해주었더라면 좀 더 행복하고 단란한 가족이 되지 않았을까 후회돼요. 너무 늦게 깨달은 것 같아 아쉬워요. 화상을 겪고 치료받으면서 그제서야 조금 철이 든 것 같아요.

성탄절에 일어난 해저터널 폭발사고

2016년 12월 25일이었어요. 성탄절이잖아요. 교회에 다니지만, 그날은 기계가 고장이 나서 어쩔 수 없이 수리하러 간 거예요. 진해에서 거제까지 해저터널을 뚫는 공사 현장에서 일하고 있었거든요. 가스(LNG) 기지가 통영 쪽에 있었어요. 그쪽에서 부산이나 진해 방면으로 가스 공급 라인을 만들려고 바다 밑 90미터 깊이의 해저터널을 뚫는 일이었죠. TBM(Tunnel Boring Machine)이라는 원형 파쇄기를 쓰는 일인데, 지름 3미터의 그 파쇄기가 암반을 깎아내면 그 파편들과 물을 섞어서 관을 통해 지상으로 퍼올리는 공정이었어요.

기계가 고장 난 건, 터널을 1.6킬로미터 파 들어간 지점에서였어요. 파쇄 작업을 하는 맨 앞부분(헤드)에 이어서 그 헤드를 돌리는 나머지 본체가 그 뒤로 백 미터가량 이어져 있는데요. 이 본체와 헤드를 연결하는 베어링이 망가진 거예요. 육지 작업이라면 땅을 파고 들어가 헤드만 끄집어 올려서 그 헤드를 고친 뒤 다시 그걸 조립하면 돼요. 그런데 우리 현장은 바다 아래에 있는 거니까 그렇게 할 수 없었죠. 결국 헤드를 암반에 고정해놓고 나머지 설비 전체를 뒤로 밀자고 결정했더라고요. 9미터쯤 후진시키는 게 저희 임무였고요. 그게 국내에서는 처음 해보는 일일 정도로 쉽지 않은 일이었어요. 한 달가량 작업해서 겨우 1미터쯤은 뒤로 밀었는데 그때부터는 더 진전되지 않는 거예요. 그날도 그 보강작업을 하던 중에 사고 난 거고요.

가스가 갑자기 폭발했어요. 그때 사고 현장에서 저랑 동료 둘이 일하고 있었는데, 저는 윗편에 있던 H빔 조각을 잘라내려 던 참이었어요. 제가 워낙 높은 곳에 서 있었으니 거기에 가스가 있을 거라고는 전혀 생각 못 했어요. 가스는 대개 바닥에서 부터 차잖아요. 산소절단기로 그 조각을 절단하려는 순간, 갑자기 바람이 빨려 들어오는 소리가 쉭 났어요. '이게 뭐지?' 생각하는 찰나에 불이 저한테 확 쏟아지더라고요. 흔히 보아오던 불이 아니었어요. 맨 처음에는 약간 노란 빛인 듯했는데 그 뒤로 감당할 수 없는 양의 불이 저를 덮쳤어요.

그 순간 산소절단기의 어딘가가 잘못됐나 싶어서 급히 밸브를 잠갔어요. 절단기를 아래쪽으로 던지려고 보니 같이 일하던 친구가 제 아래에 있더라고요. 그 친구를 피해서 산소절단기를 집어던졌어요. 던지기 전에도 '아, 내가 산소와 LPG를 쓰고 있는데 잘못하면 더 큰 사고가 날 수 있겠다'라는 생각이 번뜩 들어 한 번 더 위치를 확인하고는 불이 없는 쪽으로 집어던졌죠. 경황이 없으니 처음에는 그 뜨거움, 고통을 알아차리질 못했어요. 그러다가 불현듯 '이거 보통 일이 아닌데! 나가야 한다. 여기 있다가는 죽는다' 이런 생각이 들더라고요. 그 순간, 메고 있던 것들을 집어던지고는 "피해!"라고 소리치면서 개구부(해치)로 기어 나왔어요. 그런데 같이 있던 동료가 못 나왔어요. "피해!"하니까 그 자리에서 엎드린 거예요. 대한민국 남자들이 군대에서 배우는 게 "수류탄!"이라고 누군가 외치면 그 자리에서 엎드리는 거였으니까요. 아찔해요. 그때 생각하면…

119 구급대는 부르지 말아라

밖으로 나와보니 가스가 타면서 해치의 좁은 구멍으로 마치 로켓추진체마냥 불이 뿜어져 나왔어요. 저는 밖에서 계속 소리만 질렀죠. "동기야! 최 과장!" 근데 이놈이 대답을 안 해요. 불이 꺼지고 나서 거기로 들어가려 하니 베트남 국적 노동자들이 쫓아와서 저를 붙들고 말려요. 하는 수 없이 "야! 최 과장!" 소리만 질러댔는데 그제서야 나오는 거예요. 너무 고맙더라고요. 그 친구가 살아 있다는 사실이.

동료가 얼굴이 빨갛고 귀가 좀 다쳤어요. 머리는 다 타버렸고요. 그래서 "너 좀 많이 다쳤다" 그랬는데 개가 오히려 절 보면서 막 우는 거예요. "형님, 큰일 났어요." 근데 저는 제 모습을 볼 수가 없잖아요. 기분상으론 많이 덴 것 같긴 했지만요.

동료한테는 "걱정 말어. 요즘 의학이 얼마나 발달했는데… 심장도 이식해서 사는 시댄데 이까짓 거야 금방 치료될 거야"라고 말해줬어요. 그런데 이게 이까짓 게 아니야. 사고 난 지 1년 7개월이나 지났는데도 이렇게 힘드니…

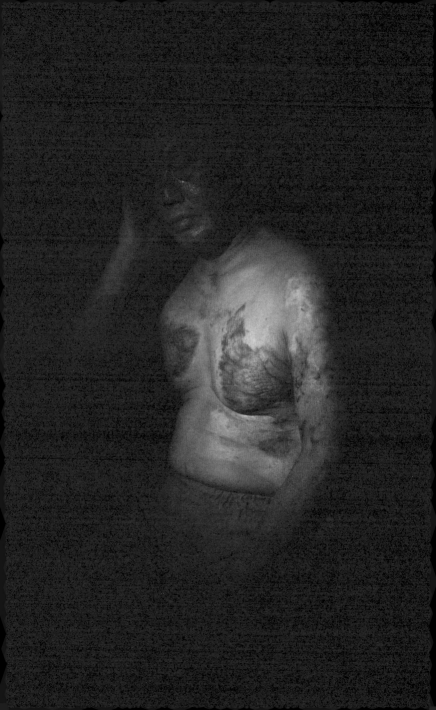

동료는 폭발이 일어나자마자 바닥에 엎드렸잖아요. 바닥에는 물이 고여 있었고요. 그러니까 맨 처음에 폭발이 일어났을 때에만 화염을 뒤집어썼고 즉시 물속에 엎드려서 많이 다치지 않은 거죠. 저는 위에 있었으니 많이 다쳤고요.

사고 직후부터 지상으로 나오는 데에만 40여 분 걸렸던 것 같아요. 일단은 나가야겠다고 생각했는데 너무 통증이 심해서 걸어서는 못 올라갈 것 같더라고요. 갑자기 어마어마하게 통증이 왔어요. '집에 가야 하는데… 나는 가족이 있는데…' 이런 생각이 많이 났어요.

베트남 노동자들을 인솔하는 담당 반장이 있어요. 그분이 그때 갱차를 끌고 지상으로 가던 중에 그 부근에서 폭발음이 들리니까 사람들을 내려놓고는 다시 갱차를 끌고 들어온 거예요. 사무실에 연락해서 119구급대를 부르라고 해놓고는 우리를 태우고 지상으로 나왔어요. 고통이 너무 심하니까 그 시간이 몇 년 같았어요. 그렇게 힘들게, 힘들게 올라왔는데… 지상에 도착하니 현장에서 쓰는 조그마한 승용차를 대놓고 기다리고 있더라고요. 당연히 구급차가 와 있을 줄 알았는데. 사무실 직원 두 명이 "어디로 가야 하지?" 이러면서 우왕좌왕하고만 있는 거예요.

지상으로 올라오는 40분 내내 응급조치를 못 받았잖아요. 너무 아프니까 일단 아무 병원이라도 가자 했더니 8킬로미터쯤 떨어진 작은 병원으로 데려갔어요. 그런데 그 병원 의사가 저희를 들어가지 못하게 막더라고요. 자기넨 치료가 안 되니까 들어오지 말라는 거예요. 그 의사한테 막 소리를 질렀어요. "진통제나 모르핀이라도 놔줘야지! 내가 이 상태로는 쇼크사 하겠어요!" 그제서야 진통제를 놔준 거 같아요. 그러면서 의사가 간호사에게 퇴근시간이라 차가 많이 밀릴 거 같으니 119구급대에 연락하라고 하더라고요. 거기서 구급차를 타고 부산의 H병원으로 가게 됐어요. 도착했다고 이야기를 듣자마자 의식을 잃었어요. 그러고 나서 한강성심병원에서 두 달가량 지난 이듬해 2월 20일에 정신을 차린 거고요.

나중에 들어보니 H병원에 있을 때 의사들이 제가 살아날 확률이 20, 30퍼센트밖에 안 된다는 이야길 맨날 했대요. 새벽에도 위독하다고 연락이 오면 가족들이 달려왔다고 하더라고요. 제 화상면적이 59퍼센트가량이에요. 3도 이상이 36퍼센트거든요. 저 같은 경우는 폭발이 쾅 하고 끝난 게 아니라 그 안에서 불을 마셨어요. 호흡기에 화상을 입고 폐에도 물이 차서 더 힘들었다더라고요. 그렇게 생사의 기로에 서 있었는데 현장에서 구급대를 바로 불러주지 않았다는 건 정말 말도 안 되는 일이잖아요. 지금도 그때를 생각하면 막… 몸서리가 쳐져요.

사고가 난 해저터널 공사는 한국가스공사에서 발주하고 H건설에서 수주해서 또다시 A라는 업체에 그 일을 하청줬던 거였어요. 저는 A업체 소속의 노동자로 일했고요. 처음에는 정규직으로 채용해준다고 해서 갔는데 근로계약서 쓸 때 보니까 일용직이더라고요.

사고가 일어난 건 일을 시작한 지 1년 4개월쯤 지난 때였어요. 그전에는 그렇게 큰 사고가 없었어요. 작은 사고만 몇 번 있었죠. 그 사고들을 처리하는 과정에서도 문제가 좀 있었어요. 작업 중에 질산이 눈에 들어간 사람이 있었거든요. 마침 제가 옆에 있었고요. 물을 가져와서 그 사람 눈을 닦아줬는데도 너무나 고통스러워하더라고요. 그래서 제가 사무실에 전화해서는 "빨리 119 불러라. 환자 올려 보내겠다"라고 요청했어요. 지하에서는 지상 사무실하고만 통화가 되거든요.

그때도 자기네 차로 싣고 갔어요. 조그만 병원으로요. 산재로 처리해주지도 않았고요. 나중에 들어보니 그냥 합의했다고만 하더라고요. 가스공사 같은 원청에서 모르게 처리하는 거죠. 현장에서 사고 났다는 게 알려지면 H건설이나 A업체는 다른 공사에 입찰하기가 힘들어지니까요. 하나의 현장에서 산재가 몇 건 이상 일어나면 관할 고용노동부의 근로감독관이 문책을 당한대요. 그러니까 산재가 나더라도 은폐하는 거예요.

법적인 책임이 없습니다

제 경우에도 산재 같은 것들을 처리하기가 굉장히 힘들었어요. 맨 처음에는 회사에서 산업재해인 걸 은폐하려고 했는데 제가 중환자실에 들어가고 생존확률이 20, 30퍼센트밖에 안 된다고 하니까 그렇게 처리하지 않을 수 없게 된 거예요. 그런데 화상치료에는 비급여 항목이 많아요. 흉터를 없애는 데 필요한 레이저치료나 피부재활치료가 모두 미용으로 분류돼요. 제가 의료실비보험에도 가입해 있었는데 거기에 청구해도 의료비 항목이 아니라면서 지급을 거절하더라고요. 그러니 치료비가 많이 나올 수밖에 없어요. 사고 난 뒤 5개월까지의 치료비가 비급여 항목에서만 6천만 원 가까이 나온 거예요. 치료비가 백만 원 이상 되면 일주일마다 결제해야 하거든요. 나중엔 그게 너무 부담이 되서 치료를 못 받을 지경에 이르더라고요. 근로복지공단에서 비급여 부담을 줄인다는 명목으로 '개별요양급여제도'를 만들었어요. 제가 쓴 비급여 금액을 어느 정도 돌려주는 거예요. 그런데 심사하고 돌려받는 데 6개월 이상 걸린다고 해요. 그러니 당장 도움은 안 되죠.

산재보험에서 매월 휴업급여가 나오는데, 사고 전에 받던 평균임금의 70퍼센트를 줘요. 저처럼 일한 지 1년이 넘은 사람은 그나마 많이 받는 편이에요. 근데 대개는 일 시작한 지 1년도 채 안 돼 다쳐요. 현장이 낯서니까요. 그런 사람들의 휴업급여

액수는 터무니없이 적어요.

일용근로자는 일한 지 1년이 되어야 상용근로자 지위를 얻거든요. 1년 미만인 사람들은 매달 21일가량 일하는 것으로 계산해요. 그러니까 통상임금에서 70퍼센트만 인정되는 셈이고, 휴업급여는 그 금액의 70퍼센트만 주는 거죠. 그러니 매달 나오는 병원비보다 턱없이 적을 수밖에 없어요. 집을 날렸다는 사람이 정말 많아요. 저희도 아내가 집을 팔려고 내놨었다고 하더라고요. 팔아봐야 융자금 빼고 나면 얼마 남지도 않고 제 치료비 내고 나면 끝이에요. 만약에 그걸 팔았으면 지금 식구들이 어디 가서 살았겠어요. 정말, 정말 힘들었어요.

A업체에 몇 번 전화를 걸어 간청했어요. "내가 이렇게 힘들다. 집을 내놨는데 팔리지도 않고 방법이 없다. 좀 도와달라. 회사에서 융자해주면 그 이자를 갚겠다. 내가 치료받은 비용은 회사에서 들어놓은 근재보험에서 변제받을 수도 있지 않느냐." 그랬더니 "저흰 법적인 책임이 없어요" 딱 그 말만 하는 거예요. 집에서 키우던 강아지가 다쳐도 마음 아파하고 치료해주려고 애쓰잖아요. 그런데 회사를 위해 휴일에도 못 쉬고 일하다가 사고가 난 건데도 회사에서는 단 한 푼도 치료비를 안 내주는 거예요. 가정이고 뭐고 전부 엉망이 되어버린 상황인데, '어떻게 지내냐. 아픈 건 어떠냐. 치료는 잘되냐' 이렇게 물어보는 이가 하나도 없는 거예요.

산재로 처리했으니 법적으로 우리는 끝났다라니. 너무 괘씸했어요. 그 조치가 회사마다 천양지차고 공평하지 않은 거예요. 얼마나 비참한지… 정신적으로 너무 힘들어서 혈압이 160까지 올라갔어요. 병원에서 걸어서 나갈 정도만 되면 사장 앞에 가서 따지고 싶었어요. 근데 싸우려고 보니 제가 싸울 수 있는 방법이 없더라고요. 산업재해 관련법을 줄기차게 들여다봤어요. 그런데 그 법 안에는 사측의 그런 책임이 쏙 빠져 있어요. 산재 처리가 끝난 다음에 회사를 상대로 민사소송 제기하는 것 말고는 다른 방법이 없더라고요.

고통은 내가 지나온 시간을 돌아보게 해주었어요

사고 현장에 누출된 가스가 무슨 가스인지 H건설에서 조사했대요. 해저 90미터까지 터널을 뚫는 거니까 그 땅 속에 본래에는 없던 공극이 생기는 거잖아요. 퇴적층에 압력으로 눌려 있던 가스가 공간이 생기니까 거기로 밀려나온다는 것까지는 확인했대요. 근데 그게 무슨 가스인지는 밝히질 못했다고 하더라고요. 그 자료를 달라고 했는데 주질 않네요.

사고가 난 그다음 날 하루 동안, 환기하지 않고 가스누출탐지기를 설치해놨더니 경보음이 나더래요. 사고 났던 날도 환기를 제대로 못 했다고 하더라고요. 우리는 그에 대해 어떤 경고

나 교육도 받지 못했고요. 그런 위험이 있다는 걸 알았으면 더 조심했을 텐데 아예 의심조차 못 했던 거예요. TBM 안은 마치 잠수함처럼 밀폐되어 있어요. 설비 안에는 가스누출탐지기, 산소누출측정기 같은 게 달려 있고요. 근데 제가 작업했던 곳은 그 설비 바깥이잖아요. 그래서 경보장치의 보호를 못 받은 거예요. 사고 났을 때는 안전요원도 없었고요. 이런 사실을 근거로 민사소송을 제기해야죠. 흠… 지금은… 그저 편안히 치료받고 싶어요. 그거까지 신경 쓰기에는 너무 힘들어요. 상담치료를 받으면서 정신적으로 겨우 안정이 됐거든요.

원청에서는 '안전을 최우선으로 한다'고 말은 하지만 생산성을 따지다보니 위반 상황을 알아도 묵인하는 경우가 있어요. 그럴 때엔 감시카메라도 다른 쪽으로 돌려놓죠. 대기업에서도 비일비재해요. 요즘 안전규정이 강화되었다곤 해도 하청업체에서 그에 따르면서 성과를 내려면 타산이 안 맞아요. 도급단가라는 게 15년 전하고 똑같거든요. 인건비는 세 배, 네 배 올라갔는데 말이죠. 그러니 장비를 세 대 투입해야 하는데 한 대만 갖춰놓고 일하기도 해요. 예를 들어 포클레인은 땅 파는 장비잖아요. 근데 현장에 가면 버킷(기중기 운반통)을 옮기다가 곧바로 빔 같은 걸 들어서 옮겨요. 본래 빔 같은 설비는 크레인으로 안전하게 옮겨놓아야 하는데도요.

노동자들이 '못 하겠다' '위험해서 안 된다'라고 말할 수 있기를 바라요. 위험한 요구가 왔을 때, 저도 거부하지 못했어요. 작업을 거부하면 불이익도 오고, 무엇보다 회사에 능력있는 사람으로 비쳐야 인정받으니까요. 인정받아야 급여를 더 많이 받고 일도 더 많이 들어오죠. 그렇게 열심히 일했는데, 그게 지금은 허무하게만 느껴져요. 다치고 나면 아무것도 소용없어요. 내가 나를 지키지 못했다는 사실이 너무 괴로웠어요. 어떤 상황이든, 내 목숨을 담보로 해서는 안 되는 거잖아요. 지금은 의식이 많이 바뀌어야 할 때예요.

두 번째 생일잔치

한강성심병원에 온 뒤 중환자실에선 모르핀에 취해 있어서 제게 어떤 일이 벌어지는지 정확히 알지 못했어요. 깨어 있었다고는 하는데 그저 꿈속이죠. 매일 꿈속에 살았어요. 큰불 속에 사람들이 막 빨려 들어가요. 살아나려고, 집에 가려고 발버둥치다가 밧줄 같은 걸 잡고는 겨우 살아나는 꿈을 자주 꿨어요.

가장 많이 생각났던 게 아내예요. 2월 25일인가 그때부터는 기억이 정확해요. 그날부터 드레싱 치료에 들어갔거든요. 너무나 아팠죠. 아침이 오지 않기만을 바랐어요. 그런데 자고 일어나면 아침 면회시간에 아내가 와요. 매일 그 시간에 오는 걸 알고 나서는 그 고통과 공포가 이제는 아내를 기다리는 기쁨으로 바뀌었어요. 치료실에는 시계가 없으니 시간이 어떻게 지나가는지 몰랐지만, 아픔이 강하게 느껴지기 시작하면 '아, 이제 아내 만나는 시간이 되었구나'라고 마음을 고쳐먹게 되더라고요.

그렇게 한 10여 일 있다가 중환자실에서 일반병실로 옮겼어요. 아내가 거울을 못 보게 하더라고요. 휴대전화를 달라고 했더니 건네주긴 하는데 전화기의 카메라 기능을 못 쓰게끔 만들었고요. 3월 말쯤엔가 사고 뒤 처음으로 제 사진을 찍어서 봤어요. 이게 참… 이 모습으로 내가 살아야 하나… 앞으로 내 모습이 어떻게 변할지는 모르겠는데, 이 모습으로는 살고 싶지 않다는 생각이 들더라고요. 그런데 아내가 그때부터는 단 한 시간도 제 옆을 비우지 않는 거예요. 지금까지도 제 곁에만 있어줬어요.

부산에서 서울로 병원을 옮기게 된 건 딸 덕분이에요. 딸이 여기저기 알아보다가 한강성심병원이 화상치료 분야에서 첫손에 꼽힌다고 들었대요. 막상 병원을 옮기려 하니 부산 H병원에서 안 보내주려고 하더래요. '중환자실에서 생명유지장치를 떼는 순간 이분은 돌아가신다'라든지 '지금은 옮길 때가 아니다'라면서요. 산소마스크를 끼운 채로 옮기겠다고 해도 안 된다는 거예요. 아무래도 화상환자가 병원으로서는 돈이 되니까 그러지 않았나 싶어요.

딸이 그 병원 원무과분들과 많이 싸우다가 도저히 안 되겠다 싶어서 자료를 챙겨 성심병원 원장님을 찾아갔다더라고요.

설사 안 좋은 일이 있더라도 큰 병원에 와서 치료받다가 돌아가시게 하고 싶다, 제발 살려달라면서 울면서 애원했대요. 원장님이 그 자리에서 부산 H병원에 전화를 걸어 "왜 위독한 사람을 잡아두고 있느냐. 내가 책임지고 치료할 테니 보내라. 살리겠다"라고 말씀해주셨다고 해요. 그래서 서울로 올라오게 됐답니다. 제가 저희 딸 자랑스럽다고 말씀드린 이유, 아시겠죠?

제가 얼굴 사진을 찍어서 본 걸 딸하고 아내가 알게 됐어요. 둘이서 '아빠가 돌발행동을 할 수도 있으니까 우리가 정신적으로 많이 지지해주자'고 다짐했대요. 그때부터는 저를 아기 다루듯 보살펴주려 했대요. 좀 낫고 나니까 그 이야기를 들려주더라고요. 정말 그런 수고가 있어서 그 시간들을 견뎌낼 수 있었던 것 같아요.

순간순간 살고 싶지 않다는 생각이 들다가도 절 위해 애쓰는 아내를 보고 있노라면… 폭이 1미터도 채 안 되는 조그만 보호자 침대에서 1년 6개월이나 생활하다니, 너무나 대단하잖아요. 저렇게 수고해서 제가 건강을 찾아가고 있으니, 가장의 자리로 돌아가면 정말 괜찮은 아빠와 남편으로 살아야겠다는 마음이 더욱 간절해져요.

우리 아들은 조금 무뚝뚝해요. 그건 제 영향이 컸어요. 어릴 때 아들한테 강압적으로 했거든요. 그때는 제가 굉장히 능력있다고 생각했어요. 아들이 말을 안 들으면 아기 때부터도 혼만

내고… 걔를 유난히 혼냈던 것 같아요. 그런데 아들도 절 살리려고 그렇게 열심이었대요. 부산까지 왔다갔다 자료 수집하러 막 뛰어다녔다는 거예요. 정말 가족들이 저한테 헌신적이었어요. 제가 새로 태어났다는 기분이 들더라고요. 작년에 치료 시작한 지 1년 되는 날 아내가 케이크를 하나 사왔는데, 초를 하나 딱 꽂아주더라고요. 이제 두 살 된 셈이지요. (웃음)

치료비 문제로 힘들 때 교회 사람들이 많이 도와줬어요. 목사님이 제 얘기를 들으시고 대예배 시간에 말씀하셨대요. '아무개 권사님께서 일하다가 다쳐서 생명이 위독한 지경이다. 오늘 오신 분들께서 예배 끝나고 맛있는 점심을 드시려 했다면 그 식사를 잘 드신 셈 치고 모금해주시면 이를 모아 전달하겠다. 꼭 교우라서가 아니라 한 가정을 살린다는 생각으로… 진심 어린 구제가 필요하다.' 그리고 나서 헌금을 받았는데 그날에만 엄청나게 많은 헌금이 걷힌 거예요.

거기에는 사연이 있어요. 다른 교회에 나가시는 권사님의 아들이 교통사고가 나서 하늘나라로 갔어요. 보상금을 받았는데, 아들을 보내고 받은 돈이니 좋은 데 썼으면 하고 바라셨대요. 마침 그분이 그날 우리 교회에 처음 오셨다가 그 설교를 들으신 거죠. 보상금 전액을 기부하셨어요. 액수가 커지다보니 NGO단체를 통해 지원처를 선정해 지원케 했어요. 그렇게 해서 그때까지 들어갔던 치료비를 모두 그곳을 통해 지원받을 수 있었어요. 그래서 치료를 계속할 수 있었죠. 정말 가정이 파탄될 지경이었는데… 저희 교회에서는 이걸 계기로 '한 셈 치고' 프로젝트라는 이름으로 어려운 이들을 지원하는 모금사업을 이어가고 있어요.

기부해주신 분께 인사드리러 갔는데 본인을 드러내려 하지 않더라고요. 그래도 인사를 드리려 하니, 그저 "어휴, 반갑습니다"라고만 말씀하시고는 눈도 못 마주치시더라고요. 그분께는 말할 수 없는 큰 아픔이잖아요. 그 돈을 물질로만 여겼다면 기부하지 못하셨을 거예요. 그 돈에 사랑이 담겨 있었으니 그게 가능했겠지요. 저도 그런 삶을 배우려 해요. 아니, 배우는 것을 넘어 실천하며 감사하며 살아야겠지요.

문명의 이기와 예쁜 눈

제 고향은 이천이에요. 제가 큰아들이고 바로 밑 남동생, 막내 여동생이 있어요. 어릴 때는 그저 잘 먹고 좋은 옷 입고 살았으면 좋겠다고 꿈꿨어요. 깨끗한 옷 한번 입어보질 못하고 자랐거든요. 국민학교 졸업사진을 보면 단추가 한 개뿐인 잠바를 입고 있어요. 사진 속에는 머리 빡빡 깎은 아이가 단추 하나 딱 잠그고도 그래도 좋다며 웃고 있죠.

고등학교 다닐 때까지 정말 짜장면 한 그릇 먹기도 힘들었어요. 장학금 받으면서 학교를 다녔는데 집에는 안 받는다고 거짓말 했어요. 용돈을 따로 못 탔으니까요. 한 달 통학하는 데 드는 버스 회수권 값이 3,500원가량이었던 때예요. 등록금이 만 원인지 2만 원인지는 기억이 안 나는데, 그 돈 갖고 친구들과 어울리는 데 썼어요. 아버지가 돈이 없어 힘들어하시면 '이번에는 학비 안 내도 된대요. 육성회비만 가져오래요'라고 말씀드리기도 하고요.

원래부터 기계를 좋아했어요. 기계는 문명의 이기라고 부르잖아요. 사람이 할 수 없는 걸 해내고요. 정말 무겁거나 인력으로는 시간이 많이 걸리는 일을 기계로는 짧은 시간 내에 할 수 있어요. 기계를 잘 다룰 수 있으면 내가 살아가는 데 큰 도움이 되지 않을까 생각했죠. 나만의 기술을 가져야 한다고 생각했던 것 같아요. 그때는 기술을 갖추면 먹고사는 데는 지장이 없다고 인정받던 시대였으니까요.

대학에 가고 싶었는데 시험을 치르진 못했어요. 첫 취업 자리는 어느 대학교 중앙도서관 사서 보조였어요. 도서관에서 사서 일을 배우다보니 이게 아니다 싶더라고요. '내가 좋아하는 일이 따로 있는데' 또 '나하고 같은 연배의 아이들은 이렇게 공부하고 있는데 나는 지금 뭐하고 있나'라는 생각이 들더라고요. 곧장 입시학원에 등록했어요. 근데 저는 지방 학교를, 그것도 농고를 다녔잖아요. 서울 입시학원 공부는 그 수준이 너무 다른 거예요. 따라가기가 벅차더라고요. 마침 그 앞에 중장비학원이 하나 있었어요. '아, 저기 가서 차라리 내가 하고 싶은 일을 배워야겠다'는 생각을 자꾸 하다가 집에는 그 사실을 숨기고 입시학원 등록비로 거기에 등록금을 냈어요. 학원을 마치고 나서는 제당회사에 들어가게 됐죠. 생산부서에 기계들이 많았거든요.

아내를 그곳에서 만났어요. 개발실에 가면 다들 두건을 쓰고 무진복을 입고 눈만 내놓고 있는데, 그중에 눈이 참 예쁜 사람이 있었어요. 그해 겨울 내내 그 눈의 주인공을 찾아다녔어요. 일부러 개발실 창문을 두들기고는 제 쪽을 쳐다보는 사람들 눈을 살펴보곤 했죠. 나중에 알고 보니 12시간 맞교대 근무에서 각자의 조가 달라서 엇갈린 거였더라고요. 그러던 어느 날 남한강에서 회사 야유회가 열렸어요. 그때 남한강가에는 조약돌이 무수히 깔려 있었죠. 한 여자분이 당시 유행하던 브랜드의 등산복에 유행하던 파마를 하고는 강가에 앉아 있는 거예요. 강물이 흘러가는 걸 혼자 하염없이 바라보며 앉은 그 뒷모습에서 은은한 광채가 나더라고요. 너무 멋있어서 누구인가 보러 갔더니, 바로 그 눈인 거야. 결혼을 스물여섯에 했어요. 남들보다 조금 일찍 했죠.

영화 같죠? 정말이에요. 스토리는 이래요. 한 2년 반을 그 사람에게 정성을 들였죠. 고백도 하고 쫓아다니고, 같이 놀러도 다니면서요. 저는 어릴 때부터 외모에 콤플렉스가 있었어요. 여자 앞에서 말도 잘 못 했고요. 그런데 이상하게도 아내한테는 그렇게 대시를 해댔네요. 정말⋯ 믿기지 않을 정도로, 하하하. 아내는 이렇게 생각했대요. 자기가 좋아하는 사람보다 자길 좋아해주는 사람하고 결혼하는 게 낫겠다고요. 만난 지 3년쯤 지나 결혼했어요. 처음에는 제가 그 외모에 반했잖아요. 이제와 다시 생각해보면 아내가 정말 진솔한 사람이었던 거예요. 그렇게 누군가의 옆을 지켜주기란 정말로 힘들잖아요. 그렇지 않았으면 제가 이 세상에 있지도 못했을 뻔했죠.

많이 벌어도 보고, 많이 잃어도 봤어요

아내는 저랑 결혼해서는 전업주부로 쭉 살았어요. 그러다가 딸이 대학교 갈 때 직장생활을 다시 해보겠다고 가구 만드는 회사에 들어갔어요. 제가 하던 사업이 무척 힘들었을 때인데 딸이 대학에 간다고 하니 돈이 필요했겠죠. 저한테는 그러더라고요. "당신이 능력이 없어서 내가 돈 벌러 가는 게 아니고 나도 딸 대학 다니는 데 조금이라도 도움을 줘야 자부심이 생길 거 같다"라고요. 그때부터 이번 사고 날 때까지 10년 가까이 일했어요. 저 사고 난 뒤로는 일을 포기하고 제 옆을 지켜주었고요. 너무 고맙죠. 정말 고마워요.

보고 싶다는 말 같은 거, 예전에는 입에서 꺼내질 못했어요.

병원생활 하면서 말하게 된 거예요. 아프고 나니까 제 옆에 아내밖에 없어요. 저를 도와줄 사람도 제가 매달릴 사람도 없어요. 예전에는 주변에 사람이 많았거든요. 사업 하면서 돈도 많이 벌어봤고, 쓰기도 많이 써봤지요. 힘있고 능력있을 땐 도박도 하고 술도 많이 먹었어요. 그런 모습을 아내한테도 보여줬으니 신뢰가 많이 떨어져 있기도 했는데…

제가 사내결혼을 했잖아요. 아내가 결혼하고 회사를 그만두니까 회사에서는 저에게 싫은 눈치를 줬어요. 교육을 잘 시켜 좋은 인력으로 키워놨는데 못 쓰게 된 거니까요. 그 이후에 그 회사가 속한 대기업이 계열분리가 되면서 회사가 막 흔들리기 시작했어요. 그런 일들이 겹치면서 회사를 그만두게 됐는데, 막상 나와보니 할 게 없더라고요. 다행히 제가 용접이나 기계 다루는 일에 능하다는 걸 알아준 어떤 분이 지하철공사 일을 같이 하자셨어요. 거기에 가서 철골 제작과 설치 분야에서 일하다보니 자연스레 토목 쪽으로 연결되었고요.

뭘 하면 끝을 보려는 성격이에요. 최대한 많은 일을 최대한 빨리 끝내려고 노력했어요. 어떻게 일을 마무리할지를 머릿속으로 처음부터 끝까지 그려놓아야 직성이 풀려요. 그러다보니 현장에 가면 다른 사람은 생각하지 못한 일들까지 빨리 해냈고요. 그렇게 욕심을 냈답니다. 한때는 돈을 많이 벌었어요. 하루에 몇 백만 원 잃어도 괜찮을 정도로 벌이가 괜찮았죠. 계속 그렇게 벌 줄로만 알았어요. 근데 그게 한순간이더라고요.

한번 힘들어지기 시작하니까 걷잡을 수 없는 거예요. 2008
년 초였나 어느 순간 빚이 엄청나게 늘었어요. 내 능력이 이것
밖에 안 되나 하는 자괴감에 자살까지 생각했어요. 하지만 이
렇게 허무하게 가족들한테 인정 못 받는 아빠로 세상을 마감하
는 건 아니다 싶더라고요. 달라진 모습을 보여주자고 마음을 고
쳐먹고는 교회에 나가기 시작했어요. 그게 2008년 2월의 일이
에요. 동생이나 부모님이 예전부터 신앙생활 해보라고 권했는
데 제가 마다했거든요. 첫날 설교말씀이 꼭 제게 해주시는 말
씀처럼 다가와서 그다음 날 새벽예배 갈 생각을 하니 막 설레더
라고요. 아침에 교회에 가야 하는데 술냄새가 나면 좀 그렇잖아
요. 그래서 그날부터 아예 술하고 담배를 끊어버렸어요.

그러다가 친구와 다시 사업을 벌였어요. 어느 신도시의 진
입 지하차도 공사였어요. 거의 끝나가던 때였는데 그 현장에서
후배 하나가 크게 다쳐서 하반신이 마비된 거예요. 그렇게 큰
사고가 나니까… 내가 욕심부려 일하다가 다치게 한 것 같은 생
각도 들고 너무 괴롭더라고요. 그렇게 큰일을 겪으며 일을 겨우
마쳤는데 정작 저한테는 크게 돌아오는 것도 없었어요. 수입도
안 나고 적자는 누적되고, 결국 아내에게 생활비도 못 주는 지
경이 됐죠.

그러다보니 이제 이런 위험한 일은 그만해야겠다는 생각에

진해로 떠난 거예요. 사실은 선교사로 해외에 나가고 싶었는데 곧바로 인수인계가 안 되면서 잠깐 여행 삼아 내려갔던 거고요. 진해가 군항제 등으로 유명하잖아요. 그전에 그렇게 전국을 다니면서 일했는데도 진해 쪽은 처음이었어요.

그때가 여름이었어요. 바닷가에 가보자 싶어 그쪽으로 가게 된 거예요. 현장 경치가 너무 좋더라고요. 이번 사고로 저랑 같이 다친 최 과장이 거기서 일하고 있었는데 마침 그때 저한테 연락을 준 거예요. 터널 파면서 생기는 부산물들을 지상으로 올리려면 거대한 관을 삽입해야 하는데, 그 관이랑 쇠로 만드는 기구 일체의 제작을 제가 맡았어요.

맨 처음 만났을 때 현장 사람들은 그저 삭막한 느낌이었어요. 이 사람들은 누가 싸우면 말리질 않더라고요. 근데 저는 적극적으로 나서서 중재도 하고 열심히 도왔더니 그 사람들이 어느 때부터인가 저를 좋아해주는 거예요. 뭘 바라고 그런 게 아니라 그 현장에서 잘 지내고 싶어서 그랬던 건데… 그렇게 잘 지내다가 그 사고가 났네요.

뒤늦게 일으켜 세우는 법을 배우다

다치고 나서 심리상담을 받으면서 기질과 성격 검사를 해봤는데 그 결과를 보고는 깜짝 놀랐어요. 저는 그렇게 생각하지 않았는데 제가 새로운 것에 대한 호기심이 굉장히 많고, 재미를 추구한대요. 가만 돌아보니 정말 그랬던 것 같더라고요. 아내는 저하고는 완전 반대예요. 아내는 가지 않은 길, 맛을 보지 않은 것에 대해서는 전혀 관심이 없어요. 굳이 새로운 길을 가면서 위험에 맞닥뜨릴 필요가 없다는 거죠. '지금도 살기 힘든데 왜 굳이'라는 식이에요. '그랬구나, 그래서 아내랑 코드가 안 맞았구나.' 상담치료를 통해서야 그걸 깨달았어요.

2008년에 신앙을 가지면서 정신 차렸다고 말씀드렸잖아요. 그 뒤로 10년간 가족들과 잘해보려 노력했다고 스스로 자부했어요. 그런데 그게 아니었더라고요. '이렇게 열심히 하는데 너희는 얼마나 변하나' '너희가 날 얼마나 인정해주나'라는 마음으로 가족들을 대한 거더라고요.

내가 바뀌었으니 그전에 내가 했던 일이 가족들의 기억에서 지워지길 바랐는데, 그게 쉽게 사라져버리는 게 아니잖아요. 아내한테 각인되어 있는 뭔가가 바뀌진 않더라고요. 사고 난 이후에 병원에 있으면서 두 번 크게 다퉜어요. 아내가 절 완전히 통제하려고 하니… 안타까우니까 그런 거겠지만. 당시에 싸우고 나서 굉장히 미안하고 힘들었어요.

내가 원했던 게 그리 쉽게 이뤄지는 게 아니구나 깨우쳤어요. 그러고 나니 애들한테 진짜 미안하더라고요. 한번 대화가 끊어진 부모자식 관계는 회복하기가 참 힘들다는 것도 깨달았고요. 아내와의 관계를 회복하는 것만큼이나 힘들어요. 회복이 안 되는 거예요. 저는 아들이 강하게 커줬으면 좋겠다고 생각했어요. 이 힘든 세상에 어디 가서도 버티고 살아남을 수 있는 사람이 돼줬으면 하는 생각에 아들이 징징거리면 그 말을 딱 자르고 혼내기만 했거든요. 그랬더니 애가 성격이 원래는 그렇지 않은데 집에만 오면 아예 입을 닫아요. 엄마와 누나가 아무리 잘해줘도 집에서는 말을 안 해요. 말이 안 통하는 집에 살았으니까 그런 거겠죠. 그걸 이제야 제가 느낀 거예요.

딸은 어릴 때부터 속을 썩이지 않았어요. 야단맞을 만한 행동은 아예 안 했어요. 사교육 없이 좋은 대학엘 갔고 거기서 장학금까지 탔어요. 졸업하고 취업 준비할 때에도 단 한 번 속 썩인 적 없고요. 딸은 부모한테 혼나지 않고 싫은 소리 안 들으려면 어떻게 해야 하는지 어릴 때부터 안 거죠. 자기 친구들처럼 자유로운 분위기에서, 하고 싶은 거 하고 떼도 쓰고 했어야 하는데… 그렇게 클 수 있는 환경이 아니었던 거예요.

저도 저희 아버지하고 사이가 안 좋았어요. 저를 전혀 지원해주지 않았거든요. 네 인생은 네가 개척하라는 식이었죠. 예전에는 먹고사는 게 너무 힘드니까 더 그랬을 텐데, 아버지 딴에는 자식을 좀 강하게 키우겠다는 뜻이었던 거 같아요. 저도 아들한테 그런 태도를 심어주려 했잖아요. 그때는 그리 생각하지 않았는데 지나고 나니 내 아버지를 꼭 닮아 있더라고요. 무서웠죠. 소름이 쫙 끼쳤어요. 내가 그랬구나, 나도 모르게 내가 싫어하던 모습을 닮아버렸구나.

나는 아주 작은 애벌레, 상처 많은 번데기

사고 초기에는 다른 사람들 앞에 설 수 있을까 싶었어요. 실제로 저를 만난 아주머니들이 그래요. "안됐다" "너무 많이 다쳤다" "얼마나 아팠어"… 모든 대화가 "저 사람, 다쳐서"로 시작되니까 그것도 너무 싫은 거예요. '저 사람은 힘들 거야. 힘든 시간을 보내고 있을 거야'라고만 생각하잖아요. 저런 모습으로 과연 뭘 할 수 있을까 생각할 것도 같고요.

예전에는 저도 다를 바 없었어요. 특히 저희 세대가 다른 사람보다 일을 '빨리 많이' 해야 인정받는다고 믿어온 이들이잖아요. 그러니 몸 아픈 이들을 생활능력 없는 사람으로 취급했어요. 화상 입은 저를 돌아보면서 스스로는 아무렇지도 않다고 생각하지만, 저를 바라보는 세상의 시선은 냉정하다는 걸 새삼 느껴요. 그걸 어떻게 이기느냐… 제가 이기려 한다고 이길 수 있는 것도 아니고 그걸 신경 안 쓴다고 해도 언젠가는 부딪힐 거잖아요. 지금은 안전한 관계 속에만 있으니 이렇게 여유있게 생각도 하고 제 마음속을 깊이 들여다볼 수도 있지만, 바깥 사회에서 부딪히다보면 여러 문제가 생기겠죠. 그때 가서 해결할 수 있는 방법들을 찾아봐야죠.

얼마 전까지만 해도 행복한 가정을 이루도록 해달라는 기도를 많이 했어요. 그런데… 저한테 행복은 뭐냐면, 조금 이상하게 들릴 수 있지만, 제 정신세계가 지금보다 더 성숙해지는 거예요. 그러면 제가 바라보는 가정도, 세상도 더 아름다워질 거 아녜요. 지금 이렇게 말하면서도 울컥해요. 힘든 과정을 거치면서 고마운 게 많거든요. 내가 뭐 잘한 것도 없는데 말이에요. 세상에 불만도 많았지만 고마운 것도 많아요. 교회 사람들이 도와주지 않았으면 더 힘든 시간을 보냈을 거고요. 사회가 악한 면도 있지만 그 안에서 좋은 걸 바라보고 좋은 것을 추구하며 사는 이들도 있죠. 그런 이들이 많아질 때 세상은 더 아름다워진다는 걸 알게 됐어요.

어쩌다 병원 근처 지하상가에 아내랑 가게 됐는데, 20여 미터쯤 떨어진 액세서리점에 놓인 나비 모양 브로치가 언뜻 눈에 들어오더라고요. 그 순간 타인의 시선이나 판단에서 자유로워지고 싶다는 생각이 들었어요. 윤도현의 노래 〈나비〉에서 떠올린 생각이죠. 성경에서는 나비가 하나의 말씀이기도 해요. 그 브로치를 사서 그때부터 일부러 옷에 달고 다녔어요.

병원에 있다보면 화상환자들끼리 친해지기도 하지만 대개는 서로 마음을 잘 열질 못해요. 먼저 말을 걸기가 힘든 거예요. 저 사람이 내 모습을 보고 꺼릴 수도 있잖아요. 그 사람 마음이

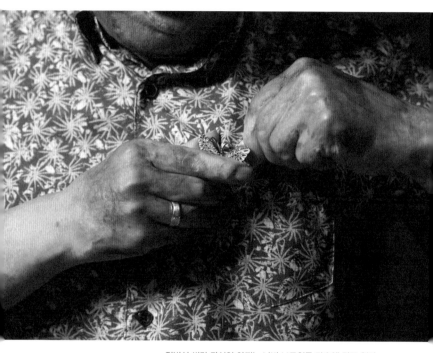

정범식 씨가 자신이 아끼는 나비 브로치를 가슴에 달고 있다.
아름다운 나비!

아플 수도 있고요. 그 환자들한테 먼저 다가가 이야기를 나누려고 하는 편이에요. 제 삶의 이야기가 그들에게 도움이 될 것 같아서요.

한강성심병원 심리치유 프로그램이 제 마음을 다잡는 데 도움이 많이 되었어요. 그런 프로그램에 참여하면서, 화상은 외상적인 치료만으로 끝나는 게 아니라 마음의 치료가 병행되어야 온전히 마무리된다는 생각을 품게 됐어요. 그런데 보통 사람들에겐 그런 기회가 별로 없죠. 근로복지공단 같은 경우에는 심리적으로 많이 힘들어하는 이들이 상담요청을 하면 심사를 거쳐 심리치료를 받을 수 있게 해줘요. 그런데 안타까운 건, 진정 힘든 사람은 치료를 요청하지 못하는 상태라는 거예요. 누군가 들여다보지도 않을뿐더러 그분들도 자꾸 숨으려고만 하죠. 환자의 요청이 있어야만 제공되는 게 아니라 모든 치료에 심리상담이 포함되어야 할 것 같아요.

아프면 아프다고 주변에 자꾸 이야기해야 해요. 환자뿐만 아니라 환자 가족들도요. 도와달라는 말을 꺼내기 힘들어 치료를 받다 말고 나가는 사람도 봤어요. 치료기간이 긴 사람들을 만나 이야기해보면 가정이 편안한 사람이 없어요. 대부분 파산했고 어떤 이는 이혼하고 혼자 살기도 해요. 그런 힘든 이들에게는 스스로 힘들다고 얘길 꺼낼 수 있는 통로가 마련되어 있어야 해요.

꼭 화상환자가 아니더라도 아픔을 겪는 사람이 많잖아요. 몸을 다치지 않은 일반인들도 마찬가지고요. 아픔을 겪는다고 내가 이것 때문에 '인생을 망쳤다' '여기서 끝이다' 이렇게 생각하면 안 돼요. 저는 많은 시간을 그렇게 헛되이 보냈어요. 생각이 꼬리에 꼬리를 물고 저를 그런 쪽으로 몰아가죠. 그래도 거기에 사로잡히지 말아야 해요. 아픔에 대한 생각은 그것이 깊어질수록 나를 더 피폐하게 만드는 것 같아요. 좋은 쪽의 사유는 나를 살찌우죠. 스스로를 자꾸 돌아보고, 자신에게 가족은 어떤 의미인지도 생각해봐야죠. 가족에게서 지지받지 못하는 분들에겐 어떤 종교든 신앙생활을 해보라고 권하고 싶어요. 내 아픔이 나의 정신을 망가뜨리는 대로 끌려가지 않고, 내 마음을 살찌우는 계기를 꼭 찾으셔야 한다고 말씀드리고 싶어요.

정범식 씨의 부인 길영미 씨 이야기

"매일 새로운 오늘 속에서,
아주 작은 행복을 찾으며 이 사람 곁을 지켰어요"

저녁 8시 넘어서 전화를 받았어요. 너무 놀랐죠. 몸이 부들
부들 떨리더라고요. 이렇게 다칠 거라는 생각조차 못 했어요.
원체 조심스럽게 일을 잘해왔으니까요. 그런데 화상이라니, 가
슴이 철렁 내려앉았죠. 중환자실이라고 하니 또 깜짝 놀랐고요.
딸은 자다가 일어나서 소식을 듣고는 쓰러졌어요. SRT 타고 부
산에 내려 병원에 닿으니 거의 새벽 2시가 됐더라고요. 간호사
한테 얘기했더니 기다리라고, 남편분 보고 놀라지 말라고 해요.
들어가보니 얼굴이 엄청나게 부어 있고, 온몸을 붕대로 감아났
더라고요.

입원한 지 열흘쯤 됐는데 새벽에 위독하다면서 전화가 왔어
요. 그땐 병원 근처의 원룸을 얻어 머물고 있었거든요. 병원 가
는 중에 딸은 또 쓰러졌어요. 간신히 애를 깨워서는 병원에 가
서 응급실에 눕혀놨죠. 너무 힘들었어요. 정신이 하나도 없었
죠. 그 당시에는 계속 수면상태였고, 게다가 오늘내일이라고만
하니까 거의 죽은 거나 마찬가지라고 느꼈어요. 너무나 힘들어
서 맨날 울었지요.

부산에 있을 땐 아들도 하던 일 내려놓고 같이 와 있었어요.

딸은 한 2주 같이 있다가 회사에 출근해야 하니까 올라가서는 주말마다 내려왔고요. 항상 잠자리에 들기 전에 셋이 손을 꼭 쥐고 기도했어요. 한번은 원룸에서 자다가 자정쯤 일어나보니 아들이 집에 없는 거예요. 전화했는데도 안 받더니 2시쯤에야 들어오더라고요. 어디 갔다 왔느냐고 물었더니 교회 갔다 왔대요. 기도하러요. 생전 그러지 않았던 애인데, 아빠가 다치니 아빠 살리려고 가족끼리 똘똘 뭉친 거예요. 우리가 열심히 해야 아빠도 힘을 얻어 살아날 수 있다고만 생각했어요.

화상에 대해서는 아무것도 몰랐어요. 막막했어요. 다른 환자들이나 그 가족들한테 물어물어 알아갔죠. 그때는 이 사람이 깨어나는 일에만 집중하느라 다른 건 신경을 안 썼던 거 같아요. 어떤 날엔 폐에 물이 차서 안 좋고, 또 어느 날엔 호흡을 못해서 힘들어하니, 남편의 상태에만 온 정신을 쏟았어요.

한강성심병원에 와서는 두 달간 중환자실에 하루도 안 빼놓고 들어갔어요. 이 사람이 마구 토하고 설사하는 날이면 하루 종일 기분이 좋지 않았어요. 그러다 좀 괜찮아 보이고 웃기라도 하면 그날은 온종일 기분이 좋고요. 이 사람 상태에 따라 가족들 기분이 좌우되는 거예요. 하루하루가 다 달랐어요.

오래 다닌 직장을 그만두긴 했지만 아쉽지는 않았어요. 나중에 다시 일할 수 있을 거라고 생각했으니까요. 지금은 간병에만 집중할 때잖아요. 이 사람이 좋아질 때까지는 당분간 같이 있어야죠. 제가 일 다니면 이 사람 혼자서 맨날 울 텐데 어떡해요, 하하하.

저는 낙천적이어서 어떤 상황에도 잘 적응해요. 지금도 좋아 보이잖아요. 이 사람하고 전보다 사이도 더 좋아요. 이렇게 맨날 붙어 있어도요. 보통은 부부가 같이 병실에 있는 시간이 길면 싸움이 잦대요. 간병하던 쪽이 가버리는 경우가 많다더라고요.

심리상담을 받으면서 대화의 물꼬를 트게 됐어요. 우리가 서로 성향이 완전히 다르던데 어떻게 만나고 함께 지냈나 몰라요. 근데 어떻게 보면 그렇기 때문에 서로 잘 맞는 거 아닐까요. 이 사람이 막 화내면 전 참잖아요. 똑같이 화내면 난리 나겠죠. 저까지 불 같은 성격이면 같이 못 살 거예요.

제가 많이 참아줬어요. 그게 힘들진 않았어요. 저는 뭐든 금방 잊어버리고 머릿속에 담아두질 않아요. 술 한 잔 마시고 푸는 식이에요. 어디 얽매이지도 않아요. 스트레스가 쌓이지 않는 타입이죠. 살아가면서 하루가 재밌고 즐거우면 그만 아닌가요? 여기 병원에 있으면서도 소소한 행복을 느낀다니까요. 그전에 느끼지 못했던 작은 행복을 많이 느껴요. 그런 사소한 일들을 일부러 찾으려고도 하고요.

이 사람이 쫓아다닐 때 사실 저는 안 좋아했어요. (웃음) 근데 막판에 자기가 어디 멀리 간다면서 눈물을 뚝뚝 흘리더라고요. 그 울음에… 내가 눈물에 약해갖고 넘어간 거야, 하하하. 불쌍해 보이더라고요. 뭐라고? 그게 작전이었어?

결혼하고 나서는 매일 울었어요. 밥할 줄도 모르고 결혼해서는 집에 가보니 시부모님들 계시지, 이 사람은 맨날 나가만 있지… 외로웠죠. 인생에서 가장 힘든 때였어요. 부자관계가 무척 안 좋았거든요. 맨날 둘이 싸우니 저는 무서웠죠. 회사를 그만두고 1년 넘게 노니까 형편은 더 안 좋아지고, 그러니 추석이나 설에 친정에 가질 못하는 거예요. 그때 이 사람은 내 생각은 안중에도 없었을 거예요. 지금 과거로 돌아가라고 하면 신혼 시절로 돌아가고 싶어요. 그 시절을 제대로 못 누렸으니까…

이 사람하고 밖에 나가면 사람들이 쳐다봐요. 본인은 괜찮다고 하는데 어떤 때는 "내가 창피해?"라고 묻더라고요. 창피한 건 아니잖아요. 얼굴만 단지 빨갈 뿐이지. 사고 전에 어느 지하상가를 지나가는데 얼굴에 심하게 화상을 입은 분이 가방 가게를 운영하고 계시더라고요. 그때는 저도 힐끔힐끔 그분을 쳐다봤었어요. 막상 제게 이 일이 닥치고 보니 당시 제 행동이 잘못된 거였다는 걸 알게 됐고요. 사람을 볼 때 선입견을 버려야 하는데…

이 사람이 혼자 어디 나가려 할 때는 과연 잘할 수 있을까 하는 걱정이 들어요. 아직 혼자서는 나가본 적이 많지 않으니까요. 병원 근처야 비슷한 사람들이 많이 있으니까 괜찮은데, 나중에 동네로 돌아가서 견딜 수 있을까… 그런데 아마, 할 수 있을 거예요!

범식 씨와 영미 씨의 대화

"나를 보라, 있는 그대로"

영미 지금은 많이 나았지. 얼굴만 빨갈 뿐이지 괜찮아!

범식 그래?

영미 나만 그런 생각을 하는 건지 몰라도, 당신은 다른 사람하고 다를 거 하나도 없어.

범식 난 이미 그 부분은 초월했어.

영미 그럼 됐어. 실제로 그랬으면 좋겠는데! 겉으로만 그러지 말고 마음도 그래야 하는데. 겉으로만 괜찮아, 괜찮아 그러면 안 되는 거잖아. 말이랑 속마음도 똑같아야지.

범식 난 똑같아.

영미 똑같아? 그럼 된 거지.

범식 똑같을 거야… 당신 혹시 그냥 날 이쁘게 봐주려고 그러는 거 아냐?

영미 이쁘게 봐주려고 그러는 게 아니라 있는 그대로 이야기한 거야. 있는 그 모습. 사람은 있는 그대로를 봐줘야 해.

아주 작은
사랑이어도 좋다

구술 최려나

기록 유해정

약속은 잡았는데 시선이 난감했나. 과한 호의도, 연민도, 호기심도 아닌 눈빛은 무엇일까? 상흔 가득한 그를 마주하며 바짝 긴장했다. 하지만 채 20분도 안 돼 오롯이 눈에 그만 들어온다. 한 시간이 흐르자 거짓말처럼 후광이 비쳤다. 슬프지만 단단한, 고통스럽지만 다정한 그에게 홀렸다. 화마는 열한 살 아이의 세상을 삼켜 잿빛 속에 가뒀으나 아이는 절망을 태워 빛을 냈다. 눈물로 희망을 틔워 뿌리 깊은 나무가 됐다. 우연과 인연이 길잡이가 되었으나 모두 그가 디뎌온 걸음으로 생각을 행동으로, 다짐을 삶으로 포개온 시간들.

오늘도 그는 세상을 향해 걷는다. 화마가 우릴 덮쳤으나 어제가 내일을 해할 수는 없다고. 편견과 냉대에 늘 가슴을 베이지만 사랑마저 빼앗길 수는 없다고. 그의 걸음은 스스로를 향한 주문이자 무수한 꽃들에게 보내는 연서다. 매순간 치열한, 여리나 아린 그의 마음이 활자의 징검다리를 건너 세상에 가닿기를. 그의 곁으로, 그의 길을 따라, 나도 걷는다. **―유해정**

사고 후 병원에 있으면서 가장 꿈꿨던 것이 창밖에 지나다니는 사람들 틈에서 걷고 싶다는 거였어요. 95퍼센트 3도 화상은 뼈가 다 굽을 정도거든요. 가장 심한 부분이 다리여서 걷지조차 못했어요. 하지만 언젠가 다시 걸을 수 있다면 그때는 저 거리의 사람들 속에 나도 있겠지… 그런데 어느 정도 걸을 수 있게 됐는데도 밖에서 사람들과 섞인다는 건 불가능하더라고요. 나를 사람들이 힐끗 쳐다보거든요. 그러면 왠지 내가 잘못한 것 같고, 나오면 안 될 것 같고, 죄지은 사람 같다는 생각에 고개가 숙여지는 거예요. 그리고 그런 제 자신이 싫어지는 거예요. 저 사람이 나를 쳐다봤다는 이유로 내가 먼저 시선을 피해버리는 거잖아요. 그게 너무 싫고 힘들었어요. 나는 나를 어느 정도 바라볼 수 있게 되었는데, 다른 사람이 나를 다른 시선으로 쳐다보니까, 그게 알게 모르게 상처로 쌓였던 것 같아요. 점점 사람 만나는 게 무섭고 밖에 나가는 게 두려워졌어요.

꿈을 꾸고 있다고 생각했어요

제 꿈은 아나운서였어요. 친구들은 과학자였다가 선생님으로 바꾸기도 했는데 저는 늘 그대로였던 것 같아요. 어려서부터 언어에 관심이 많았어요. 저는 중국에서 태어났고 중국사람이에요. 아빠 엄마도 다 중국에 나고 자라 중국 국적을 갖고 계시고요. 할머니와 할아버지의 조상들께서 조선 땅에서 살다가 러시아를 거쳐 중국에 정착하셨다고 해요. 한국에서는 조선족이라고 하죠? 그러다보니 저는 아기 때부터 중국어랑 한국어를 동시에 배울 수 있었어요. 할머니 할아버지가 한국어를 주로 쓰셔서 한국어도 한국문화도 익숙했던 거죠. 또 학교에서는 영어를 배웠어요. 언어공부가 어렵지 않았고 나중에는 낭독대회에도 자주 나갔어요. 초등학교에서는 방송부 활동을 했고, 방송진행도 도맡았죠.

대중 앞에 서서 뭔가를 하는 걸 즐겼던 것 같아요. 무척 외향적이고 활발한 아이였죠. 맞아요, 언젠가 제가 "나는 내성적이야"라고 했다가 친구들이 무슨 소리냐고, 말도 안 된다며 야유를 보냈던 기억이 나요. 항상 친구들이 많았고, 외동이다보니 집에서 표출 못 하는 감정들을 밖에서 활발하게 드러냈던 것 같아요. 그래서였나? 엄마 아빠가 많이 배운 것도 아니고 부자였던 것도 아닌데, 늘 뭔가를 많이 배우게끔 배려해주셨어요. 방학 때는 학원을 다섯 군데나 다닐 만큼 엄청 바빴는데 전혀 힘들지 않았어요. 배우는 게 무척 즐거웠고 친구들 보는 것도 너무 좋았어요. 부모님의 기대가 제게는 늘 좋은 자극이었죠.

그날은 2003년 7월, 제가 열한 살이었던 초등학교 4학년 여름 방학의 하루였어요. 엄마 아빠는 이혼한 상태셨고, 저는 학원에 다니려고 잠시 엄마한테 간 상황이었어요. 사고 전날 엄마가 이사를 했는데, 일하시느라 바빠서 이삿짐도 다 정리하지 못한 채 간단히 저녁만 해 먹고 잤던 기억이 나요. 그다음 날 아침 엄마도 출근해야 하고 저도 학원을 가야 해서 일찍 일어났어요. 분주하게 움직이는데 머리가 좀 어지러운 거예요. 엄마한테 이상한 냄새도 나고 어지럽다고 했는데, 엄마가 비염이라 냄새를 못 맡았고 이사 직후라 정신이 없으셨나봐요. 창문을 안 연 상태에서 뭔가를 하려고 가스에 불을 붙였어요. 그 순간 쾅! 폭발음이 들렸어요. 너무 무서웠다고 해야 하나? 깜짝 놀라 눈을 감고만 있었어요. 불은 보지 못했고, 온몸에 뜨거운 기운이 확 밀려왔다 사라진 느낌… 정말 한순간이었어요.

엄마가 제 손을 잡고 집밖으로 뛰쳐나왔어요. 아파트 5층 정도였던 것 같은데 폭발 소리에 놀란 이웃들이 뛰어 나왔어요. 그중에 택시기사분이 계셨어요. 그분이 저희에게 옷을 덮어씌워주시곤 병원으로 데려다주셨어요. 택시를 타고 병원으로 가면서 운전석 옆 백미러에 비친 제 모습을 봤어요. 엄마 모습도 보였고요. 거울 속 우리는 뜨거운 물에 살짝 데어 피부가 한 꺼풀 벗겨지는 정도였어요. 그냥, 평소 때와 똑같다는 생각도 들었어요. 그래서 내가 폭발로 화상을 입었나보다라고만 인지했지, 이게 정말 심각하고 생사를 다툴 사고라고는 전혀 생각하지 못했죠.

10분이나 걸렸을까요? 택시에서 내려 응급실로 들어갔는데, 두 명이 한 치료실로 들어갈 순 없잖아요. 그때 엄마랑 헤어졌어요. 치료실 침대에 누웠는데 시계가 7시를 가리켰던 것 같아요. 응급실 안은 조용하고 한가했는데 저희가 도착하니 갑자기 뭔가 분주해졌어요. 응급실 의사가 상황이 심각하다면서 다른 의사에게 지금 당장 빨리 오라고 호출했고, 한두 명씩 와서는 침대에 누운 저를 살펴보는 거예요. 그러곤 제 머리카락을 잘라내기 시작했어요. 머리카락이 피부에 붙으면 안 된다고 했던 것 같은데, 머리카락을 자르는 소리가 정말, 하아… 사각사각이라고 해야 하나? 불에 다 타버려 바스러지는 소리가 나는 거예요. 그 소리를 들으면서 깨달았죠. 내가 심각하게 다쳤구나… 간호사가 소독약을 온몸에 붓기 시작했어요. 전혀 아프지 않았어요. 그냥 무척 차갑고 너무 춥다고만 느꼈어요.

그때는 내가 꿈을 꾸고 있다고 생각했어요. 이건 현실이 아니다, 정말 이상한 꿈을 꾸고 있다… 생전 처음 겪는 일이잖아요? 병원에서 이렇게 치료를 받은 적도 없고, 머리카락을 이렇게 자른 적도 없고, 모든 사람이 나를 심란한 얼굴로 뚫어지게 쳐다본 적도 없었으니까요. 하지만 공포스럽거나 슬프거나 걱정되는 마음은 전혀 없었어요. 희한한 꿈을 꾸고 있구나. 아, 그냥 깨겠지…

처음에 약을 뿌릴 때는 안 아팠는데, 하루 이틀 지나면서 점점 통증이 오기 시작했어요. 아픈 걸 느끼기 시작하고, 열이 오르기 시작하고, 가족들은 물론이고 먼 친척들도 저를 보러 오기 시작했어요. 이게 꿈이 아닌 거예요. 현실인 거예요. 그때부터 불안해졌어요. '무슨 일이 벌어진 거지? 엄마는 어디 있고, 나는 지금 어떤 모습인 거지?' 혼란스러운 거예요. 갑갑한 병실에서 빨리 나가고 싶은데 아무도 저한테 "이제 집에 가자" 이런 말을 안 해요. "열심히 치료받자"라고만 하지. 저를 보러 오는 사람들도 웃기는 하는데… 그 슬픈 표정 있잖아요? 그걸 보는 게 너무 힘들었어요. '아, 지금 심각한 상황이구나, 내가 여기서 빨리 나갈 수는 없겠구나, 어쩌면 못 나갈 수도 있겠구나…' 너무 무서워졌어요.

더 이상의 희망은 없구나

영화의 한 장면 같았어요. 제가 누운 침대 위로 전등들이 스쳐 지나가면 수술실 문이 열리고, 가족들이 괜찮다고, 가서 잠만 자고 나오면 되는 거라고, 하나도 안 아플 거라고… 영화에서만 보던 건데 제가 그러고 있더라고요. 화상 입은 피부를 긁어내고 인조피부로 덮는 수술을 받았는데 저는 그 한 번이 마지막일 줄 알았어요. 두 번, 세 번, 네 번… 수술이 끊임없이 계속됐고 저는 너무 지쳐갔어요. 가족들이 옆에서 더 좋아지기 위한 거라고 위로했지만 무척 힘들었어요. 수술보다 더 고통스러운 건 치료였어요. 수술은 마취된 상태에서 잠만 자고 나오면 되는데, 치료는 맨 정신으로 아픈 걸 견뎌야 하는 거니까. 정말 지옥 같았어요. 제가 너무 어리다보니까 치료받을 때 보호자 한 명이 같이 있게 해줬거든요. 그런데 나중에 들어보니 그게 가족들에게도 그렇게 힘든 시간이었다고 하더라고요.

병원에서 몇 달 동안 치료를 받았어요. 마침 제가 사고를 당한 직후 저희 집 바로 옆 아파트에서도 가스폭발 사고가 나서 병원에 화상환자들이 넘쳐났어요. 오늘은 누가 이 병실을 떠날까라는 말이 돌 정도로 하루하루 사람들이 죽어 나가고, 유가족들이 울고불고 난리도 아니었어요. 정부에서 그 화상환자들을 지원해줬는데, 저희도 처음엔 그 사고에 묻어갔나봐요. 그런데 조사를 통해 우리 사고는 엄마의 불찰로 판명이 났고 이내 지원이 끊겼죠. 하루하루 치료비가 눈덩이처럼 불어나다보니 할머니와 할아버지가 사시던 집도 팔아야 했고, 그걸로도 충분치 않아 친척들이랑 지인들에게 모두 돈을 빌리는 상황까지 됐어요. 그래도 치료비를 감당할 수가 없었죠. 병원에서는 어쩔 수 없다며 저를 퇴원조치 했어요. 그때만 해도 제 등엔 아직 치료하지 못한 화상상처가 남아 있었는데, 약을 받아 와 집에서 치료를 해야 하는 형편이었죠. 다행히 상처는 잘 치료가 됐는데 그때부터 다른 문제가 생기기 시작했어요.

당시 저는 어린아이였으니까 매일 조금씩 성장하잖아요. 하지만 화상으로 심하게 손상된 피부는 늘어나지 않아요. 그렇다보니 뼈는 계속 자라는데 피부는 늘어나지 못해 온몸에 수축이 오면서 몸 전체가 변형되기 시작했어요. 특히 저는 95퍼센트 화상이다보니 온몸에 수축이 오면서 몸이 거의 동그랗게 말리는 형태로 변해갔어요. 손가락은 물론이고 팔과 다리도 말리고, 목도 굽어지고. 퇴원 후 채 한 달도 안 된 사이에 일어난 일이죠. 처음에는 분명 누워 있는 상태였는데 하루가 다르게 몸이 말리기 시작하더니 일어서는 건 고사하고 마지막에는 그저 동그랗게 말려 누워 있지도 못하게 된 상태가 된 거예요. 저를 지켜보면서 가족들은 병원에 있을 때 의사들이 이제부터 시작이라고 했던 말이 기억났대요. 그때는 얘가 치료를 잘 받고 있는데, 빨리 회복되서 나가기만 하면 되는데 왜 저런 말을 할까 의아했대요. 하지만 퇴원 후 변해가는 저를 보면서 '아 그게 저 뜻이었구나, 더 이상 희망이 없겠구나' 생각했대요. 저한테 티는 못 내고… 저는 몸이 막 말리면서 아프기 시작했어요. 다른 방법을 찾지 못한 상황에서 가족들이 할 수 있는 일이라곤 아프다고 하는 저를 계속 주물러주고, 어루만져주는 것뿐이었어요. 그런 시간들이 계속됐죠.

간절함이 부른 손길

기적이었을까요? 아니면 할머니와 할아버지의 간절한 노력 때문이었을까요? 제 사정이 인터넷 어딘가에 소개되면서 중국에서 사업하시는 한국분이 연락을 주셨어요. 도와주고 싶은데 어떻게 하면 되겠냐고. 할머니가 병원에서 들은 이야기를 전해드렸는데, 마침 그분이 잡지사 운영자이기도 하고 교회 장로님이기도 하셔서 주변에 제 사정을 알려 후원금을 모아주신 거예요. 덕분에 저는 2004년 2월 베이징의 큰 병원에서 치료를 받을 수 있게 됐어요. 몸이 굽는 문제를 해결하기 위해서 모든 관절 부위의 피부를 절개하는 수술을 받았죠. 이제는 절개된 부위와 화상상처에 적합한 피부를 덮고, 몸을 쓸 수 있도록 하는 문제가 남았어요. 보통은 상처 부위에 자기 피부를 이식하는데 저는 95퍼센트 화상이다보니 남아 있는 피부가 거의 없었어요. 인조피부를 쓸 수밖에 없는데, 지금도 그렇지만 인조피부는 매우 비쌌어요. 어떻게 하지 걱정하던 때, 마침 한국의 한 성형외과 원장님께서 제 기사를 보시고 본인이 치료를 도와주고 싶다고, 한국으로 올 수 있겠느냐고 연락을 주셨어요. 처음으로 한국에 오게 된 거죠.

　전라도 광주의 성형외과에서 반년 넘게 치료를 받았어요. 원장 선생님이 제 치료는 물론 할머니와 할아버지도 제 곁에서 지낼 수 있게 해주시고, 먹고 자는 것도 다 해결해주셨어요. 정말 그 병원에서 해줄 수 있는 건 다 해준 것 같아요. 또 원장 선생님이 중국에 출장을 자주 가셨는데 그때마다 '려나야, 뭐 먹고 싶은 거 있니?' 하면서 사다주시곤 했어요. 진심으로 사랑해주셨어요. 처음 도와준 장로님께서도 "나는 한 게 없다. 너의 이야기를 그냥 전했을 뿐이다. 다리 역할을 한 것뿐이다"라고만 하셨는데, 장로님이나 원장 선생님이나 저와 제 가족들에겐 정말 절실한 때에 도움을 주신 고마운 분들이세요.

　6개월 정도 치료를 받다보니 몸도 마음도 지치더라고요. 상처도 치료만 거듭하면 잘 안 낫거든요. 어느 정도 쉬는 시간도 필요해요. 좀 쉬어야겠다는 생각에 중국 집에 돌아와 정말 잘 먹고 잘 쉬었어요. 이제 좀 괜찮아졌다 싶었는데 또 운 좋게 한국의 '어린이화상환자후원회'에서 연락이 왔어요. 초청해서 치료해주고 싶다고.

내가 나를 사랑해야겠다

　그사이 제겐 엄청난 변화가 있었어요. 처음으로 제가 화상 입은 제 얼굴을 보게 된 거죠. 그전까지만 해도 할머니 할아버지가 병원과 집에 있는 거울을 다 치우셨어요. 나중에 조금씩 좋아지면 보여줄 수 있을 때 제 모습을 보여주겠다고, 그러니 궁금해도 참으라고. 하지만 거울을 치운다고 얼굴을 못 보는 거 아니더라고요. 엘리베이터를 타면 어렴풋하더라두 제 형상이 비치잖아요. 밥 먹는 숟가락에도 얼굴이 비치고요. 안 보려고 해도 보이더라고요. 울긋불긋 하더라고요. 딱 봐도 예전의 내 모습이 아니라는 건 알게 됐죠. 그러던 중 하루는 의사 선생님이 "치료받는 단계지만 눈썹만 있으면 훨씬 예쁘겠다. 혹시 눈썹 문신을 해보지 않을래?" 하시는 거예요. 그때 저는 눈썹이 없는지도 몰랐어요. 매일 피부이식 수술만 받다가 성형 시술을 해준다고 하니 놀랐죠. "제가 그걸 해도 될까요?" 물으니 당연하다고. 눈썹 문신을 하고 나니 다들 너무 예뻐졌대요. 그러니까 궁금하잖아요. 보여달라고 졸랐어요. 침대에 누운 제 얼굴 위로 할머니가 거울을 올려주셨어요. 사고 뒤로 처음 제 얼굴을 본 날인데 우선 이마가 보이더라고요. 많이 울긋불긋했는데, 그때만 해도 여린 피부였으니까… 조금만 내려달라고, 눈썹이 안 보인다고. 눈썹이 보이니까 이제 눈이 보고 싶어지고, 눈을 보니까 코가 보고 싶어지고, 입도 보고 싶어지고… 그렇게 얼굴 전체를 봤어요. 사실 눈썹은 눈에도 안 들어왔어요.

그때 제가 했던 첫 말이 뭔지 아세요? "생각보다 괜찮네."

왜 그런 말이 튀어나왔는지 모르겠는데, 한동안 누워만 있다가 앉는 연습을 하면서 다리를 보게 됐거든요. 제 몸에서 다리의 화상이 가장 심하다보니 얼굴도 다리처럼 심하겠구나 생각했었나봐요. 그런 상황에서 얼굴을 보니까 의외로 너무 괜찮은 거예요. 그다음부터는 "나, 거울 다 봤어요" 하면서 거울을 보여달라고 졸랐어요. 처음이 어렵지 한 번 보니까 계속 보게 됐요. 항상 거울 앞에 있으니 가족들이 이제 그만 좀 보라고 할 정도였죠.

거울 앞에서 제가 했던 일이 뭔지 아세요? 저랑 친해지는 거… 그때만 해도 좀 절망적이었어요. '아, 이렇게 치료만 받으며 살아가야 하는구나, 밖에도 못 나가고, 꿈도 포기해야 하고…' 화상이 큰 장애가 되니까 제가 할 수 있는 일이 하나도 없는 것 같았어요. 그래서 생각했죠. '내가 뭘 해야 하지?' '어떻게 살아가지?' 그때 생각해낸 것이 저랑 친해지는 거였어요.

거울 속에 있는 사람은 너무 낯선 사람이지만, 저란 말이에요. 제가 웃으면 따라 웃고 제가 찡그리면 같이 찡그리고… 이건 뭐, 그냥 한마디로, 저예요. '그래, 이 친구랑 친해져야겠다. 내가 먼저 이 친구를 사랑해줘야겠다. 그렇지 않으면 누가 나를 사랑하겠어?' 늘 되새겼어요. 저를 많이 사랑하려고 노력했던 것 같아요.

그때가 몇 살이었냐고요? 열두 살이요. 사고 난 그다음 해였어요. 저도 모르겠어요. 어떻게 그런 마음이 생겼는지. 다만 어려서부터 치료를 받고 주변의 도움을 받다보니 어른스럽다는 말을 많이 들었는데, 사실 그게 안 좋은 거잖아요. 그런데 제가 치료를 안 받겠다고 하거나 징징대면 가족들 모두가 더 힘들다는 걸 알았던 것 같아요. 상황이 저를 그렇게 만들었던 거죠.

절망적인 상황인데 또 한편으로는 긍정적인 마음도 있었어요. 뭔가 기대할 만한 상황이면 조금만 기대에 못 미쳐도 바로 절망하거나 포기하게 되는데, 그때 저랑 우리 가족이 처한 현실은 정말 바닥 그 자체였어요. 더 떨어질 곳이 없는. 그러다보니 '이보다 더 안 좋아질 수 있을까?' 싶었죠. 후원을 받고, 누군가의 도움으로 치료를 받고, 전 세계에서 응원 메시지가 오니까 어떻게든 되겠지, 어떻게든 살 수 있겠지, 어떻게든 살려는 주시겠지 하는 마음? 뭐라고 할까요? 용감, 무식, 자신감? 그런 마음이 든 것 같아요. '내가 구사일생할 수 있었던 데에는 뭔가 이유가 있지 않을까?' '우리가 바닥까지 가봤는데 더 어디로 떨어질까?' 끔찍한 사고였고 치료와 수술을 받는 일은 힘들고 고통스럽지만, 반면 이렇게 좋은 사람들을 만나게 되고, 한국에도 오게 되고, 많은 과정을 겪으면서 제 인생이, 세상을 보는 눈이 달라진 거예요.

그때는 어려서 잘 몰랐지만 지금 생각해보면, 세상은 여전히 따뜻하구나, 세상은 여전히 살아갈 만하구나, 그런 걸 배울 수 있었다는 게 너무나 감사한 마음이 들어요. 삶에 대한 희망이 좀 더 생겼죠. 어떤 때는 내가 이런 사랑을 받을 자격이 있나 싶고, 그 사랑이 부담스럽기도 하고 과분하게도 느껴지지만, 대부분은 너무나 감사하며 지낸 것 같아요. 그래서 좀 더 용기를 갖고 그 시간을 견뎌낼 수 있었고요.

놀랍고도 신선한 충격

2005년 열세 살 때 치료를 위해 다시 한국에 왔어요. 그때 처음으로 화상 입은 또래 친구들을 만났어요. 그런데 역시나, 심하게 다친 정도로 따지니 제가 일등이더라고요. 어느 병원에 가나 그랬어요. 화상병동에 들어가보면 늘 제가 가장 심하게 다친 거예요. 그게 너무 속상했어요. '저 사람은 저 정도인데 왜 나는 이렇게 심할까? 치료받으면 좋아지게 될까? 괜찮아질까?' 이런 마음이 계속 들어서 많이 힘들었어요.

그래도 또래 친구들을 사귈 수 있어 너무 좋았어요. "너 수술한 건 어때?" "가려운 건 어때?" 하면서 편하게 우리끼리 대화할 수 있는 거예요. 서로 아무렇지 않게 웃고요. 그동안 한 번도 제 상처를 오픈해서 이야기할 수 있는 상대가 없었거든요. 하지만 친구들을 만나면서 그애들의 마음을 보게 됐고 제 마음도 털어놓을 수 있었어요. 이야기도 나누고 함께 놀러도 가고…

그게 너무 좋았던 것 같아요.

그때 만난 분이 이지선 언니예요. 전부터 장로님을 통해 연락을 주고받긴 했는데 직접 만난 건 그때가 처음이었어요. 여름이었는데, 반팔을 입고 계시더라고요. 사람들 있는 카페에 반팔을 입고 다닌다는 건 당시 제겐 상상도 못 할 일이었는데 그 차림으로 나오셔서는 사고로 짧아진 손을 흔들며 인사를 하는 거예요. 또 안아주시고요. 저한테는 정말 놀라운, 신선한 충격이었어요.

'아, 저 모습으로도 저렇게 멋있게 살 수가 있구나.' 나는 어떻게든 가리려고, 한여름에도 마스크에 모자에 꽁꽁 싸매고 다녔는데… 누군가 나에게 "너는 이렇게 해" "앞으로 저렇게 살아"라고 말한 것도 아닌데, 제가 스스로 그렇게 정했던 거예요. 그런데 지선 언니의 기준에서는 화상이 장애가 아니었어요. 큰 자극을 받았지만 당장 저를 바꾸진 못했어요. 곧장 실천으로 이어지지는 않더라고요. 음… 왜 그게 그렇게 어려웠을까요?

그 뒤로도 지선 언니와 연락을 계속 주고받았어요. 중국으로 돌아간 뒤에도요. 소소한 것들을 챙겨주시고 응원해주셨는데, 같은 아픔을 공유하는 사람이랑 이야기하는 건 다르더라고요. 내가 겪는 아픔이 무엇인지 어떤 상황인지 알고 해주는 응원이다보니 정말로 큰 힘이 됐어요. 그래서 언니를 많이 의지했던 것 같아요. 그다음 계단으로 오를 수 있게끔 앞에서 롤모델로 걸어가주시니까 그게 너무 좋았어요. 그러면서 제 안에서도 뭔가 해볼 수 있지 않을까 하는 마음이 생기고… 그때 제가 열네 살, 열다섯 살 정도였는데 그런 시간을 보내다보니 친구들도 만나고 싶어지더라고요. 공부도 하고 싶어졌고요.

언니, 같이 씻으면 안 돼?

초등학교 때 사고가 난 거라 친구들이라곤 어린 시절 친구들밖에 없었어요. 사고 후에는 친구들을 만난 적이 없어요. 연락을 못 한 것도 있고, 안 한 것도 있고… 그런데 중국에 돌아온 뒤로는 갑자기 친구들 소식이 너무 궁금해지는 거예요. 막상 연락하려니 연락해도 되는지 모르겠더라고요. 어쨌든 그 친구들 기억 속의 나는 예전의 모습이잖아요. 그런데 지금 제가 연락하면 그 친구들한테 이제 저는 완전히 다른 모습을 가진 사람이 되는 거니까요. 또 친구들은 아직 어리고요. 친구들이 제 변한 모습에 많이 놀라진 않을까, 친구들의 놀라는 모습에 내가 상처받진 않을까… 이런 것들이 너무 걱정되는 거예요. 그런데도 친구들이 너무 보고 싶었어요. 이런 나라도 친구들이라면 있는 그대로 봐주지 않을까 싶었고요. 한참 망설이다 친구들한테 연락했어요. 한 명이 연락이 되니까 그 친구를 통해 모두 연락이 닿더라고요. 친구들이 저를 보러 왔어요. 처음에는 모두 울더라고요. 그걸 보니 당황스러웠어요. 제가 그렇게 힘든 시간을 보낸 거에 대해서 미안해하더라고요. 자기들은 몰랐다면서, 연락하고 싶었는데 방법이 없어서 제 연락을 기다리고 있었다며 무척 고맙다고 했어요. 그때부터 친구들을 다시 만날 수 있게 되었어요. 친구들 만나는 시간이 너무 좋았어요. 친구들을 다시 본다는 건 상상도 못 했던 일인 데다 친구들은 제가 뭘 좋아했는지, 어떤 사람인지 다 알고 있으니까 사고 전으로 다시 돌아간 기분이 들었어요.

그런데 한편으론 너무 부러운 거예요. 친구들은 내가 병원에서 수술받고 치료받았던 그 시간에 공부하며 자기 꿈을 향해 한 걸음씩 걸어가고 있었는데 저는 여전히 초등학교 4학년에 머물러 있으니까요. '안 되겠다, 나도 앞으로 나아가야겠다.' 물론 치료도 앞을 향해 나아가는 거지만 나의 꿈을 위해, 나의 삶을 위해 나아가야겠다는 생각이 든 거죠.

그때 제 나이가 대학 갈 나이였어요. 중국에서 알아보니까 대학에 진학할 자격을 얻으려면 학교를 다니거나 시험을 봐야 한대요. 제가 사고 후에 계속 한국에서 지냈잖아요. 한국분들의 도움을 받아 한국어 교재로 공부해왔잖아요. 그러니 중국에서 중국어 교재로 다시 공부한다는 게 뭔가 안 맞는 거예요. 한국에서 대학입시를 준비해야겠다 싶었어요. 중국 교육청에 가서 한국에서 학교를 다니려면 어떻게 해야 하는지 물어보니까 고등학교 졸업장이 있어야 한대요. 고등학교 졸업장은커녕 초등학교 졸업장도 없다고 했죠. 제 사정을 설명하고 얼마 전까지 한국에서 제 나름대로 공부해왔던 것을 말씀드려서 중국에서 다행히 중학교 졸업장까진 받을 수 있었어요. 하지만 고등학교 졸업장은 무조건 시험에 통과해야 한다더라고요.

한국에서 검정고시를 볼 계획을 세우고 그때부터 차근차근 준비했어요. 중국 톈진의 장로님 집에 머물면서 교회 언니 오빠들로부터 공부를 배웠어요. 힘들었지만 또 재밌기도 했어요. 뭔가 목표를 세우고 그것을 향해 달려가고 있다는 게 좋았던 거죠. 그 후에는 한국에 와서 경상북도 안동에서 몇 달 동안 검정고시 학원을 다녔어요. 노인분들이랑, 학교를 제때 못 다닌 청소년들을 대상으로 하는 학원이었는데, 학원 기숙사에서 학생들이랑 거의 1년 정도 함께 생활했어요.

처음으로 한 공동체 생활이었죠. '아, 내가 혼자 잘해낼 수 있을까? 항상 누군가가 옆에서 도움을 줬는데 한국에서 혼자 과연 잘 해낼 수 있을까?' 또 다들 저보다 어린 친구들이었어요. 그런데 걱정과 달리 이 친구들이 너무 편하게 대해주는 거예요. 나를 화상 입은 사람이 아니라 그저 나이가 몇 살 많은 언니, 같이 검정고시 준비하는 언니로 대해주더라고요. 처음에는 너무 신기했는데 나중에는 고맙더라고요.

그때까지만 해도 저는 늘 집밖에선 긴팔 옷만 입었어요. 집에서도 겨우 반팔을 입고 다니는 정도였죠. 한여름의 어느 날, 제가 빨리 씻고 나가야 하는데 다른 친구도 마찬가지로 빨리 씻고 나가야 했어요. 샤워실은 하난데 말이죠. "언니, 같이 씻으면 안 돼?" 깜짝 놀랐죠. '얘가 뭘 알고 하는 말인가? 아니, 알고 하는 말이겠지만 그냥 하는 말인가?' 어쩔 수 없이 "그래" 하고는 함께 샤워실로 들어갔는데 그 친구가 "언니, 팔 많이 다쳤구나. 다리도 많이 다쳤구나" 하면서 이야기하는 정도였지, 아무렇지도 않게 씻고 나가는 거예요. 그 반응이 너무 놀라웠어요. '나는 대체 뭘 걱정했던 걸까?'

친구들이 그렇게 대해주니까 저도 너 편해졌어요. 그 뒤부터는 실내에서 나시를 입고 지냈어요. 친구들은 그걸 놀랍게 여기기보단 오히려 노출이 너무 심한 거 아니냐면서 나보고 옷 좀 입고 다니라고. (웃음) 공동체 생활을 하면서 다른 사람들과 함께 살아가는 법도 배우고, 내 상처가 내가 생각했던 것만큼 그렇게 크지 않다는 것을 조금씩 배웠던 것 같아요.

익숙해져야 했던 두 가지 시선

불편한 시선도 경험했죠. 인근 학교 여름축제 때였어요. 기숙사 친구들이 축제를 보러 가자는 거예요. 행사가 저녁 8시 정도여서 마스크도 안 쓰고 모자만 쓰고 나갔는데 가는 길에 친구들의 친구들을 만났어요. 서로 인사하는데 한 친구가 저를 보자마자 소리를 지르는 거예요. 너무 소스라치게 놀라면서. 그런 상황은 한 번도 겪어본 적이 없었어요. 밖에 다닐 때 사람들이 저를 보고 흠칫 놀란 적은 있었지만 소리를 지른 적은 없었거든요. 저도 놀랐고, 같이 갔던 친구들도 놀랐고. 소리 지른 친구도 당연히 놀랐겠고…

친구들이 제가 걱정이 됐나봐요. "언니 괜찮아요? 괜찮아요?" 하는데 제가 눈물이 나는 거예요. 입으로는 괜찮다는 말이 나오는데, 눈물이 계속 나더라고요. 축제가 어느 정도 끝날 때쯤 제 옆에 있던 친구가 안 되겠다 싶었는지, 소리 지른 친구를 데리고 와서 사과를 시키겠다고 해요. 아니라고, 굳이 일을 그렇게 크게 만들지 말라고, 나는 진짜 괜찮다고 했는데 진짜 그 아이를 불러왔더라고요. 그 친구가 '아까는 정말 다른 뜻은 없었다. 밤중이었고, 외모가 조금 달라서 놀랐는데 내가 소리를 지른 것 때문에 상처받았다면 정말 미안하다'고 했어요. 사과를 받고, 아니라고, 괜찮다고 이야기하고 헤어졌어요.

괜찮은 줄 알았죠. 그런데 집에 와서 혼자 방에 있는데 계속 눈물이 나는 거예요. 초등학교 친구에게 전화해서 오늘 이런 일이 있었어, 너무 속상했어 하면서 울면서 난리를 쳤어요. 사실 내 마음은 전혀 괜찮지가 않았던 거예요. 그 상황에서 내가 화를 냈더라면 같이 간 친구들이 정말 난처한 입장이 됐을 거예

요. 게다가 모두 저보다 어린 친구들이잖아요. 그래서 괜찮다고 말했던 거고요.

그런데 제 눈물이 소리 지른 그 친구 때문만은 아니었던 것 같아요. 앞으로 이런 상황이 많을 텐데, 이런 상황에 익숙해져야 하는데, 그게 너무 어려울 텐데, 과연 그때마다 내가 잘 대처할 수 있을지, 어떻게 해야 이런 상황들에 무덤덤해질 수 있을지, 그런 것들이 걱정되고 속상하기도 해서 계속 눈물이 났어요. 친구가 "그런 애들도 있는 거지"라면서, 이해한다고, 하지만 그런 거에 일일이 다 상처받지 말라고 위로해줬어요. "너는 너의 인생을 살면 돼."

생각해보니 나도 사고 전에 나와 다른 누군가를 보면 그렇게 반응하지 않았을까 싶더라고요. 소리를 지르는 것까지는 아니더라도 어쨌거나 보통 때와는 다르게 반응하지 않았을까. 입장이 바뀌었을 뿐이고, 누구나 자신과 다른 사람을 대할 때는 충분히 그런 모습을 보일 수도 있다는 생각이 들었어요. '내가 이런 일에 일일이 상처받으면 앞으로 안 되겠구나. 익숙해져야겠구나.' 그런데 익숙해진다는 게 내가 굳게 마음먹는다고 해결되는 게 아니잖아요. 그래서 일단은 그 사건 이후부터는 어떤 상황이 와도 담담하게 대처하려고 노력했어요. '아, 그 친구가 내가 앞으로 어떤 상황이 와도 담담해지라고 그런 반응을 보였나보다. 아, 감사한 일이다' 그러면서요.

얼마 전에도 길을 걷는데 할머니 한 분이 길을 물어보시는 거예요. 그러면서 화상 입은 제 얼굴을 보시곤 깜짝 놀라셨죠. 제가 길을 알려드리고 나니 그분이 고맙다 하시면서 저한테 돈을 주시는 거예요. 너무 당황해서 이걸 왜 주시느냐고 했더니, 고맙다고 힘내라고. '내가 그렇게 불쌍하게 보였나? 내가 뭔가 불쌍한 사람인가? 도와주고 싶은 사람인가?' 그런 생각도 들었는데, 그때 든 생각은 차라리 그게 나을 수도 있겠다는 거였어요. 적어도 무서워서 도망치고 싶은 사람은 아니니까요.

나는 불쌍해 보이고 싶지 않은데, 예쁘게 보이고 싶은데, 그렇게 하시니까 여러 마음이 들었던 것도 사실이에요. 저는 늘 두 가지 시선에 익숙해져야 하는 삶을 사는 것 같아요. 내가 나를 보는 시선에 익숙해져야 하고, 타인이 나를 보는 시선에 익숙해져야만 하죠.

나도 힘이 되는 사람이구나

공부는, 정말 어려웠어요. 제가 그동안 배운 건 국어, 영어, 수학 정도였는데 검정고시를 보려면 과학, 역사, 사회 이런 과목도 배워야 하는 거예요. 또 초등학교 4학년 이후 과정을 몇 달 안에 다 끝내야 하는 상황이다보니, 하면 할수록 공부가 나랑 안 맞나 싶더라고요. 하지만 학교에 가고 싶다는 마음은 변하지 않았어요. 또 이건 치료가 아니잖아요. '병원만 아니면 돼, 치료만 아니면 돼. 나는 그것만 아니면 뭐든지 할 거야' 싶기도 했고요. 치료가 아닌 뭔가를 하고 있다는 게 너무 좋았어요.

다행히 검정고시에 합격했어요. 머릿속으로 셈해보니까 제 친구들보다 3년이 늦은 거더라고요. 그 시간이 짧다면 짧지만 길다면 또 길잖아요. 친구들은 저 멀리 가 있는데 내가 달려간다 해서 따라잡을 수 있을까? 나는 이 3년의 간극을 잘 메울 수 있을까? 걱정되더라고요. 그 과정에서 몇 군데 대학에 지원했고, 지선 언니의 추천으로 이화여대에 가기로 결정했는데 다른 걱정이 생기는 거예요. 안동에서 공동체 생활을 경험했지만 대학생활은 그와는 또 다르잖아요. 유학생활을 잘할 수 있을까? 정규과정을 건너뛴 건데 학교 시스템에, 정규 수업에 잘 적응할 수 있을까? 정말 행복한 고민들이었죠.

대학교 1학년 때 한강성심병원에서 연락이 왔어요. 병원에서 매년 '화상어린이캠프'를 하는데 멘토로 자원봉사를 해줄 수 있겠느냐고요. 처음 들었어요. 제가 병원에 다닐 때는 그런 게 없었거든요. 항상 치료만 받고 다른 아무것도 할 수 없다는 게 늘 아쉬웠죠. 하지만 그동안 병원에서 학교를 다닐 수도 있게 됐고, 치료 외에 심리적·신체적 건강을 위한 프로그램들이 많이 생겼더라고요. 매년 여름마다 화상 입은 아이들이 모여서 같이 어울리는 캠프도 생겼고요. 캠프에서 제 이야기를 들려주면 좋겠다고 하는데 과연 제가 어떤 이야기를 해줄 수 있을까, 해줘야 할까, 그 아이들이 나를 보고 과연 힘을 받을까, 망설여졌어요. 하지만 한편으론 그 캠프가 궁금했고 어떤 친구들이 오는지도 알고 싶더라고요. 궁금한 마음에 자원했던 것 같아요, 처음에는.

정말 어린 친구들이 많더라고요. 초등학생부터 중·고등학생들이 다 있는데, 그 친구들이 겪은 상황이 제가 겪은 일들이랑 똑같은 거예요. '아무도 내가 얼마나 힘들지 몰라줘요' '내가 얘기할 수 있는 사람이 아무도 없어요' '내 상처가 부끄러워요'… 제가 그 나이 때 했던 말이 그대로 적혀 있었어요. '아, 내가 해줄 말이 있겠구나.' 2박 3일간의 일정이었는데 그 친구들 앞에서 제 얘기를 할 수 있는 시간이 있었어요. 그 친구들이 제 이야기에 '큰 힘을 얻었다' '정말 감사하다' 이런 이야기를 해주는데 너무 뿌듯하더라고요. 나는 해준 게 별로 없는데, 그냥 내 이야길 들려줬을 뿐인데, 내 이야기에도 힘을 받고 간다는 친구들이 있으니까 너무 기뻤어요. '아, 정말 필요한 일이구나. 내가 뭔가 남들과 함께할 게 있구나…' 그때 처음 느끼게 됐죠.

캠프에서 가장 인상 깊었던 프로그램은 함께 갔던 물놀이예요. 처음에는 아이들이 좋아하니까 물놀이를 넣었나보다 했어요. 그런데 조금 더 생각해보니 화상 입은 친구들은 겉모습이 다르다보니 사람들이 많은 곳에 섞일 기회가 별로 없잖아요. 더

군다나 자기 몸을 드러내며 섞일 기회는 더더욱 없고요. 그런데 아이들이 혼자서는 절대 하지 못했던 일을 많은 인원이 모이니까 할 수 있게 되더라고요. 쭈뼛쭈뼛 물 앞에서 망설이던 아이가 다른 친구들이 아무렇지도 않게 물에 들어가 노는 모습을 보고는 '아, 나도 들어갈 수 있겠구나' 싶었는지 물에 뛰어드는 거예요. 우리도 똑같이 수영복 입고 물놀이 할 수 있다는 걸 보여주기 위한 프로그램이었던 거죠. 매년 캠프에 워터파크 물놀이 일정이 있는데, 그 시간이 가장 귀한 것 같아요. 저도 4년 넘게 멘토로 참여하고 있는데, 너무 너무 소중한 자리에 초대해주시는 것 같아 늘 좋아요.

푸른 잎이 돋아났던 시간

제 인생에서 가장 큰 전환점이 된 사건은 국제화상컨퍼런스에 참여한 거예요. 대학교 2학년일 때 미국에서 열렸는데 한강성심병원 사회복지사 선생님이 함께 가면 좋겠다고 연락을 주셔서 알게 됐어요. 10일 동안 대회가 열리는데, 그때가 딱 중간고사 기간과 겹쳤어요. 가야 하나 말아야 하나 엄청 고민했죠. 학점을 포기하는 거나 마찬가지니까요.

교수님들께 여쭤봤더니 하나같이 당연히 가야 하는 거 아니냐고, 대체 과제를 내줄테니까 꼭 다녀오라고 하셨어요. 덕분에

컨퍼런스에 가게 됐는데, 세계 각국에서 모였잖아요. 화상경험자들이 그렇게 많은 줄 처음 알았어요. 제가 화상 범위로는 항상 일등이잖아요. 그런데 그곳에서 제 상처는 아무것도 아니었어요. 팔을 잃은 분도 계시고, 저처럼 전신이지만 정도가 더 심한 분도 있고. 그게 또 위로가 되더라고요. 그러면 안 되지만… 내 상처는 아무것도 아니구나 싶었어요.

기억에 남는 프로그램 중 하나가 있어요. 빙 둘러앉아서 모두 눈을 감은 채 진행자의 지시에 따라 각 질문에 해당하는 사람을 터치하는 건데 누가 나를 터치했는지 볼 수는 없어요. "이번 일정 동안 나에게 용기를 준 사람을 지목해주세요" "내가 존경하는 사람은 누구인가요" "친구하고 싶은 사람을 지목해주세요" 등의 질문들이 10분가량 계속됐는데 끝나고 눈을 떠보니 모두 눈물을 펑펑 흘리고 있는 거예요. 모두 누군가의 터치를 받았던 거죠. '아, 나도 누군가에게 힘을 줄 수 있는 사람이구나' '누군가에겐 멋지게 보이고 존경받을 만한 사람이구나'… 저는 그 시간이 너무 좋았어요. 서로가 서로에게 위로받고 힘이 됐던 시간이었어요.

컨퍼런스 마지막 날에 축제가 열렸는데, 참석자 중 전신화상에 다리까지 절단하신 여성분이 무대에 오르셨더라고요. 한국이나 중국이었으면 어떻게든 자연스럽게 보이려고 의족을 한 다리를 가렸을 텐데 그분은 미니스커트를 입으셨어요. 의족의 뼈대가 앙상하게 다 드러나 보이는데도요. 그 상태로 무대에 오르셨어요.

그런데 그게, 너무 예쁜 거예요… 그 자리에 있었던 수백 명 중에서 제일 예뻐 보였어요. 나는 화상흉터를 가리려고 한여름에도 그 두꺼운 모자에 마스크에, 닥치는 대로 가리고 다녔는데, 저렇게 당당하고 저렇게 멋지게 사는 사람이 있다니… 내가 너무 부끄러워지는 순간이었죠. 할 말을 잃었어요. 강렬한 충격이었죠.

한국으로 돌아와서는 곧바로 모자를 벗었어요. 그때까지만 해도 학교에서 마스크는 안 끼더라도 항상 모자는 쓰고 다녔거든요. 밖에 나갈 때도 항상 긴팔만 입고 다녔는데 반팔도 입기 시작했어요. 스스로에게 당당해지고 싶었죠. 그게 제 딴에는 굉장한 용기였잖아요. 그런데 아무도 모르더라고요. 얼마 전에도 2년 전 사진을 보는데, 한 후배가 "언니 이때 모자 썼네?"라고 하더라고요. 제가 모자를 썼던 것조차 모르는 거예요. 세상은 나 중심으로 돌아가지 않는다는 걸 다시금 깨달았죠. 이렇게 간단한 걸 실행하는 데 왜 그렇게 오래 걸렸을까 싶고. 사실 저는 모자가 안 어울리는 사람인데. 왜 이 모든 걸 뒤늦게 깨달았는지, 누가 이야기를 해줬더라면 좋았을 텐데… 아니, 해줬는데도 제가 듣지 못했거나 듣지 않았던 걸지도 몰라요, 그때는.

위드어스를 시작하다

그때부터 하고 싶은 일이 생겼어요. 컨퍼런스에서 인상 깊었던 또 다른 프로그램 중 하나가 걷기 행진이었거든요. 처음에는 무조건 다 나오래요. 화상경험자들과 의료진, 행사 스태프와 관계자, 소방관까지 참여해 그냥 걷더라고요. 처음에는 '왜 걷지?' 싶었어요. 충분히 따로 걸을 수 있는데 왜 굳이 사람을 모아서, 차량까지 통제하면서 걸을까 싶었죠.

막상 걸어보니 기분이 너무 이상한 거예요. 그걸 뭐라고 설명해야 할지 모르겠는데 마치 세상을 향한 우리의 소리 없는 외침 같았어요. 화상을 입었어도 우리는 당신들과 함께 세상을 살아가는 사람들이고, 화상을 입었어도 우리는 당당히 걸어갈 수 있는 사람들이다. 우리를 너무 차갑게만 바라보지 말아달라. 그런 메시지를 보여주는 행동 같았어요. 아무 구호도 외치지 않고 그냥 걸었을 뿐인데, 저한테는 너무 인상적이어서 한국에 와서도 그때의 일이 계속 생각났어요.

함께 컨퍼런스에 참여했던 친구랑 "우리도 한국에서 같이 걸어보면 어떨까" 하고 가볍게 이야기를 꺼냈는데, 진짜 걷게 됐어요. 2017년 위드어스(With Us)라는 모임을 만들었고 6월에 첫 번째 걷기 캠페인을 열었는데, 생각보다 훨씬 더 성공적이었어요. '과연 화상경험자들이 밖으로 나와 줄까?' '행사에 참여해줄까?' '비경험자들이 과연 이 행사를 어떻게 바라볼까?' '우리의 손을 잡고 함께 걸어줄까?'… 생각과 걱정이 너무 많았는데, 기대한 것보다 많은 사람들이 참여해주셨고, 다음 캠페인 언제 하느냐고 너무 기다려진다고도 해주셨어요. 화상경험자들과 같이 걷는 행사는 그동안 없었잖아요. 여러 사람들의 관심을 받으며 2018년 2회를 치렀어요.

캠프에 참여하고, 컨퍼런스에 다녀오고, 위드어스라는 모임을 만들면서 새로운 꿈을 꾸게 됐어요. 이제 제 꿈은 그동안 받아온 도움과 사랑을 돌려주는 삶을 사는 거예요. 이를 위해 좀 더 전문지식을 갖춰야겠다 싶었어요. 사회복지 전공으로 대학원에 진학한 이유죠. 저는 정말 주변의 좋은 사람들 덕분에 여기까지 올 수 있었어요. 그러니 제가 좀 더 좋은 사람이 되어야겠다는 생각을 많이 하게 돼요.

그냥 이 모습이어도 좋다

감사하게도 학교는 전액 장학생으로 다니고 있어요. 중국어 과외로 용돈을 벌고 있고요. 대학 때 전공이 영문학이었고, 중문학을 복수전공 했어요. 중국인인데 중국어를 너무 못하면 민망하잖아요. 중국어와 중국문화를 배워야겠다 싶어 복수전공을 했는데, 마침 주변에 중국어를 배우고 싶어하는 분들이 많더라고요. 재작년과 작년엔 직장인이 많았는데, 지금은 또래 친구를 가르치고 있어요.

사실 과외를 받는 분들은 제가 화상경험자라는 걸 모르고 만나요. 화상을 입은 내 모습을 스스로 점차 받아들이고 나니까 낯선 사람을 만난다는 데 크게 용기가 필요하지 않았어요. 더이상 화상이 제게 장벽이 되지 않더라고요. 첫 시작이 어렵지 일단 받아들이고 나니 문제가 안 되더라고요. 쉬워 보이는 거예요. 오히려 문제는 화상이 아니라 제가 중국어를 가르칠 수 있는 실력이 되는가였죠.

얼마 전에 대학원 동기랑 밥을 먹는데, 그 친구가 처음부터 저랑 친해지고 싶었대요. "왜요?" 그랬더니 제가 제 자신을 사랑하는 사람이라는 게 느껴졌대요. 좋게 생각하면 좋은 거고, 나쁘게 보면 너무 재수 없지 않았을까요? 메일이나 기사 댓글도 봐요. "너무 예뻐요" "너무 멋져요"… 그런 메시지를 받을 때마다 제 룸메이트가, 그렇잖아도 자존감이 높은 너에게 그런 글들이 한 획을 더 보탰다고, 그런 농담들을 많이 해요. 그럼 제가 "너무 재수 없지?" 그러죠.

누군가는 "왜 이렇게 예쁜 척해?"라고 핀잔을 줄 수도 있어요. 그런데 그게 제가 살아남는 방법이었어요. 살아남기 위해서는 그렇게 해야만 했던 거예요. 내가 나를 가장 많이 사랑해 줘야죠. 그래야 덜 힘드니까. 그래서 처음에는 그런 척을 하려고 했어요. 자존감 높은 척, 괜찮은 척, 안 아픈 척, 상처 안 받은 척… 그런데 그 척을 계속 하다보니 어느 순간부터 그게 몸에 익더라고요. 정말 그렇게 됐어요. 어느 순간 척을 안 해도 괜찮은 거예요. 나중에 보니 제가 진짜 저를 많이 사랑해주고 있더라고요. 지금도 예쁘다는 말을 들으면 너무 좋아요. 그래서 스스로도 예쁜 사람이라는 말을 자주 하고, 다른 사람들에게도 예쁘다는 말을 많이 해주려고 노력하고 있어요.

스스로를 사랑하게 되니 예뻐져야지, 꾸며야지 하는 생각도 들더라고요. 나도 예뻐질 수 있는 사람이구나를 깨닫게 되면서 관심을 갖게 됐죠. 미국 행사에서는 안면화상환자들에게 화상 메이크업을 해주는 부스가 있었어요. 엄청 인기가 많아서 예약을 받더라고요. 한번 해봐야겠다 싶어서 한참을 기다려 시도했는데 정말 미국식으로 두껍게 화장해주더라고요. 화상 입은 쪽과 그렇지 않은 쪽 피부톤을 하나로 통일시켜주고요. 그날 밤에 화장 지우느라고 휴지 한 통을 다 쓴 것 같아요.

화장을 하고 나면 자신감이 더 생길 줄 알았어요. 그런데 오히려 내가 아닌 느낌? 웃을 때도 부자연스럽고. 어떤 나라에서는 얼굴을 통째로 이식하는 수술이 가능하대요. 흉터도 안 남는데, 대신 이식한 피부가 나랑 안 맞으니까 평생 주사를 맞거나 약을 먹어야 한다더라고요. 뭔가 솔깃하잖아요. '얼굴에 흉터가 없다? 그러면 사람들과 관계 맺는 데 어려움이 없겠네?' 싶고. 몸은 옷으로 가릴 수 있는데 얼굴은 안 되니까. 처음에는

최려나 씨의 소중한 사람들. 고맙고 또 고마운 이들.

'얼굴이라도 안 다쳤다면 어땠을까?' 하는 생각을 수도 없이 했거든요. 그래서 그 수술을 고민해봤는데 제가 주사를 끔찍이 싫어하거든요. 사고 후에 수술만 서른 번 넘게 했으니까요. 평생 주사 맞고 약 먹는 게 너무 힘들 것 같은 거예요. 결정적으로 다른 사람의 모습으로 살아가고 싶지 않았어요. 내 얼굴에 흉터가 있지만 그냥 이 모습 그대로 살아갈 수 있어도 좋겠다 싶고…

고맙고 또 고마운 이름

근래에 자기분석 보고서 쓰는 과제가 있었어요. 내가 어떻게 자라왔고, 어떤 가족관계를 갖고 있고, 문제가 닥쳤을 때는 어떻게 해결하고, 나의 가치관과 부모님의 가치관은 어떻게 같고 다른가에 대해 쓰는 거였어요. 성장배경 같은 건 잘 썼는데, 가족들에 대해서는 쓸 말이 없는 거예요.

사실 제가 가족들 이야기는 별로 하지 않았고, 그나마 많이 했던 게 할머니와 할아버지 이야기. 그분들이 긴 치료기간에 늘 제 옆을 지켜주셨어요. 제 친구이자 부모님이셨고, 공부를 가르쳐준 선생님이었고, 제 모든 사회체계, 저를 둘러싼 전부였어요. 또 저를 살려내신 분들이죠. 하나님이 저를 살리셨지만 정확하게는 할머니 할아버지를 통해서 살리셨다고 생각해요. 전신 95퍼센트의 3도 화상은, 살아날 수 있는 가능성이 5퍼센트밖에 안 되거든요. 당시에 병원에서도 포기한 상태였고요. 그런데 두 분이 1퍼센트의 가능성만 있다면 우리는 포기하지 않을 거라며 저를 살려내신 거예요.

사고 후 일주일인가, 그쯤이 생사를 오가는 엄청 위중한 시기였대요. 수술 중에는 아무것도 못 먹거든요. 그렇게 버티는데 열은 계속 40도 이상이다보니 제가 차가운 걸 계속 찾았나봐요. 그러다 제가 수박을 먹고 싶다고 했어요. 할아버지랑 할머니는 먹이고 싶잖아요. 큰 수박 한 통을 사 오셨어요. 그때가 수술 직후라 앉지도 못할 때여서 그냥 떠주시는 걸 받아먹는데 먹다보니 반 통을 다 먹은 거예요. 먹고 나니까 좀 시원해졌다고 했다는데 갑자기 제가 숨을 못 쉬더래요. 숨이 가빠지고 점점 힘들어하더래요. 의사를 불렀더니 소아과, 내과, 화상전문의가 다 왔대요. 합병증이 와서 오늘 밤을 넘기기 힘들다, 잘 지켜봐야 한다… 온몸이 상처였으니 감염 위험도 컸나본데 굉장히 위험한 상태였대요.

소식을 듣고 온 가족이 모였는데, 할머니가 갑자기 본인 손가락을 제 입에 넣고는 토해내라고, 어차피 죽을 상태인데 뭐라도 해야 하는 거 아니냐고, 토하라고 하셨대요. 저는 온몸이 상처고 제대로 움직이지도 못하는 상태라 아파서 안 된다고 했다는데, 무조건 하라고. 그렇게 큰 대야를 두세 개나 비울 정도로 토해냈는데, 그게 다 초록색 물이었대요. 한참을 토해내니까 차츰 숨을 쉬기 시작하고 배도 내려가더라는 거예요. 의사 선생님이 와서 보시더니 이제 됐다고, 괜찮아졌다고… 포기했던 의사들이 그제서야 관을 제 코와 입에 삽입해 위에 있는 나머지 것들을 빼내기 시작했대요. 그런 상황과 고비가 몇 번이나 있었대요. 그때마다 의사들조차 아무것도 못 하는 상황에서 할머니가 도와주시고 할아버지가 옆에 계셔서 제가 산 거라고, 사람들이 그랬어요.

나중에 들은 건데, 치료비가 바닥나고 제 몸은 점점 더 심하게 변형되니까 두 분이 언론사를 비롯해서 도움을 줄 만한 곳을 정말 열심히 찾으러 다니셨대요. 하지만 길이 잘 안 열리니까 할머니가 할아버지한테 우리 셋이 같이 죽자고 하셨대요. 할아버지는 안 된다고, 우리까지 나약해지면 안 된다고 할머니를 설득하셨다는데… 그런 시간들을 겪어온 거죠.

두 분께 더 죄송했던 건, 두 분이 막 퇴직하고 본인들의 여생을 편하게 보내려는 찰나에 사고가 났다는 거였어요. 두 분이 퇴직 후 계획했던 것을 아무것도 못 한 상태에서 제 간호가 시작된 거죠. 무려 10년간 지속됐고요. '보통의 할머니, 할아버지였다면 그렇게 할 수 있었을까?' 정말 그런 생각을 많이 했어요. 뭔가를 포기하고 싶고, 그만두고 싶고, 멈추고 싶을 때 할머니 할아버지를 생각해요. 그러면 안 되겠다는 생각이 가장 먼저 들어요. 두 분이 저를 어떻게 살려냈는데 내가 여기서 멈추면, 포기하면 안 되지 싶은 거죠. 두 분은 제게 살아갈 힘을, 동기를 부여해주는 존재예요. 다행히 지금은 대출을 받아 집을 장만하셨고, 연금으로 중국에서 미뤄둔 퇴직 후의 삶을 살고 계세요.

정말 많이 사랑하고 정말 많이 원망했어요

엄마는, 음… 사고 이후 엄마에 대해 알게 된 건 어린이화상환자후원회의 초청을 받아 다시 한국에 와서 치료를 받으면서였어요. 그동안은 엄마가 어떻게 됐는지 너무 궁금했지만 묻질 못했어요. 엄마가 가스 불을 켠 거고, 할머니 할아버지 입장에서는 어쨌든 이 사고가 엄마 탓이니까 쉽게 묻질 못했던 것 같아요. 또 그땐 제가 너무 어리기도 했고요. 엄마도 다른 방에서 잘 치료받고 있다는 얘기를 들으며 크게 복잡한 생각을 하지 않았던 같아요.

엄마 소식을 알게 된 건 우연이었어요. 한국에 왔을 당시 제 사연이 많이 기사화됐어요. 또 어느 정도는 덜 긴장한 상태에서 수술실에 들어갈 수 있게 되니까 정신적으로도 좀 더 여유로워졌고요. 그때 기사를 찾아볼 생각을 했어요. 항상 사람들이 나를 응원한다는 이야기를 들어왔는데 과연 그런지 궁금한 거예요. 어떻게 전 세계에 있는 사람들이 나를 알지, 어떻게 전 세계에서 이런 편지가 왔지 싶고.

기사를 찾아보니 다른 기사들이랑 사고소식을 다루는 게 똑같아요. 몇 년 몇 월 며칠 모녀가 살던 한 아파트에서 가스폭발 사고가 일어나 화상환자가⋯ 그동안 신문에서 봐왔던 기사들이랑 같아요. 그런데 거기서 '엄마는 딸을 구하고 3일 만에 사망했다'라는 문구를 처음 봤어요. 음⋯ 유사한 기사가 여러 개 있었는데 별로 놀라지 않았던 것 같아요. '그렇구나, 엄마가 3일 만에 돌아가셨구나.' 그냥 그게 하나의 사실로 다가왔어요. 제가 어느 정도 예상하고 있었나봐요. 사람들이 병문안을 오잖아요. "엄마는 어떻게 되셨나요?" 하고 물으면 "치료 잘 받고 있어요"라고 할머니 할아버지가 답하시는데, 어떤 분위기 같은 게 느껴지잖아요. 뭔가 사실이 아닌 것 같고⋯ 슬픈 예감이 들었던 것 같아요. 그래도 대놓고 물어보지는 못하고.

'엄마를 못 보는 거구나, 그때가 마지막이었구나⋯ 그런데 어쩌면 다행인가.' 사건 이후 제가 겪어온 일들을, 그 고통을 엄마는 겪지 않았으니 어쩌면 다행이라는 생각도 들었어요. 그래서인지 처음에는 눈물도 별로 안 나고 무덤덤했어요. 엄마가 없다는 사실이 그냥 지나갈 것도 같았어요. 하지만 한 달이 지나고 두 달이 지나고 일 년이 지나니까 언제부터인가 눈물이 나기 시작하는 거예요. 그냥 사무치게 보고 싶거나 그런 건 아닌데, 문득 밥 먹을 때 눈물이 떨어지고, 길을 걷다가도 눈물이 나더라고요.

음… 음…

'아, 엄마가 옆에 없구나, 이제는 만날 수가 없구나…' 나중에 할머니 할아버지한테, 나 기사 봤다고 얘기했어요. 그랬더니 눈물을 흘리시면서 괜찮냐고… 엄마에 대한 이야기를 너한테 사실대로 이야기하면 네가 마지막 남은 희망의 끈조차 놓아버릴까봐 얘기를 못 했다고, 미안하다고. 저는 괜찮다고, 이해한다고…

맞아요. 밖에 나가고 싶은데 밖에도 못 나가고, 친구들은 하고 싶은 거 다 하면서 평범한 삶을 살고 있는데 저는 병원에서 힘든 치료를 받고 있다보니 점점 원망이 쌓이더라고요. 가장 원망하게 되는 사람은, 늘, 엄마였어요. 그날 엄마가 가스를 건드리지만 않았더라면, 그 집으로 이사만 가지 않았더라면, 나를 엄마 집에 오라고 하지 않았더라면, 만약 그 현장에 아빠가 있었더라면, 두 분이 이혼하지 않았더라면… 그렇게 막, 점점 원망의 범위가 넓어지는 거예요. 엄마가 너무너무 보고 싶은데도, 너무너무 원망스러운 거예요. 한동안은, 네, 정말 많이 원망했었어요.

그 기억에서 얼마나 멀리 왔는가

엄마를 원망한다는 건 이 상황을 받아들이기 너무 힘들다는 말이기도 하잖아요. 지금의 나를 조금씩 받아들이게 되면서 그 원망도 점차 사라지기 시작했어요. 제가 저를 받아들였다는 건, 과거의 나와 지금의 나를 있는 그대로 받아들였다는 뜻이에요. 예를 들어 아빠가 보는 저는 그때와 지금이 같아요. 그런데 아빠가 아닌 다른 사람들이 바라보는 지금의 나는 과거의 그 사람이 아니잖아요? 그걸 받아들이는 게 너무 힘들었어요. 길 가다가 만난 나를 아는 사람이 나를 알아볼까? 나는 분명 최려나인데 다른 사람 눈엔 내가 나로 보일까? 나조차도 그게 헷갈리는 거예요.

옛날의 나와 지금의 나는 다른 사람이구나. 이제 나는 예전의 나로 살면 안 되겠구나… 이렇게 생각하다보니 점점 더 절망으로 빠지게 되더라고요. 하지만 나는 예전의 나랑 다를 것이 없거든요. 외모만 바뀌었지 바뀐 게 없거든요. 나는 친구들이 기억하는 그 최려나이고, 여전히 엄마 아빠의 딸이고 할머니 할아버지의 손녀거든요.

제가 저라는 사실을 인정하기로 했어요. '그래, 나는 나다. 그러니 당신이 바뀌어라. 나를 예전의 나로 봐달라' 이런 마음이었던 것 같아요. 그렇게 하려면 우선 저부터 저를 있는 그대로 받아들여야 하잖아요. 사랑해야 하잖아요. 그렇게 저를 사랑하고, 자신을 받아들이기 시작하니까 엄마에 대한 원망도 점차 사라지더라고요. 약간은 남아 있지만 그래도 엄마니까 당시에 그 상황에서 내 손을 잡고 나왔던 것 아닐까… 엄마가 했던, 엄마니까 가능했던 일들이 떠오르면서 엄마에 대한 원망을 좀 놓을 수 있게 됐어요. 이렇게 말하긴 했지만, 아직까지 엄마에 대해 말한다는 건 여전히 저한테는 쉽지 않은 일 같아요.

원망은 아빠에게도 있었어요. 엄마는 돌아가셨잖아요? 지금 만날 수 있는 대상이 아니니까 그 원망이 내 앞에 있는 아빠한테로 바로 이어지더라고요. 사고 당시에는 아빠에 대한 원망이 없었어요. 아빠가 매일 병원에 와주셨거든요. 저는 그냥 매일 아빠랑 있다는 것 자체가 너무 좋았어요. 옆에서 챙겨주고, 돌봐주고 그러니까 그 시간이 너무 좋았던 것 같아요.

아빠는 항상 저를 만나면 눈물을 보이셨어요. 하지만 베이징과 한국에서 치료를 받을 때는 할머니 할아버지가 보호자로서 옆에 항상 계셨고, 조금씩 나이가 들고 멀리 떨어져 있고 나서부터는 왜 아빠는 그때 이혼이라는 선택을 해야 했는지, 그 뒤에 할머니 할아버지에게 나를 맡기는 게 최선이었는지, 물론 미안해하는 건 알지만 정말 그게 최선이었는지 묻고 싶었던 것 같아요.

나중에 들어보니 항상 저한테 미안해하셨다고 해요. 좋은 아빠가 되지 못했다는 거, 좋은 남편도 좋은 아들도 되지 못했다는 거… 그래서 항상 죄책감을 안고 살았다고 하더라고요. 딸을 맡길 수밖에 없는 상황이라 할머니 할아버지한테도 미안하고, 새엄마랑 동생에게도 미안하고. 사고 났을 때가 아빠가 재혼해 동생이 태어난 지 넉 달밖에 안 됐을 때였거든요. 저는 병원에 있는데 돌봐주지 못해 미안하고, 돌아가신 엄마도 지켜주지 못해 미안하고… 그렇게 아빠의 마음을 알게 되고 저도 자라면서 조금씩 그 마음을 이해하게 되면서 아빠에 대한 원망을 조금씩 내려놓게 되더라고요.

동생은 아주 어린 아기였을 때 병원에서 처음 만났어요. 어느 날 아빠가 아기를 데리고 병원에 왔는데, 내 아빠가 갑자기 그 아이의 아빠도 된다는 거예요. 너무 미워서 처음에는 쳐다보지도 않았어요. 내 친동생이라는 게 실감이 안 났어요. 새엄마도 그렇고. 그런데 할머니 말씀이 피는 못 속인다는 거예요. 제 주변에서 저를 보고 많이 놀란 사람들이 어린아이들이거든요. 아이들은 정말, 순수한 마음 그대로 자기 감정을 표현하잖아요. 저를 보면 많이 놀라더라고요. 그래서 아이들이랑 만나는 자리가 있으면 늘 긴장했어요. 그런데 제 동생은 항상 제 옆에 와서 딱 달라붙어 있는 거예요. 나는 그 애가 정말 내게 다가오지 않았으면 좋겠는데, 나는 아프니까 다가오지도 말고 만지지도 말고 멀찌감치 떨어져 있으면 좋겠는데 자꾸 옆으로 다가오더라고요. "누나, 내가 커서 의사 되면 치료해줄게"라고 말하기도 하고. 너무 신기했어요.

조금씩 마음이 열리니까 동생이랑 새엄마도 받아들이게 되더라고요. 처음 만날 때는 요만한 아기였는데 이제는 키가 170이 넘는 중학생이 돼서 저를 위에서 아래로 내려다봐요. 예전엔 "물 떠 와"라고 하면 말도 잘 듣고 그랬는데, 이제는 저한테 떠 오라고 시키고… 너무 짜증이 나는 거 있죠? (웃음) 요즘은 한창 사춘기라서 아빠가 무서우면 저한테 연락을 해요. "누나, 아빠 좀 말려줘."

새엄마요? 물론 처음에는 마음을 열기가 많이 힘들었어요. 어렸을 때 만난 게 아니고 10대 때 만난 거라서 더 그랬을 거예요. 아직도 엄마라고 부르진 못하고 있어요. '엄마라고 부르면 진짜 엄마가 속상해하지 않을까?' 싶고. 들어보니 새엄마도 어릴 때 새엄마 밑에서 크셨더라고요. 그래서 그게 얼마나 힘든 건지, 그 관계에서 어떤 게 필요한지 아셔서 제게 무엇을 강요하지는 않아요. 하지만 동생이 너무 예쁘잖아요? 그 동생을 낳아주신 분이 새엄마고요.

제가 살아오면서 만나온 많은 분들이 저를 자기 딸처럼 대해주셨어요. 제게는 정말 많은 엄마들이 있는 셈인 거죠. 그러니 굳이 혈연으로 이어져야만 부모가 되는 건 아니라는 걸 알고 있는데, 그게 머리로 아는 거랑 실제 마음으로 받아들이는 거랑은 또 다른 문제더라고요. 저도 친해지려고 노력하고 있고, 새엄마도 노력하고 계세요. 그래서 갑작스레 맺어진 엄마와 딸이 아니라 서서히 친해지고 싶은 관계예요. 저는 지금 성인이잖아요. 그러니 저 자신만 챙기기보다는 엄마, 아빠, 동생 모두 행복했으면 좋겠다 생각해요.

두렵지만 설레고 평범하지만 원대한

지금은 꿈이 뭐냐고요? 안정된 직장인? 안정된 삶? 너무 솔직한가요? 며칠을 꼬박 새워 그 일을 해도 힘들다고 느끼지 못할 정도의 일을 하면서 살고 싶어요. 그게 뭔지는 아직 정확히 찾지 못했지만…

제 안에 이중적인 마음이 있는 것 같아요. 엄마 아빠의 이혼을 겪었기 때문에 행복한 가정을 꾸리고 싶다는 마음이 있는 반면, 아니다, 그래도 혼자서 내가 할 수 있는 일도 많지 않을까 생각하기도 해요. 사회복지를 공부하는 사람으로서 세상에 도움이 되고 사랑 넘치는 사람이 되어야겠다는 생각도 했다가, 아니 그렇게 큰 목표가 아니라 작은 일이라도 뭔가 시도하는 삶을 살면 어떨까도 싶고요. 세상에 기여하고자 하고, 세상을 바꾸고자 하는 건 정말 큰 꿈이잖아요. 그래서 그런 원대한 꿈을 품고 싶다가도 또 한편으로는 그저 지금 나에게 주어진, 내가 할 수 있는 소소한 그리고 평범한 삶을 살고 싶다는 마음도 들어요. 이렇게 왔다 갔다 하는 것 같아요.

여느 20대들처럼 삶의 불안감도 커요. 내 앞에 뭐가 있을지가 잘 안 보여요. 내가 가는 이 길이 맞는지도 모르겠고요. 가족들의 기대치도 있고 사회에서 바라보는 기대치도 있으니까 솔직히 부담도 있어요. 1, 2년 전까지만 해도 제겐 꿈이 없었거든요. 그저 학교에 다니며 친구들이랑 같이 공부하고 싶다는 소망뿐이었는데, 이제는 앞으로 제가 살아갈 미래에 대한 꿈을 꿔야 하는 거잖아요. 그래서 좀 더 신중히 생각하는 거고요. 종종 앞이 잘 안 보이는 게 답답하고 암울하기도 한데, 또 이렇게 안 보인다는 건 어떤 길로도 갈 수 있다는 뜻이기도 하니 기대도 되고. 다양하고 복잡한 마음이 요동쳐요.

아주 작은 사랑이어도 좋다

그래도 이거 하나는 분명해요. 저희가 화상경험자라는 말을 쓰잖아요? 왜 그런 말을 쓰는지 아세요? 일반적으로는 화상환자라고 불러요. 하지만 우리는 스스로를 화상경험자라고 말해요. 외국은 화상생존자라고 부르더라고요. 생존자라는 말도 좋았어요. 고난을 뛰어넘은 사람이라는 의미니까. 그런데 생존자라는 말은 모든 화상환자를 포괄하지는 못하더라고요. 저처럼 심하게 다쳐서 생사를 오갔던 사람에게는 적합한데, 그리 심하지 않은 화상을 입은 사람들에게는 너무 과도한 호칭인 거예요. 그래서 한때 화상환자였지만 지금은 환자가 아니라는 걸 알려주고 싶어서 화상경험자라는 말을 쓰게 됐어요. 누구나 이 같은 경험을 할 수 있다는 의미에서도 이 표현이 적절한 것 같고요. 화상이라는 것이 누구나 겪을 수 있는 사고인 거잖아요. 화상을 입은 사람들을 너와 나로 딱 구분 짓지 않았으면 좋겠다는 바람 또한 담은 거죠.

저는 제가 용기를 냈기 때문에 거리에 나갈 수 있었던 게 아니었어요. 주변 사람들이 그 길을 열어줬을 때 비로소 갈 수 있었던 거예요. 저와 친구들이 만든 위드어스가 하는 일도 그 길을 여는 것이고요. 무엇보다 중요한 건 화상경험자를 화상경험자가 아닌 그 사람 자체로 바라봐주는 거예요. 화상경험자들이 세상 밖으로 나와야만 사람들과 만날 수 있고, 그들도 우리와 같은 사람이구나 느낄 수 있다고 봐요. 어느 한쪽이 먼저가 아니라 같이 이뤄져야 하는 거죠.

그러기 위해서는 저도 그렇고 제 친구들도 그렇고 지선 언니도 많은 사람들 앞에 서야 할 것 같아요. 서고 싶어요. 그래야만 좀 더 많은 사람들이 화상경험자들을 익숙하게 느낄 수 있을 테니까요. 그렇게 세상 밖으로 나온 사람들을 우리 사회가 너무 차갑게만 바라보지 않았으면 좋겠어요. 화상(火傷)이 화상(花像)으로, 상처가 꽃이 되기까지 나를 사랑할 거고, 모든 화상경험자들이 그렇게 삶을 살아갔으면 좋겠어요. 모두가 손잡고 함께 걸어가는, 함께 살아가는 세상을 만들고 싶어요.

무엇이 인간을 인간이게끔 하는가라는 질문

수술대 위에 한 남자가 누워 있었어요. 어깨를 하얗게 드러내고 양팔을 대자로 벌리고 있어서 꼭 십자가에 못 박힌 예수 같았어요. 감전 사고를 당한 거라고 했어요. 얼굴이 피투성이였어요. 순간 저도 모르게 눈을 질끈 감아버렸어요. 직전에 그 남자의 얼굴에서 죽은 살을 긁어냈기 때문이라고 했어요. 화면 속에선 이제 의사들이 남자의 오른팔에서 죽은 살을 떠내고 있는 중이었어요. 네! 정말로 살을 떠냈다니까요. 작은 빵칼 같은 걸로 피부를 살살살살 떴어요. 처음엔 저도 제 눈을 의심했지만 그래도 두눈 부릅뜨고 봐야 했어요. 그게 우리의 일이었으니까.

올해 초에 한림화상재단으로부터 화상경험자들의 구술을 기록해달라는 제안을 받았어요. 꼭 필요한 기록 같아서 흔쾌히 하겠다고 했죠. 그런데 우리는 화상에 대해 전혀 몰랐거든요.

그러면 '당사자들한테 물어보면 되지' 하고 생각하실 테지만, 모르면 질문도 잘 떠오르지 않아요. 무지한 인간은 선의를 갖고도 타인에게 상처를 입히죠. 그래서 재단 담당자분께 화상에 대한 교육을 부탁했어요. 그날이 바로 교육을 받으러 간 날이었고요. 화상경험자의 고통, 어려움, 사회적인 지원체계 같은 걸 듣게 될 거라고 생각했죠. 그런데 우리가 본 것은 수술을 촬영한 영상이었어요.

수술대 위엔 손톱만 한 살점과 핏덩어리가 여기저기 흩어져 있었어요. 그러니까… 이렇게 말해도 될지 모르겠는데… 정육점처럼요. 우리는 우리가 앞으로 만나게 될 어떤 사람, 어떤 고통을 상상하면서 갔는데 수술 영상 속엔 '사람'도 없고 '고통'도 없는 것 같았어요. 그 남자는 마취된 상태였으니까요. 오로지 몸만, 오로지 상처만 있었어요. 그러니까… 고깃덩어리처럼요. 혼란스러웠던 것 같아요. 뭔가 비현실적이었어요. 내 살을 꼬집어도 하나도 아플 것 같지 않은 느낌? 잠시 후에 간호사가 환자의 어깨와 팔 사이에 묶어둔 붕대를 풀었어요. 그랬더니 죽은 살을 긁어낸 피부에서 피가 콸콸콸콸 쏟아지는 거예요! 그동안은 피가 통하지 않게 압박해뒀던 거였죠. 피를 보니까 속이 좀 울렁거렸어요. 그런데요… 그 사람 상처에서 피가 막 쏟아지는 걸 보니까 이상한 안도감 같은 게 들더라고요. 아, 저 사람 살아 있구나… 그러니까 뭔가 인간적인 느낌이랄까…

영상을 다 본 뒤엔 의사 선생님과 함께 병실을 한 바퀴 돌았어요. 전쟁터의 부상병들처럼 병실 가득 붕대를 감은 사람들이 누워 있었어요. 모두 무표정한 얼굴이었는데 그래서 더 고통스러워 보였어요. 바깥은 벚꽃이 한창이었는데 병실엔 고단하고 침울한 공기가 무겁게 고여 있었죠. 아무리 기록을 위한 거라지만 환자들 얼굴을 쳐다보기가 죄송해서 자꾸만 딴 데를 봤던 것 같아요. 그래서 기억이 잘 안 나요. 잠시였지만 참 곤란한 기분이었는데, 의사 선생님은 그런 일상을 20년째 살고 계신다고 했어요. 20년차 직장인답게 평범한 생활인의 얼굴이었죠. 사명감이 넘쳐 보였지만 그렇다고 전혀 비장하거나 엄숙해 보이지는 않았어요.

돌아오는 길이 조금 우울했어요. 몸이란 건 저렇게 아무것도 아닌 건가 싶고, 사고 한 번이면 와르르 무너지는 게 삶인데 열심히 살면 뭐하나 하는 생각도 들고요. 한편으론 이런 생각도 들었어요. 병원은 꼭 이렇게 말하는 것 같았어요. 이런 사고는 오늘 아침 10시에도 있었고 오늘 오후 2시에도 있었다고. 20년 전에도 있었고 20년 후에도 있을 거라고. 이건 아주 오래된 일이니 너무 놀라거나 호들갑 떨지 말라고요. 맞아요. 정말 그렇겠죠. 그런데요… 수술대 위에 누워 있던 그 남자에게 인생은 딱 한 번뿐이잖아요. 어느 날 오전 10시에, 그 사람 인생이 다시는 돌아갈 수 없는 어떤 강을 건너버린 거잖아요.

그 남자, 그 팔로 공부하고 취직해서 돈도 벌었겠죠. 사랑하는 사람도 안아주고 자식들도 건사해왔을 거예요. 그러려고 사춘기 시절부터 팔굽혀펴기를 얼마나 열심히 했겠어요? 그렇게 평생 단련해온 삶의 근육이 한순간에 녹아버린 거예요. 얼굴에도 화상흉터를 갖게 됐어요. 우리는 '명예'를 '얼굴'에 비유하잖아요. 명예가 실추됐을 때 '이제 얼굴을 들고 다닐 수 없게 됐다'라고 말하잖아요. 그런데 그 사람은 스스로 납득할 수 없는 이유로 하루 아침에 그렇게 돼버린 거예요. 그 남자에게 무슨 일이 일어난 거죠? 이젠 어떻게 살게 되는 걸까요? 나라면 한없이 좌절에 빠져 있을 것만 같은데 그는 어떻게 이 상황을 극복해낼 수 있을까요? 내가 더 이상 나 자신이 아니게 되었는데, 지금의 나를 과연 온전히 납득할 수 있을까요? 그날 이후로, 무엇이 나를 나이게끔 하는가, 무엇이 인간을 인간이게끔 하는가라는 질문이 머릿속에서 떠나지 않았어요.

이야기가 된 고통

얼마 후 우리는 구술자분들을 만나러 갔어요. 재단의 담당자분이 정리해준 그이들의 신상정보를 손에 꼭 쥐고서 말이죠. '화염화상 95퍼센트, 안면화상, 자살 시도, 왼팔 절단, 아들 사망' 같은, 도무지 실감할 수 없는 엄청난 내용에서부터 '손 기능

재활을 위해 뜨개질을 열심히 하고 있다'는 다정한 근황까지가 네다섯 줄로 잘 요약되어 있었어요. 그 짧은 글이 마치 잠긴 문을 열어줄 열쇠라도 되는 것처럼 보고 또 보았어요. 두려웠거든요. 화상의 고통을 가늠할 수 없어 두려웠고, 이야기를 듣고도 제대로 기록하지 못할까봐 두려웠어요. 결과부터 말하자면 그분들과의 만남은 상상과는 많이 달랐어요. 그리고 상상했던 것보다 훨씬, 좋았어요.

그이들은 흉터가 다 보이도록 소매를 걷어붙이고, 수술 자국이 선명한 발등을 훤히 드러낸 플랫슈즈를 신고, 하늘하늘한 스커트 자락을 휘날리면서, 수많은 인파 속에서 목청껏 소리 높여 인사하며 제게 다가왔어요. 풀어낼 이야기가 아주 많다는 표정으로요. 그 순간 '사는 게 얼마나 힘드세요?'만 잔뜩 적힌 우리의 질문지가 가방 속에서 한숨을 쉬며 쪼그라드는 게 느껴졌어요. 당연한 말 같지만 우리가 만난 건 고통 그 자체가 아니라 고통을 겪는 사람들이었어요. 고통보다 깊고 고통보다 큰 존재들이요. 식당운영자, 전기기술자, 봉제공장 노동자, 초등학생 그리고 그 아이의 보호자 같은 우리의 평범한 이웃들이요.

그이들은 고유한 인격과 역사를 갖고 다양한 관계 속에 살아가고 있었어요. 마취된 채로 수술대 위에 누워 있는 치료의 대상도 아니고, 수술비를 구하기 위해 자신조차 두려워서 제대로 바라보지 못한 제 얼굴을 TV에 드러내야 하는 복지의 대상도 아니었어요. 무력해 보이지도, 대단히 비극적으로 보이지도 않았어요. 오히려 그 반대였죠. 우리가 만났던 어떤 사람들보다 생에 대한 의지가 넘쳐 보였어요. 그들은 자신의 인생을 걸고 고통과 사투를 벌여온 사람들, 그러니까 자기 고통의 주체들이었어요.

만약 이분들이 고통의 한복판에 있었다면 이런 이야기를 풀어놓기 어려웠을 거예요. 압도적인 고통 앞에 놓인 인간은 할 말을 잃게 되고, 극심한 통증을 견디기 위해선 마취가 필요하기도 하니까요. 고통이라는 놈에게 붙들려 이리저리 끌려다닐 땐 아무리 자기 고통이라 해도 제대로 바라볼 수가 없는 것 같아요. 다행히도 이분들은 고통을 어느 정도 통과해 지난 시절의 고통을 바라볼 수 있는 힘을 가진 사람들이었어요. 그리고 그 힘으로 누군가의 곁에 서고 싶어하셨죠.

전기 화상으로 왼팔을 잃은 송영훈 님이 끔찍한 통증과 앞날에 대한 불안으로 잠을 잘 수 없었던 밤, 간절하게 원했던 사람은 의사도 사회복지사도 심리상담가도 아니었어요. 그가 이 병실 저 병실 기웃거리면서 절박하게 찾았던 사람은 바로 '자기 같은 사람'이었죠. 그는 묻고 싶었을 거예요. 나는 이제 어떻게 살아야 합니까. 이런 몸으로도 살 수 있습니까. 그는 듣고 싶었을 거예요. 머리로 아는 것 말고 몸으로 앓아본 사람, 그러니까 자기처럼 아파봤기에 진짜로 그 고통을 알아줄 사람의 이야기를요. 그 말을 들었을 때 저는 가슴이 뭉클했어요. 맞아요. 이야기가 된 고통은 고통받는 자들을 위로하는 힘이 있어요. 그 이야기를 하는 자기 자신을 포함해서요. 그리고 그 힘은 세상을 변화시키기도 하죠.

우리는 당사자들이 고통의 시간을 온몸으로 통과하는 과정에서 얻게 된 삶의 기술이 의사나 학자의 지식만큼이나 귀하게 존중받아야 한다고 생각해요. 한 사람이 사고를 겪고 난 뒤 마치 새로 태어난 듯 걸음마를 떼고 다시 거리로 나서는 모습에서, 과거의 자신, 그러니까 진정한 자기를 되찾으려던 안간힘이 결국 이전과는 전혀 다른 삶을 만들어내는 경이로움을 느낄 수 있으니까요.

이 사람들을 보라, 있는 그대로

이것은 심각한 화상사고를 겪은 사람들이 그 이후를 살아가는 이야기예요. '망치로 팔을 내려치는 것 같은 아픔이 24시간 계속되는' 신체적 통증에서부터 '2년에 3억' '3년에 10억'이라는 천문학적 병원비와 그 돈이 없어 치료를 중단해야 하는 정신적 고통까지, 팔을 절단한 뒤 넘어진 아이를 더 이상 자신의 손으로 일으켜줄 수 없다는 개인적 고통에서부터 사람들의 따가운 시선과 냉대, 차별로 인한 사회적 고통까지를 다루는 이야기죠. 상처는 상처 그 자체로 존재하지 않아요. 그 상처가 어떤 사람, 어떤 사회, 어떤 시대를 만나느냐에 따라 감기처럼 지나갈 수도, 재난처럼 거대한 고통으로 덮쳐 올 수도 있죠. 이들의 고통엔 사회의 분명한 몫이 있습니다.

한때는 이분들도 변해버린 외모를 감추고 자기 존재를 숨기려고 갖은 애를 다 쓰셨대요. 장애를 가진 몸으로 살아가는 방법은 보지도 듣지도 배우지도 못했으니까요. 핸드폰이 망가졌다는 핑계를 대며 친구들과 연락을 끊고, 연고가 없는 곳으로 이사를 가요. 어떤 사람은 고향으로 돌아가고 어떤 사람은 친정으로 가지만 모두 외톨이가 되긴 마찬가지였죠. 모자와 스카프로 상처를 감추고 몸이 견디기 힘들 정도로 수술을 반복해요. 그렇게 분투하던 사람들은 어느 순간 알게 되었대요. 상처가 없던 이전의 삶으로 돌아가는 건 불가능하다는 것, 그리고 이렇게 흉터를 지우려고 애쓰다간 인생 전체가 지워질 수 있다는 사실도요. 그리고 그 자리에 멈춰 서서, 이제껏 그토록 달아나기 위해서 애썼던 고통의 얼굴을 바라봅니다.

그것은 흉터 가득한 자기 얼굴이기도 하고, 간병하는 가족의 지친 표정이나 마음이 변해가는 남편의 표정이기도 했어요. 혀를 끌끌 차는 지하철의 노인들, 상처가 전염될까 무섭다는 회사 동료, 그리고 "화상환자는 아무래도 어렵습니다"라고 말하는 면접관들의 얼굴이기도 했죠. 그 얼굴들을 바라보다가 문득 깨닫습니다. 그게 바로 자신이라는 것을요. 자기 역시도 자신의 상처를 그 사람들처럼 바라보고 있다는 것을요. 그러고는 생각해요. '아, 내가 이 흉터를 받아들여야 하는구나. 아, 내가 나를 사랑해야 하는구나.' 그리고 이때부터 자신의 몸과 대화하기 시작해요. 몸의 컨디션을 살피고 애쓴다고 부드럽게 쓰다듬어줘요. 가장 아픈 곳에 몸 전체의 속도를 맞춰가는 거예요. 어떤 날은 싸우고 어떤 날은 화해하면서 그렇게 자신을 받아들이며 살아가는 방법을 터득해갑니다.

그것은 마치 다시 태어나는 것처럼 어렵고 힘든 일이었지만, 이전의 삶에선 결코 가질 수 없었던 능력을 갖게 되었다는 점에서 좋은 일이기도 했다고 해요. 그 능력은 바로 어떤 존재를 '있는 그대로' 보는 능력이었어요. 있는 그대로 본다는 건, 이전의 삶에선 보이지 않던 것이 보이게 되었다는 뜻이기도 해요. 예전엔 쉽게 동정하고 지나쳐버렸을 존재들에 대해 골똘히 생각하고, 그들의 자리에서 세상을 바라보게 된 거예요. 즉 세상의 아픈 곳이 어딘지를 보게 된 거죠. 김은채 님의 표현을 빌리자면 이분들은 '흉터라는 필터'를 갖게 되었어요. 있는 그대로 볼 수 있다는 건 진리를 볼 수 있다는 것과 같은 뜻이 아닐까, 생각해요.

이것은 아주 오래된 이야기예요. 오늘 오전 10시에도, 오후 2시에도, 그리고 20년 전에도, 20년 후에도 반복되는 이야기죠.

이 오래된 이야기가 고난을 미화하고 '장애 극복'을 칭송하는 낡은 방식으로 들리지 않았으면 좋겠어요. 우리는 고통을 칭송하려는 게 아니라 쓸모있게 만들고 싶어요. 우리의 기록이 이 고통을 줄이는 데 기여하길 바라죠.

중증화상경험자들은 다양한 영역에서 장애를 겪으며 살아가요. 하지만 이들의 고유한 어려움은 장애로 인정조차 받지 못한 채 복지의 사각지대에서 놓여 있어요. 끝나지 않을 것 같은 고통을 끝내기 위해 많은 사람들이 스스로 목숨을 끊기도 해요. 그들이 나약해서도, 그들의 노력이 부족해서도 아니에요. 그들은 그 엄청난 불길을 뚫고 나와 지옥 같은 치료의 통증을 견뎌낸 위대한 생존자들입니다. 다시 한 번 말하자면, 이 고통엔 사회의 분명한 책임이 있어요. 그들을 죽이는 건 뜨거웠던 화염 그 자체가 아니라 장애를 이유로 어떤 사람의 정당한 자리를 빼앗고 차별하는 차갑고 무책임한 사회입니다.

어느 드라마의 대사처럼, 생명있는 모든 것은 위험 속에 살아요. 위험 속에 산다는 것, 그게 바로 우리가 살아 있다는 증거죠. 살아 있는 존재는 언제든 사고를 당할 수 있어요. 하지만 어떤 사고는 개인이 감당할 수 있는 수준을 훨씬 뛰어넘죠. 그 위험을 공동의 것으로 받아들이고, 일어날 사고에 대한 대비와 일어난 사고에 대한 대책을 함께 마련하는 것, 그것이 우리가 '사회적 몸'을 이루고 함께 살아가는 이유일 거예요. 얼굴에 화상을 입으면 허벅지의 살을 떼어 이식하고, 다리에 화상을 입으면 뱃살을 떼어 이식하잖아요. 아직 다치지 않은 곳의 피부가 다친 곳의 상처를 덮어서 염증을 막아주는 거죠. 진정 건강하다는 건 상처가 없는 깨끗한 상태가 아니라 혹여 사고를 당해 상처를 입었을 때 이렇게 다른 곳의 살을 떼어 이식할 수 있는 능력, 그리하여 회복할 수 있는 능력을 의미하는 것이 아닐까요.

아픈 몸을 고치는 건 의사지만 잘못된 사회를 고치는 건 그 사회에 의해 아파본 사람들의 목소리와 그 목소리를 듣고 행동하는 사람들입니다. 이 책이 고립되어 있는 화상경험자들을 연결해 단단한 울타리를 만들고, '화상장애'에 대한 사회적 지원 체계를 만드는 데에 작은 보탬이 되기를 바랍니다. 귀한 이야기를 해주신 송순희, 전나영, 정인숙, 송영훈, 김은채, 엄문희, 정범식, 최려나 님께 존경의 마음을 전합니다.

살아주셔서 고맙습니다.

필진들을 대표하여 홍은전 씀

나를 보라, 있는 그대로

화상경험자는 무엇으로 사는가

초판 1쇄 발행 2018년 11월 16일
초판 3쇄 발행 2021년 6월 15일

지은이	송효정 박희정 유해정 홍세미 홍은전
펴낸이	박대우
편집	박대우 김정희
사진	정택용
펴낸곳	온다프레스
등록	제434-2017-000001호(2017년 10월 20일)
주소	24756 강원도 고성군 토성면 아야진길 50-3
전화	070-4067-8645
팩스	050-7331-2145
메일	onda.ayajin@gmail.com
인스타그램	@onda_press

ISBN 979-11-963291-3-6 03300

- 이 책의 제3장 「이것만은 빛나는 희망」과 4장 「세상일은 나의 일」의 제목은 각각 황규관의 시 「마침표 하나」와 「세상은 나무가 바꾼다」의 한 구절에서 따왔음을 밝힙니다.
- 이 책 내용의 전부 또는 일부를 재사용하려면 반드시 지은이와 온다프레스 양측의 동의를 받아야 합니다.
- 책값은 뒤표지에 표시되어 있습니다.

이 도서의 국립중앙도서관 출판예정도서목록(CIP)은 서지정보유통지원시스템 (http://seoji.nl.go.kr)과 국가자료공동목록시스템(http://www.nl.go.kr/kolisnet)에서 이용하실 수 있습니다. (CIP제어번호: CIP2018034133)